太閤道伝説を歩く

牛嶋英俊

弦書房

装丁＝毛利一枝

目次

第二章 文禄太閤道 北路 …… 120

まえがき

豊臣秀吉と「太閤道」

日本人に人気のある歴史上の人物として、長い間上位にあったのは豊臣秀吉だろう。江戸時代以来、その生涯は芝居・小説・映画、はてはテレビの大河ドラマまで、豊臣秀吉の人気は高い。いわば、国民的ヒーローのロングセラーといえる。その一生には、位をきわめた立身出世の代表、庶民的で陽気な性格、死後の豊臣家の滅亡など、日本人好みの話題が満載だ。大げさにいえば、日本人の生き方の一つのモデルであった。

もっとも、ひとくちに秀吉人気といっても、時代によってその内容はずいぶん違っている。秀吉の史実とは別に、江戸時代では幕府への不満や反感が秀吉に対する評価として、明治に入ってからは新政府の正当性を主張する旧幕府批判として、また、軍国主義の時代には「海外雄飛」の先駆者として、などなど。その時代によって、庶民の願望や権力側の思惑がからんだ秀吉像が形成、あるいは提供されてきた。

各地の古道調査をしていると、しばしば太閤秀吉の伝承に出合う。なにしろ、秀吉がみずから出かけた所は多い。畿内周辺から北陸・中国路はいうにおよばず、南は鹿児島から北は会津若松まで、北海道をのぞく当時の日本のほとんどに足跡をしるしている。多くの日本人にとって、秀吉はいわば「ご当地」の話題でもあるわけだ。

そのつもりでながめると、各地には秀吉が作った、通ったという道が点在する。道筋には秀吉が飲んだという井戸や、泉の伝承も多くのこる。それらは申しあわせたように「太閤道」「太閤水」という。一部は文献に記されているが、多くは地元で口碑としてのみ伝わる。

これらをひろいあげ地図上に落してみると、個別では根拠のない伝説と思われていたものが、あるつながりをもって見えてくるようだ。点としての太閤水、線としての太閤道とをつなげることで、歴史の一側面の復元が試みられるのではないだろうか。そのためには、世にいう正史外史はもとより、野史稗史《はいし》、さらには口碑伝承に手がかりをもとめたい。本題をあえて「伝説」としたゆえんだ。

また、点と線を結ぶことで始めた作業だが、解き進むうちに新たな座標が加わった。追って紹介する豊国祭祀・太閤拝領物・宿舎伝承地などがこれにあたる。これらをあわせ考えることで伝説の扉を押しひらき、歴史への道をたどりたい。

三つの太閤道

九州における豊臣秀吉の行軍路を整理すると、前後ふたつの時期があり、その道すじは三路線あることがわかる。ひとつは島津征伐とよばれる九州平定の道である。天正十五年（一五八七）、秀吉は豊前小倉を起点に、筑前秋月・筑後高良山・肥後隈本《くまもと》をへて薩摩川内まで軍勢を進めた。島津氏の降伏後はほぼ同じ道をたどり、大宰府経由で博多に凱旋した。ここで九州仕置とよばれる戦後処理を行い、宗像から小倉をへて赤間ヶ関（下関市）に渡った。

あとひとつは、これより五年後の文禄元年（一五九二）、朝鮮出兵のために肥前名護屋に出陣したときの道である。このときは洞海湾から宗像郡（一部は鞍手郡）を通過、博多から唐津にいたり、ここから海路肥前名護屋城に入っている。同年七月には、母である大政所の危篤の報に接して海路大坂にもどり、葬儀をおえた十月には再び九州に下向した。このときは博多からあえて異なる道すじをとり、肥前佐嘉（佐賀）・多久を経由して名護屋城に入った。それぞれの道は一部重複するところもあるが、便宜上前者を「天正太閤道」、後二者をそれぞれ「文禄太閤道・北路」「文禄太閤道・南路」とよぶこととしたい（図1）。

「征伐」について

本文中では「島津征伐」をはじめ、「征伐」の語を多用している。この用語には、一部に異論もあるかもしれない。

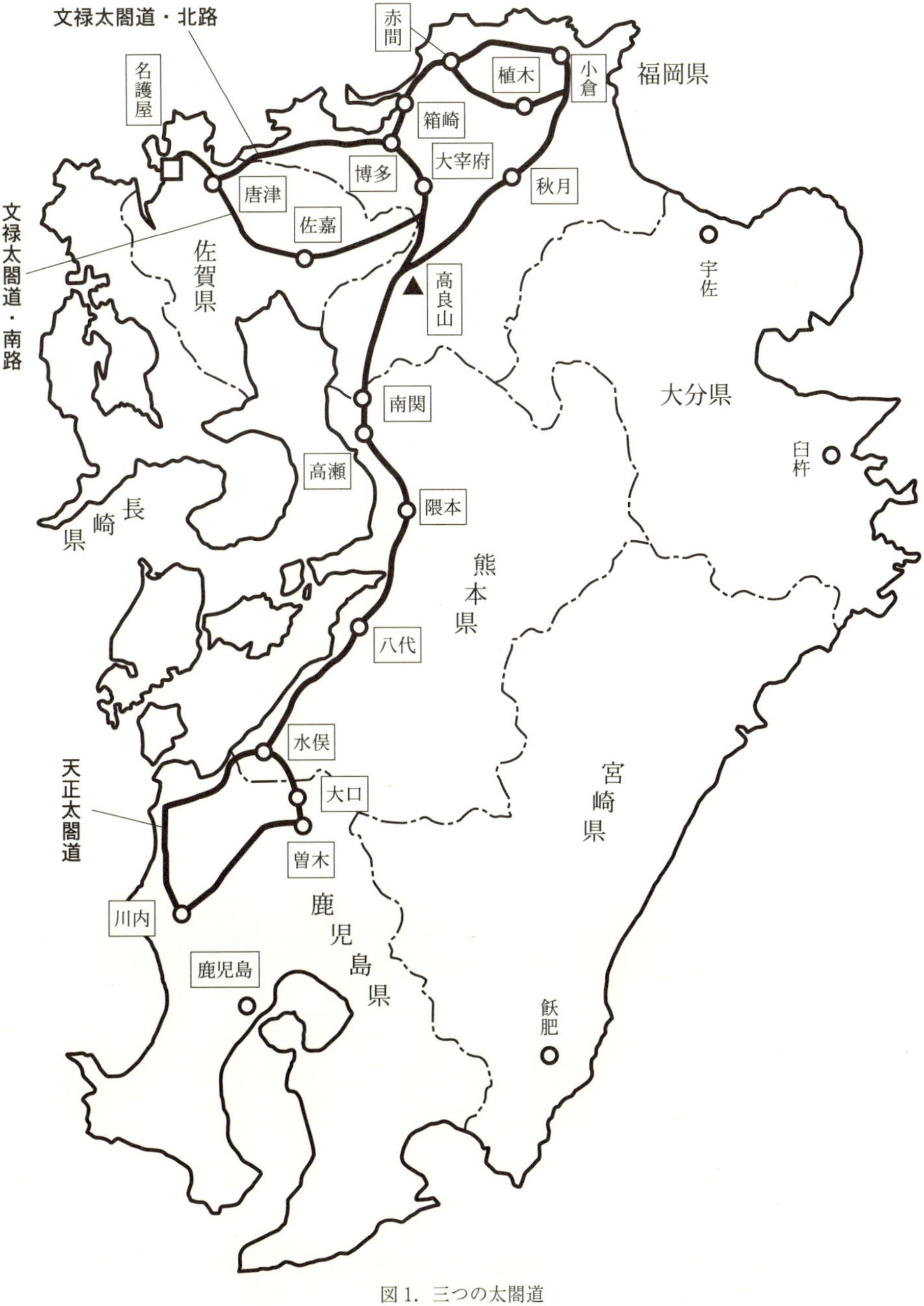

文禄太閤道・北路
文禄太閤道・南路
天正太閤道
名護屋
赤間
植木
小倉
福岡県
箱崎
博多
大宰府
唐津
佐嘉
秋月
佐賀県
高良山
宇佐
南関
大分県
高瀬
臼杵
隈本
長崎県
熊本県
八代
水俣
大口
宮崎県
曽木
川内
鹿児島県
鹿児島
飫肥

図 1. 三つの太閤道

この件に関しては、近年、豊臣政権の天下統一はたんに軍事力による征服戦ではなかったとの見方がつよい。それは秀吉がかかげた「豊臣平和令（惣無事令）」といわれる固有の論理の実行によるという。藤木久志氏によれば、「惣無事令」とは、具体的には天正十五年十二月に秀吉が発した「関東奥両国惣無事之儀」を主題とする直書をさすが、九州平定以降に示された一連の統一策もこれに含める。その内容は、戦国大名・領主の交戦から百姓の喧嘩刃傷にいたるすべての抗争（＝自力救済権の行使）を「私戦」として否定し、天皇の意思の代行・実現者とみずからを位置づけた豊臣政権のみが平和の回復・強制をおこなうとするものだ。

したがって、豊臣政権と他者のいくさは政治的に対等な勢力の争いではなく、公儀（天皇・朝廷）とその敵対者との戦いというのが豊臣政権の論理だった。これに反抗する勢力は逆賊として誅伐・征伐の対象となり、事実、そのように実行された。秀吉の九州平定は、まさに「征伐の論理」の貫徹であったといえる。本書であえて「征伐」を用いた理由がここにある。そしてこれは、後世に形成され、外国を蔑視する「朝鮮征伐」史観とはまったく別の概念であることはいうまでもない。

本文中の表記だが、基本的に日付は文献に準じて旧暦、市町村名は平成十五年（二〇〇四）末の名称とした。この前後、いわゆる平成の大合併により、九州でも多くの歴史的な地名が消滅、地名によって地域の歴史的個性を示すことが困難となった。旧地名の表記には、ささやかな抗議の気持をこめている。

第一章　天正太閤道

1　小倉の太閤道（福岡県）

九州の起点・豊前小倉

九州の太閤道の起点は豊前小倉（北九州市）である。小倉は響灘に面し、九州の玄関口にあたる。紫川河口の潟《せき》湖《こ》に接する企救《きく》の浜は小倉津とよばれ、中世以来水陸交通の要衝であった。十五世紀ころの小倉は紫川河口からその西側一帯であったようで、このころ創建された寺院はいずれもこの地域に集中している。秀吉の九州平定では、豊臣勢は赤間ヶ関から海峡を渡って小倉に上陸している。その後、小倉は秀吉子飼いの毛利壱岐守勝信が六万石を領して城下町を築き、豊臣政権の橋頭堡の性格をもつ地であった（図2）。

九州のふりだしとして、まず小倉にのこる太閤道の伝承を検証しよう。

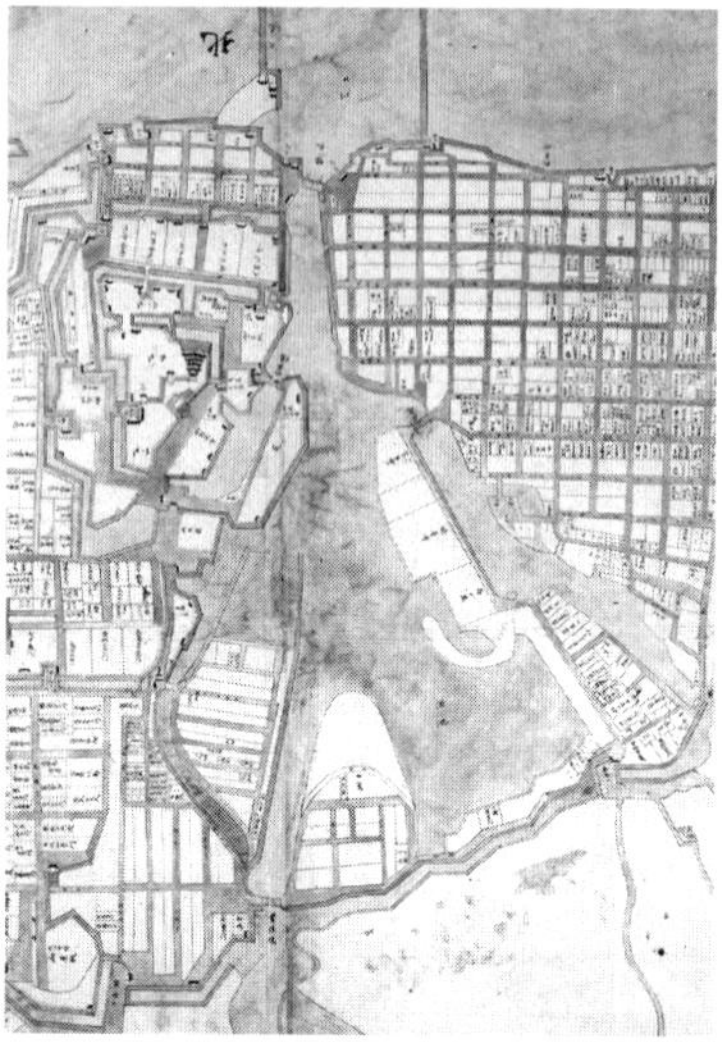

図2. 小倉城下町と紫川河口
（いのちのたび博物館提供）

天正太閤道の基本的な史料として『九州御動座記』（尊経閣文庫所蔵・以下『動座記』という）があげられる。島津征伐を記録したもので、天正十五年（一五八七）三月朔日に大坂を出陣、薩摩を平定して七月十四日の大坂帰還までを記す。戦闘記の性格をもつため、そのコースはかならずしも当時の順路にはよらないとの指摘もあるが、当時の九州の交通路を知る上で格好の史料である。またたんなる紀行文ではなく、九州分国やキリシタン追放など、政治的に重要な記事も書き留めている。作者は秀吉の御伽衆《おとぎしゅう》の大村由己《ゆうこ》とされていたが、桑田忠親氏は筆跡その他からこれを否定、「作者未詳というべき」としている。本書では昭和四十二年刊行の本城常三校訂『九州史料叢書四一・近世初頭紀行記集』によった。

さて天正十四年（一五八六）十月、島津征伐の先鋒として九州入りした黒田孝高・毛利輝元の中国勢は、高橋元種が守る小倉城を攻略した。十二月には障子岳城（京都郡勝山町）、香春岳城（田川郡香春町）に入城、秀吉の下向を待った。翌十五年三月二十八日、秀吉は関門海峡を越えた。小倉からただちに豊前岩石城《がんじゃくじょう》（田川郡添田町）攻略のため南下し、翌二十九日には豊前馬ヶ岳城（京都郡犀川町）に入った。

この間の行程には二つの経路が考えられる。ひとつは曽根（小倉南区）から豊前松山城（京都郡苅田町）をへて海岸を南下する、現在の国道一〇号線に沿う道。他のひとつは小倉から紫川をさかのぼって金辺《きべ》峠にいたる山間の道、現在の国道三二二号線に沿う道である。概説書などでは前者をしめすことが多いが、伝承は後者にのこる。

小倉から南下して香春、秋月から筑後にいたる街道は、慶長十七年（一六一二）に長崎街道の冷水峠が開通するまで九州の南北の幹線であり、以後も主要な街道として参勤交代にも利用された。地域を縦断する街道であるため、その呼称はところにより異なる。便宜上ここでは小倉・香春間を「香春街道」、香春・秋月間を「秋月街道」とし、小倉・筑後間を総称するときは「豊前街道」と呼ぶことにする。

この街道は古く天平十一年（七四〇）の藤原広嗣《ひろつぐ》の乱のころから知られている。このとき広嗣軍は大宰府から鞍手・豊前・田河道の三道を通って板櫃川（小倉北区）に向った。「田河道」は、香春町（田川郡）採銅所から北上して金辺峠を通り、企救郡南部に入るルートと推定されており、すでに律令の時代から主要な幹線であった。

慶長十年（一六〇五）に福岡藩が幕府に調進した図の控と見られている『慶長筑前国絵図』（福岡市博物館蔵）は、益富城（嘉穂郡嘉穂町）から小倉方面に山越えする道を「豊前へ越道」としており、この時期には筑前と豊前をむすぶ街道として確立していたことがわかる。

山県有朋「太閤道」を進む

時代がとぶが、幕末の慶応二年（一八六六）、長州・小倉両藩のいわゆる小倉戦争では、香春街道を退却する小倉兵と追撃する長州兵との間で激戦がくりかえされた。同年十月、長州軍は小倉城から南下して徳力・高津尾（小倉南区）に進出したが、このとき奇兵隊をひきいて参戦した山県小輔（有朋）の記録『懐旧記事』に「太閤道」の記述が見える（『含雪山県公遺稿』）。これによると、「其根拠香春を取らんが為に、三道より進撃せんことを講じ、則ち一は奇兵隊を以て大貫口を虚撃し、一は奇兵一部と八幡隊とを以て徳力を攻め、一は鴻城隊をして敵の左翼を衝き、太閤道に向かわしむべしとの戦略を定め、十日黎明、期の如く三道より竝進む（割注・此日予は太閤道より進軍せり）。全軍の士氣益々振ひ、先を争ひ勇進す」とある（傍点は筆者）。

十月七日前後の戦闘の詳細は、『奇兵隊日記』『小倉戦史』など双方の記述が錯綜しているが、山県自身の記録では徳力攻撃のため軍を三分して奇兵隊で東の太貫口を牽制、本隊は徳力正面、山県と鴻城隊は右翼として「太閤道」を進んだとある。この記事によって、当時この付近に「太閤道」と呼ばれていた道があったこと、主街道ではないが、軍事行動にたえる一定規模の大道であったことが知られる。

そこでこれを明治二十年測の五万分一の地図（以下『明治五万』という）で見ると、本隊は城野・北方・守恒村を

地図1 小倉～石原町

写真1．篠崎八幡付近の太閤道（小倉北区）

通る当時の香春街道を南下、山県らはその西方を並行して蒲生・南方・長行村を紫川沿いに進んだことになる。『明治五万』地図には小倉城下の篠崎村から紫川西岸の蒲生村に出て、長行村から高津尾にいたる道路が示されており、これが山県のいう「太閤道」と推定される。もとより『懐旧記事』は太閤道との呼称の記録でしかないが、後にみる各地の類例とそれにともなう伝承をみれば、名の由来が秀吉軍通過にある可能性は高い（地図1）。

小倉から香春にいたる近世の香春街道は、紫川東岸の小倉城下東曲輪《くるわ》にある香春口から南下する。しかし東曲輪は秀吉の時代には低湿地であり、ここに町場ができたのは、慶長七年（一六〇二）に細川忠興が小倉城の大普請をした後のことである。その後も城下町絵図で知られるように、幕末にいたっても紫川河口は潟状の広い入江であった。したがって秀吉の時代、小倉城から大軍が南下するには河口で渡河せず、川の西を遡上したと思われる。

じつは江戸後期、城下篠崎口から徳力方面への道は当時の脇街道であり、蒲生は「半宿」すなわち藩用の人馬の継《つぎ》立《たて》をする宿場であった。「蒲生村字本村菅原神社（現・巣山天満宮）の前道路東側田地の中高札場の南側」には、高さ三尺、四寸角の一里塚の石があったという（『企救郡誌』）。また、道筋には近世以前に由来をもつ社寺や山城もあり、このルートこそ中世以来の街道の可能性が高い（写真1）。主往還が城下の東曲輪を通過するように変更されたのは、川東に城下町が一定の発展を見たのちと思われる。

写真2．盲谷の遠景（小倉南区）

目倉の秀吉陣跡伝承地

小倉南区大字高津尾目倉には、秀吉の用水路と本陣跡の伝承がある。高津尾は紫川とその支流合馬川・東谷川の合流点に位置し、徳力から香春街道を三キロほど南下したところにある。合流点以南は丘陵が左右にせまる戦略上の要地で、小倉戦争では長州・小倉軍との激戦があったことはさきにも述べた。ここに盲谷《めくら》という小さな渓谷がある（写真2）。別名を枕谷ともいい、谷の名は雄略天皇の病を平癒したという物部氏の伝説に由来する。古くから清流として知られ、寛永十年（一六三三）には小倉藩主小笠原忠真がここを訪れて歌を詠んでいる。

ここから約一〇〇メートルほど南の「杉山」という所は、秀吉が下向時の本陣跡と伝える。そのときこの谷から本陣まで水路を作ったといい、「今なお山の腰に水道のあとあり。今はここの山下にある店屋は此谷水を引き遶《めぐ》らして家ごとに吹上水となし、日用の給水とす」という（『企救郡誌』）。現地は九州自動車道小倉南インターの南約一キロ、国道から西に入った旧県道沿いにある。またこの道は香春街道と重なる。

「盲谷」は目倉バス停そばの肥料工場裏手にある。標高一三〇メートルほどの急峻な丘の谷間の渓流には小さな滝もみられ、水は清冽である。街道が通過していた丘陵端付近は県道で削られ、旧状をそこなっている。現在は平坦な直線道路だが、かつての旧道は今の「昭和道路会社」あたりから登り坂であり、坂の上、今の肥料工場の位置に「祝出屋《いわいでや》」という店があった。『企救郡誌』にいう山下の店とはこの祝出屋のことらしい。

大正十五年生れの同家の女性の話では、店は宿屋と休息所をかね、往来する人馬の休憩所として賑わっていた。昭和十年代、盲谷から竹の樋で水を引き、店頭でラムネなどを冷やしていたが、水路跡の記憶はないという。その後山裾は道路開削で地形が改変されており、今日水路跡は確認できない。

秀吉の本陣跡という「杉山」は地名としては現存しないが、盲谷の南に接して石原町の集落（小倉南区）がある。同町在住でながくこの地域の郷土史に取組んでおられる内山茂氏によれば、付近にはかつて「杉山橋」「杉山郷」があった。同町明照寺境内の「杉山の観音」の名は、もと同氏宅の山手にあったことに由来するともいう。また、杉山の地名はひとつの山や丘をさすのではなく、ある程度の広さをもつ地名であり、その範囲は目倉の南に隣接する小字乱橋からその南方の一帯という。したがって、盲谷の「南一丁」（『企救郡誌』）にあたる石原町の北部一帯が「杉山」の故地であるらしい。

秀吉は九州に下向したとき、十数キロおきに休泊の施設を設けており、各地にその跡が残る。それらは秀吉の茶屋跡と呼ぶことが多いが、この時代の「茶屋」は、後世の「本陣」に相当し、軍事行動の休泊施設を意味する。杉山の本陣跡伝承地も同様の立地条件にあり、注目される。

また石原町の明照寺住職明石徹信師の談では、大友宗麟が香春城を攻めたとき杉山で宿営、兵士に相撲をとらせて士気を鼓舞したとの伝承があるという。周知のように、石原町は香春街道の旧宿駅である。享保の大火以後に「半宿」となったが、それ以前、寛永年間ころから公用・一般の人馬継立をする「本宿」が置かれていた。小倉からの距離も三里強で土地も広く、中継地としては格好の位置にある。町場の成立は寛永以前と思われるが、それがたとえば茶屋の原（八幡西区）のように、秀吉の通過を契機とするものか、あるいはどのようにかかわるかは今後の課題である。

現在まで現地に「秀吉の本陣跡」は特定できていないが、石原町は山県のいう「太閤道」延長上の旧街道にあり、各地の秀吉休泊地と通じる環境でもある。今後の調査が期待される場所といえよう。

2　嘉穂町の太閤遺跡（福岡県）

要衝の町大隈

嘉穂郡嘉穂町は、遠賀川上流の小平野にある。山地にかこまれているが、この地を南北に貫通する秋月街道は近世初頭に長崎街道が開通するまで、北部九州の幹線であった。また近世以降も長崎街道飯塚宿から天領日田への道が秋月街道と交差する要衝の宿駅であった。

町の東、標高二〇〇メートルの城山には、のちに「黒田節」で知られる母里太兵衛の居城となった益富城跡がある（写真3）。

写真3. 益富城の遠景（嘉穂町）

城ははじめ大内盛見の築造と伝え、のち大友・少弐氏らの争うところとなった。その後秋月氏がはいり、天正十五年（一五八七）には秋月種実《たねざね》の父宗全《そうぜん》の隠居城であったと伝える。しかし近年の発掘調査によって、城の東側一帯に従来知られてなかった多数の曲輪や、秋月氏系の城の特徴である畝状竪堀群《うねじょうたてぼりぐん》が確認された。その結果、全体の規模は根拠地の古処山城の一・五～二倍ほどにもなる。調査を担当した町教委の福島日出海氏によれば、秀吉軍の来襲に備えて秋月氏が大規模な増強工事を行っていたという。

しかし天正十五年四月一日、岩石城（田川郡添田町）がわずか一日で落城すると、秋月氏はみずからの手で益富城を破却、秋月古処山に撤退したとされる。翌二日、益富城に入った秀吉は「敵の気をうばはんため、暮れに及びてわざと嘉麻・穂波の村々にかがり火を多くたかせ」た（『黒田家譜』）。このため、「諸軍の陣に燃す火ハ、晴れたる空の星のごとし。野も山も村里も皆軍兵と見えておびただし」という状態となった。

夜が明け、秋月勢が古処山頂から望遠すると、破却したはずの城が一夜にして修復されていた。秋月氏は人間わざとは思えない光景に肝をつぶしたという。もっともこれは、「敵の目を驚かし、勇気をくじかんために、幡摩（播磨）杉原の紙をもって、夜中に城の壁をはらせ、民屋の戸板を集めて墨をぬり、腰板にさせ給ひけるなり」という。紙と戸板で城壁にみせかけた、秀吉得意の一夜城の伝説である。

もっとも、一夜城の故事はにわかに信じがたい話ではある。かりに城を作ったとしても、一〇キロさきの古処山からこれを目視できたかは疑問である。これについて、建築史学の木島孝之氏は、この話は秀吉が関東の北条氏を攻めた時の『小田原軍記』（北条記）を下敷きにした、貝原益軒の創作ではないかと指摘する。同書には小田原城攻めのおり、その西方の石垣山に「陣屋（を）作り、矢倉を上げ、四方の壁を杉原（紙）にて張りしかは、一夜の中に白壁の屋形出来ける」とあり、計略で北条方の肝をつぶしたとのくだりがある。実際には短期間で本格的な城を築き、完成と同時に小田原側の樹木を伐採した心理作戦だったが、益富城とよく似た話である。杉原紙は播磨産の奉書紙、播磨は黒田氏の本貫地である。杉原紙での一夜城となれば、これは言外に黒田氏の功績となろう。案外、益軒はこのあたりをも踏まえて話を借用したのかもしれない。

今日、大隈町には一夜城伝説と符合するような伝承と事実があるが、それらをみる前に、まず太閤道を検証してみよう。

かぐめ峠から大隈町へ

益富城へは、町の東、山田峠（旧かぐめ峠）を越える。峠の名は、「かぐめ石」という大石に由来するという。県道を山田市側から進むと峠に副楽トンネルがあり、旧秋月街道はこの上を横切る。山頂を左に見ながら迂回すると、

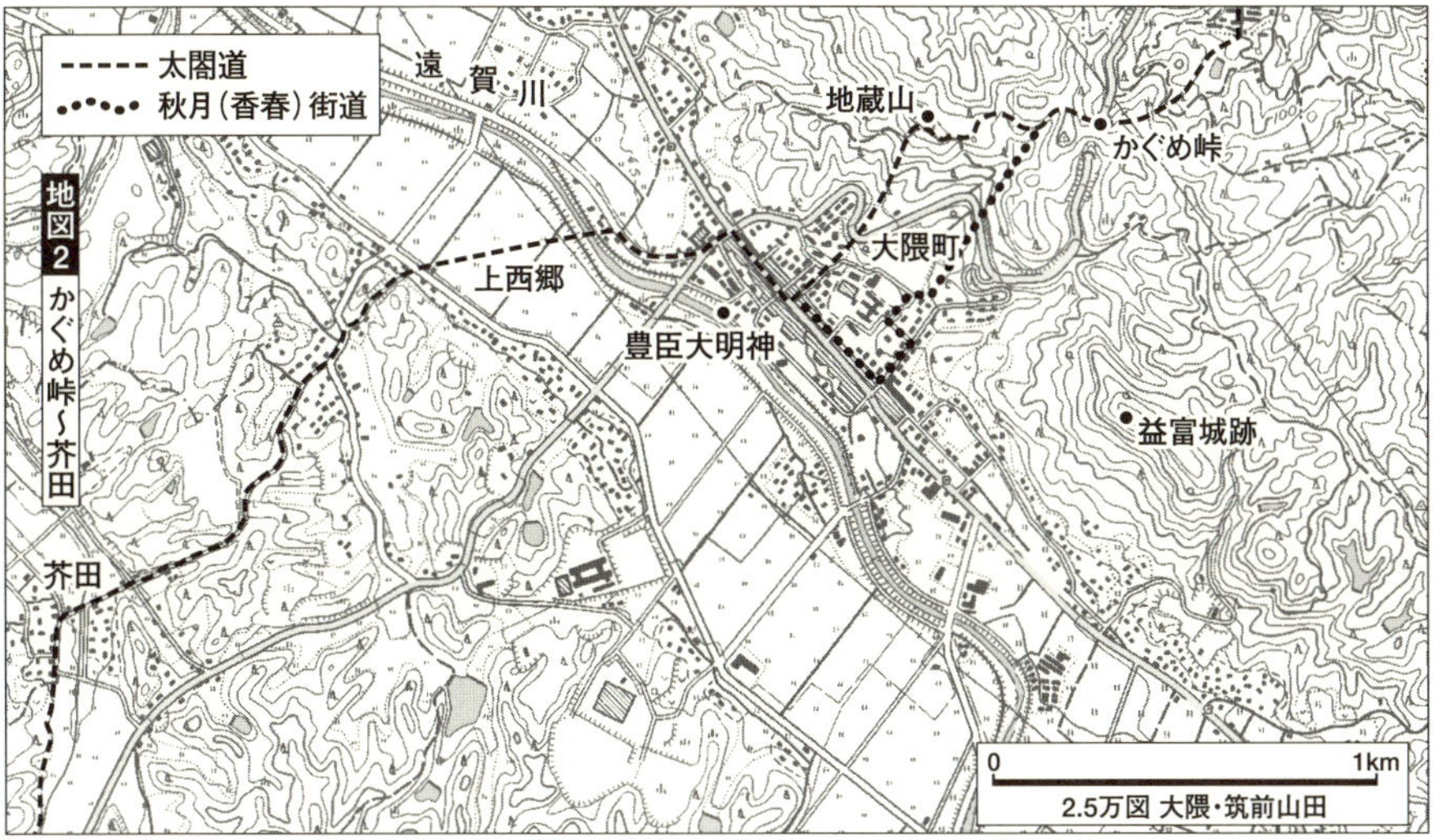

鞍部に大石がある。これが伝承の「かぐめ石」かと思われるが、確証はない。旧街道は谷筋を直線的に下るが、鞍部から標高一四〇メートルの等高線にそって、西方に山道が分岐する。地蔵山（愛宕山）に続いており、江戸初期に変更される以前の旧街道である。

じつは大隈町付近では、益富城とのかかわりで道の付替えが行われている。『福岡県地理全誌』（以下『全誌』）には「古は千種森の西より地蔵山の南に大道ありしが、大隈城の要害を見透せし故、山麓に傍て道を改作たりと云へり」とある。益富城は元和元年（一六一五）の一国一城令で破脚されているから、道の付替えはそれ以前である。後でもふれるが、地蔵山とは「太閤地蔵」があった愛宕山をさすらしい。

付替え前の旧道は愛宕神社の鳥居前を通過する。鳥居にむかって右手あたりから急斜面を下る山道があり、地元ではここを「太閤坂」とよび、実際に字図にも「字《あざ》太閤坂」とある。この道は加藤清正を祭る「加藤神社」の前を通り、善応寺の横から五日町に入る。『全誌』の記述に符合するところもあり、これが元和以前の道と思われる。現地は急斜面を下っており、大軍が通過したとは考えにくいが、近年の開墾で地形が改変されているのも考慮すべきだろう。現地はほとんど樹木に覆われているが、峠から愛宕山東方の尾根道には道の痕跡がよく残っている（地図2）。

降参畠と布織石《ぬのりいし》

大隈から秋月へのルートは、のちの秋月街道とほぼ重複する。町の西、旧「秋月渡し」で嘉麻川を渡り、後年伊能忠敬も通った道峠《みちとうげ》の低い丘陵地を横切ると、芥田川ぞいに平地が開けたところが「芥田」の集落である。川を渡ると、西方の丘陵すそにそって街道の旧態を留めた幅二㍍たらずの道が千手宿に続いている。

芥田は秋月種実・種長親子が降伏したところと伝える。このとき種実父子は秀吉の部将森壱岐守に仲介を依頼、髪を剃り墨染の衣に着替え、道端の畑に平伏して秀吉を迎えた。秀吉は、本来なら首を刎ねようと思っていたが、哀れみを乞う姿をみては不憫《ふびん》にも思える。助命するから、今後は忠節に励めと両人を許し、島津氏征伐の先手をつとめるよう命じたという。

秋月氏は十六歳になる娘を人質に出し、世に知られた名物茶器「楢柴」の茶入、米二千石および金百両を献上した。ちなみに、「楢柴」はかつて種実が博多の豪商島井宗室から召しあげたものである。

ここにみる仲介・剃髪・墨衣・走入・詫言・贈物・人質という一連の手順は、当時の降参の儀礼である。これより先、天正十三年に秀吉に攻められた越中の佐々成政は、「かしらを剃、御先手へ走入」っており、後にふれる薩摩の島津氏も同様の手順をとって降伏した。いずれも人格のシンボルである髪を剃り、法体となるという、いわば脱俗の儀礼を踏んだ上での降伏である。人質のみを取り上げて、これを秀吉の好色に結びつけるむきもあるが、実態は「弓箭《きゅうせん》の儀理」ともいわれ、戦国時代の武士の世界に「ほとんど習俗といえるほどに」(『戦国の作法』)広く行きわたった降伏儀礼であった。

蛇足になるが、「髪を切り頭を丸める」ことは、今日でも反省・恭順の意思表示と認識されている。戦国の習俗は根強く生き残っているようだ。

こののち、地元では付近の坂を「降伏坂」、畑地を「降参畠」とよんだという。またこのとき秋月親子は袴をはいていなかったので、以来、ここに生えるつくしは今も袴がないと伝える。もっとも、この一帯は日当たりが良く、つくしの成長が早いため袴の間が開き、一見袴がないようにみえるという。辻褄だけは合っているといえようか。「降参畠」の位置については、近年混乱が生じている。嘉穂町芥田地区には今日「降参畠」の伝承を知る人はなく、むしろこれより南東一・五キロの平迫地区の「降参畠」が秋月父子降伏の場所とつたえる。現地は大隈町から千手への峠道にあたるが、秋月への経路としては不自然である。『筑前国続風土記附録』（以下『附録』）には明確に芥田村として「ヤマタロウヤシキともいふ」とあり、『黒田家譜』には「芥田と云う里の道の辺の広畠」とあるから、せまい峠道ちかくの平迫地区ではない。伝承地がなんらかの理由で誤り伝えられたのではなかろうか。

また、秀吉が秋月に向う途中、謡いの上手とされていた秋月種長に俗謡を所望したという逸話もある。秀吉は路傍の大石の上に座し、種長は田圃にひざまづいて「一張の弓勢、東西南北の敵を滅す」と謡ったという。昨日までは北九州に覇をとなえた大名も、敗軍の将となれば芸人の真似もしなければならない。ことの真偽はともかく、敗者と勝者の明暗を端的にしめすエピソードである。

『全誌』はこの場所を「(芥田) 村の東六町」の布織石《ぬのりいし》とする。昔、山姥が布を織ったと伝える高さ五尺ほどの大石で、石上にはその糸の跡がのこっていたという。秀吉はこの伝説の石上に床几を置いて休息し、秋月種長に一曲を命じたという設定である。

ところが同じ『全誌』秋月の項には、布織石が八丁峠の秋月口にもあるという。この方に秀吉の伝承はないが、山姥云々の伝えはまったく同じである。種長の俗謡のエピソードも、後世の「軍記もの」の域をでないようだ。

写真4. 旧八丁越の石畳道（嘉穂町）

八丁峠と秀吉狙撃事件

八丁峠は大隈から秋月にいたる中途にあり、「此所山路の険しき所を八町通る故、八町峠という。いにしえより名ある要害なり」（『筑前国続風土記』、以下『続風土記』）と、街道随一の難所であった。のちに黒田長政の三男長興が五万石を分与されて秋月に居館をおくと、街道から館が見通せたため、寛永七年（一六三〇）に西に迂回して現在の道に改めた。これを「新八丁」、従来の道を「旧八丁」とよんだ。城館

写真5．高畑の太閤腰掛石と吉貝氏（嘉穂町）

に近接するという理由で街道を変更したのは、益富城の場合と同様である。

秀吉が越えた旧八丁峠は、千手から谷筋を南下し、芝原、岩骨《がんこつ》を通るけわしい山道であった。新八丁の開削後、旧道は通行禁止となったが、のち解禁された。山中には近世の石畳道がいまも残る（写真4）。

峠の登り口近くに、高畑《たかばたけ》（嘉穂町泉河内）という集落がある。名のとおり秋月街道を急斜面の下に見下す高台の集落である。このため、秀吉の一行は谷間の道をさけて高畑の台地上を通過したという地元の伝承がある。

高畑集落の旧家吉貝幾男氏宅には、このとき秀吉が腰を掛けたという石がある。現在は畑地となっている宅地跡の隅の苔むした石がそれという（写真5）。同家に代々伝わる話で、古文書など書かれた記録はない。もっとも、吉貝氏の先祖は秋月氏の家臣であったが、種実が日向高鍋へ転封された時、ここで帰農したと伝える。さきの布織石よりはよほど根拠のある話のようだ。

また、八丁峠で秀吉が狙撃されたとの話がある。場所は八丁坂の蛇淵《じゃぶち》という。弾丸は輿の端を貫いたのみで、秀吉に大事はなかった。逃げうせた犯人は肥前国の住人、波多三河守信時（畑三河守鎮時とも）であったという。三河守は肥前松浦党の一族で実在の人物だが、この年四月に筑後高良山の秀吉本陣に伺候し、のち知行七百五十町をあてがわれている。したがって、この時点での狙撃などはありえない。狙撃は後世の『古本九州軍記』などの軍記物に登場する話だが、『黒田家譜』ほか信頼できる資料には記述がなく、史実とはみなせない。

もっとも、これと似た事件はすでに元亀元年（一五七〇）に起きている。『信長公記』によれば、この年の五月、織田信長は伊勢に下る途中の近江千草越えの峠道で狙撃をうけた。弾丸はそれて大事はなく、後年捕縛された犯人は杉谷善住坊という甲賀者であった。

波多三河守はのち朝鮮役中の文禄二年にとつぜん改易されており、秀吉狙撃事件は信長狙撃の史実を下敷きにした創作のようだ。後年の恨みを過去にさかのぼって復讐するという、SFめいた話ではあるのだが。

大隈町の「秀吉拝領の陣羽織」

さきに、益富城を一夜で修復したという故事を紹介した。このとき大隈町の人々が大いに協力したので秀吉はこれを喜び、褒美に自身の陣羽織を与え、あわせて町の諸公役を免除したとの伝承がある。

今日地元に伝わる「華文刺繍陣羽織」（国指定重要文化財）は、このとき拝領したものという（写真6）。昭和三十五年の指定まで、所有者である区の宴席で着用するなど破損がはげしかったが、現在は修理され、昔日の姿を取りもどしている。袖なしに立襟をつけただけのシンプルなものだが、素材は当時のわが国には珍しいキルトである。おもては上質の白木綿、表面には白糸による華文のキルティングをほどこし、見返しは青地の金襴《らん》である。前後の見頃は肩の部分で接ぐが、肩縫目をつけた仕立ては、前後がつづく和服とはことなる洋服の手法である。背中には緋羅紗地で五七の桐紋、胸元の左右にもおなじ緋羅紗の長瓢箪を取りつける。左右四カ所には、象牙を白地の金襴で包んだクルミ釦《ボタン》を配している。寸法は後身丈七七・八㌢、後裾幅九四㌢、前裾幅四七㌢で、背中には緋色の羅紗で五七桐紋のアプリケがあり、周囲を緑色のコードで縁どりする。また、陣羽織の肩につく「太刀除け」と称する肩飾りだが、これは欧米の軍装のイポレット（肩章）に由来する。したがって、すくなくともこの部分は幕末のころの改変である。

写真6. 伝・秀吉拝領の陣羽織
（嘉穂町教育委員会提供）

服飾史にくわしい岩崎雅美氏によれば、陣羽織の素材はポルトガル人がもたらしたインド産のキルトであり、本来はベッドカバーや天蓋として織られた布地ではなかったか、という。

また、租税夫役を免除の措置も、朱印状の「添書」とされる文書が現存する。一部虫喰いで読めない部分もあるが、最近の釈文（『大阪城天守閣紀要』29）では

「おぐま町

当所へ如此被成下候　御朱印之条、則彼□□□遣之候、若此旨をそむき、みたりのやからこれはらは、そのものをと、めおき、きと此方へ可申届者也

天正十五年卯月日　浅野弾正少弼（長政）（花押）

森壱岐守（吉成）（花押）」

とある。内容は、おぐま（大隈）町に対して、このように朱印状が下されたので、（一部不明）もしこれに背く者があれば、その者を留め置いて届け出よ、というものである。この文書は『筑前国続風土記拾遺』（以下『拾遺』）にも収録されているが、この方は年号を一年さかのぼる「天正十四年」としている。さらに虫喰いで判読不明な文字のあることも示していないなど、読み下しに遺漏があるので注意が必要だ。

九州の秀吉の動向にくわしい中野等氏は、「添書」の内容から見て、失われた秀吉の朱印状が租税夫役を免除したものとは考えにくいという。氏は同月発給の肥後国阿蘇郡満願寺あて「定書」の添書の文言が大隈町のものとほぼ同文であると指摘、失われた秀吉朱印状は大隈町への「禁制」であり、浅野・毛利の連署状はその添え状と考える。ちなみに満願寺あて「定書」の内容は、いくさで逃げ散った百姓・町人に戻り住むことを命じたものである。

一方、『筑前名所図会』には一夜城の故事につづいて「秀吉公大に御賞美ありて、大隈町の諸公役を免除し給ふ。今に至りて地主銀公役ともに免許の地なり。筑前にては類なき事なり」とある。大隈町の租税夫役が後世まで免除されていたのは事実のようだ。

都市の租税夫役を免除することは、秀吉が織田信長にならっておこなった城下町優遇政策の一環といわれる。すでに天正十九年には、自身の城下である近江長浜で実施しているが、これを一占領地である筑前のこの地でおこなったのはなぜだろうか。

さきに「一夜城」の伝説に疑問を呈した木島孝之氏は、当時の町衆は領主からの自立の度合いが大きかったとし、情報にたけた大隈の町衆は、事前に秀吉に内通していたと見る。とすれば、益富城の増強にしめされた秋月氏の徹底抗戦の戦略も、町衆の離反という不測の事態に足元から崩壊したのかも知れない。大隈町にのこる陣羽織と租税

夫役免除はその見返りとも考えられ、大隈町への厚遇が一夜城築城の褒美と伝えるのも象徴的な説話といえる。従来はたんに秀吉の好意という側面でのみ語られてきたが、今後はその背後への考察も必要であろう。

また、この章の冒頭では通説にしたがって、岩石城の落城後、秋月氏は益富城を破脚して古処山に撤退、四日に芥田で降参したと述べた。ところが四月七日付の安国寺恵瓊《えけい》の手紙では、秋月種実は落城当日の四月一日に森壱岐守の陣所に「走入」って降伏を表明している。とすれば、これまで述べた一夜城や降参畠の逸話は根拠をうしなって雲散しかねない。事態の進展は想像以上に速かったようだ。

陣羽織の由来の疑問

ただひとつ気になるのは、『黒田家譜』をはじめ、江戸時代の諸記録に拝領陣羽織の記事がほとんど見あたらないことだ。諸公役免除の文書は『拾遺』にも収録されているが、陣羽織の記述はない。これは『筑前名所図会』でもおなじである。陣羽織がはじめて記録にあらわれるのは、幕末の慶応元年（一八六五）に秋月藩士江藤正澄がしるした『秋のかり寝』（草稿）である。この年、江藤は嘉麻郡の神社仏寺の古器物や絵図・古文書などを調査したが、このなかで「光代村西郷村を過て大隈駅につきぬ。此駅の庄司豊前屋某が家にもてる（割注・此家の什物には非ず。此駅中の物なるを当時庄司たるをもて領れり）豊太閤の陣羽織を拝す」と述べ、陣羽織の表裏を寸法入りで正確に描いている。筑紫豊氏によれば、陣羽織が国指定となるとき、この資料が格好の決め手になったという。

文中の「豊前屋某」は当時の庄司（里長）大屋家であり、大隈町の庄司は輪番制で、荒川家・金光家など富裕な商家により持ち回られていた。陣羽織もそのときどきの庄司宅に保管されていたという。江藤の記録により陣羽織の存在は幕末の時点で確認できるが、なお不明な点がのこる。

さきにこれを調査した岩崎雅美氏は、大友宗麟が秀吉から岩石城攻略の功で「関白の紋章が描かれた緋色の絹衣一着を与え」たとあることから、ほんらいこの陣羽織は戦功に応じて部将たちに下賜されたものが、何らかの経緯で大隈町民のものになったのではと推測している。そういえば、おなじ岩石城攻めでは部下の奮戦の功で蒲生氏郷が、また一番乗りの蒲生源左衛門らが褒美として秀吉から陣羽織を拝領している。このように、岩石城戦ではいくつもの陣羽織が下賜されたことをみると、大隈町に伝わる陣羽織も秀吉の時代の制作であるとしても、その来歴についてはあらためて検討する必要がありそうだ。

蛇足だが、陣羽織の表裏を寸法入りで正確に描いたという『秋のかり寝』は現在その所在が不明となっている。秋月の江藤正澄子孫宅には残っておらず、筑紫豊氏が示唆する九州大学附属図書館にも見あたらないという。心当りの方はいないだろうか。

太閤地蔵と豊臣大明神

いずれにせよ、江戸時代を通じて、地元での太閤人気は根強かった。町の東の愛宕山（地蔵山とも）には「太閤地蔵」があり、これは地元民が太閤への報恩のために祭ったものという。明治の初年までは七月二十三日の祭日に相撲興行などもあったが、その後祭りが絶え、今日その所在が不明となっている。地蔵は岩壁に刻んだものというから、磨崖仏のたぐいかと思われる。とすれば簡単に移動できるものでないから、今も山中のどこかに眠るはずだ。

そこで、地元の史跡にくわしい斎藤晃氏の案内で愛宕山中に分け入ると、平坦な山頂の周縁部に年号を刻んだ石が二カ所で確認できた。ひとつは参道石段の最上部にあり、「安永四（一七七五）乙未　奉寄進下町中　三月吉日」の銘、他のひとつは社殿の東南の山頂周縁部になかば埋れた享保七年（一七二二）銘の高さ二㍍ほどの手水鉢である。ちなみに、社伝では愛宕神社の勧請はこれとおなじ享保七年の三月という。いずれの石も本来の位置とは思えず、あるとき山頂一帯で大がかりな地形の改変がおこなわれたようだ。太閤地蔵も、その時に改変を受けたのかも知れない。

一方、最近の町教育委員会の調査によって、大隈五日町の須賀神社境内に秀吉を祀る「豊臣大明神」の石祠があることが知られた。須賀神社はもと九日町の祇園町にあり、近年現在地に遷座した。境内の中央に祇園社が鎮座し、社殿右手の石祠が豊臣大明神である（写真7）。祠に社名などはないが、正面の唐破風《からはふ》には豊臣家の桐紋を浮彫りす

写真7．豊臣大明神社（嘉穂町大隈）

写真8．大隈祇園社の絵馬
（陣羽織拝領を描く・部分）

る。石祠裏面には「奉寄進　明治十八年乙酉一月吉日」、むかって左の壁には「寄付人名」として「安政五年産」の「荒川喜三郎」以下一五人の名前、右壁面には「周旋人」として「荒川喜三郎」ほか二人の名と「石工」二人の名がある。この銘文によって、豊臣大明神社の石祠が安政五年（一八五八）生れの一五人によって寄進されたことが知られる。嘉穂町の町誌資料には「豊国神社　明治十八年一月石殿建築　太閤坂より遷座　安政五年□明□□崩さる」とあり、豊国神社は安政五年に何らかの事情で破壊され、その後明治十八年には現在地に遷座したらしい。周旋人の荒川喜三郎は秀吉拝領の陣羽織や浅野長吉・森吉成の添書を伝えてきた庄司・荒川家の人物であるのは注目される。

石祠内には木彫の神像が安置されているが、両腕や頭上の冠も失われて傷みがはげしい。現存高一七センチ、復元すれば二〇センチほどになろうか。社伝によると、祠は現在地に移る以前は太閤坂に鎮座していたという。「豊臣大明神」の名は文政三年（一八二〇）の『筑前町村書上帳』に祇園社の摂社として見えるから、この時期すでに鎮座していたことがわかる。また福島日出海氏は、地元の文書から創建は元和年間にさかのぼる可能性もあるという。

近年の研究では、秀吉の没後、各地に秀吉を神として祀る「豊国神社」が勧請されたことが知られてきた。これを「豊国分祀」との概念でとらえる大阪城博物館の北川央氏によれば、対象になったのは秀吉と縁故のある寺社やゆかりの地などであり、そこに神像としての秀吉の画像や木像が豊臣家から制作・分配されたという。また一方では、秀吉に恩恵をうけた人々がその地域に秀吉を祭り伝えてきた例も報告されている。その数は全国で二一例が知られているが、大隈町の太閤地蔵や豊臣大明神もこの延長線上にあるようだ。

また須賀神社の拝殿には、陣羽織拝領の故事を描く絵馬がある（写真8）。画面右手には武将たちが千成瓢箪を背に腰をおろし、その前に紋服を着た町人三名が平伏する。両者の間には陣羽織を持つ武将が今まさにこれを取りつごうとし、背景には軍勢が充満する遠近二つの城郭がある。近景は益富城、遠景の城は古処山城であろう。

画面左手では住民が戸や障子をかついで城に運んでおり、ことなる時間を一枚に描いている。額枠には「明治五年中四月奉献及破損。同九年子八月再献之」とあり、明治初年のこの地での太閤人気、大げさにいえば、地域の歴史認識をうかがえる好資料といえよう。

《コラム・静岡・御羽織屋の胴服》

秀吉から拝領した衣類を伝える例のひとつに、静岡市宇津ノ谷《うつのや》御羽織屋の「紙衣胴服《かみこどうふく》」がある（図3）。旧東海道の岡部宿と丸子宿との間には宇津ノ谷峠があり、峠を丸子側に下った宇津ノ谷集落に石川家という旧家がある。屋号を「御羽織屋」というのは、秀吉から拝領した羽織こと紙衣胴服に由来する。和紙に防水加工をして衣服に仕立てた紙衣（紙子とも）は、軽便な防寒衣として平安時代から用いられてきた。胴服は室町時代以後、武士がはおった羽織の前身ともいえるもので、小袖の上に衿を返して着た。

伝承では、天正十八年（一五九〇）三月十九日、小田原征伐にむかう秀吉がここを通過した。このとき石川氏の先祖忠左衛門が乗馬の馬沓《くつ》を奉り、縁起の良い話などをしてもてなした。これを喜んだ秀吉は、帰陣のおりに褒美を与えるが、そのときの証しにと胴服を与えた。小田原からの帰路、秀吉はふたたび石川家に立ち寄り、同家に宿駅の永代夫役免除を認めたという。

後年、この地で鷹狩りをした徳川家康も石川家に立寄り、胴服の由来を聞いて従来通り永代夫役免除を認め、その証しとして茶碗を下賜した。その後、街道を往来する諸大名もこれを拝見することが多かったといい、幕末には徳川慶喜も家康の故事にならって茶碗を残している。

『駿河国誌』ほかの文献に見える話だが、文化十五年（一八一八）にこの地を巡見した『駿国雑誌』の著者阿部正信もこれを拝見し、実測図までを書き残している。当時から名高い品であったようだ。

しかし江戸時代には懐妊した女性が縁起をかついで胴服の真綿の一部をお茶に浮かして飲んだといい、長年の損傷が進んでいた。このため昭和三十八年には共立女子大学服飾研究室で修理がおこなわれ、複製品も作られた。また昭和五十七年には、由来記など関係資料とともに静岡市の有形文化財に指定された。

胴服は身丈一一七㌢裄丈五三㌢、白無地の丈夫な揉み紙を用い、なかに真綿を入れる。衿・袖口には松皮菱に菊の折枝を刺繍し、付紐には五七の桐紋の摺箔をほどこした豪華なつくりである。各地の太閤拝領物のなかでも、とりわけ来歴のはっきりした一例といえる。類品に山口県岩国市吉川家伝来の胴服がある。

山里の宇津ノ谷集落も今日は旧街道が整備され、街道歩きを楽しむ人も多い。胴服は今も現地の石川家で展示されている。

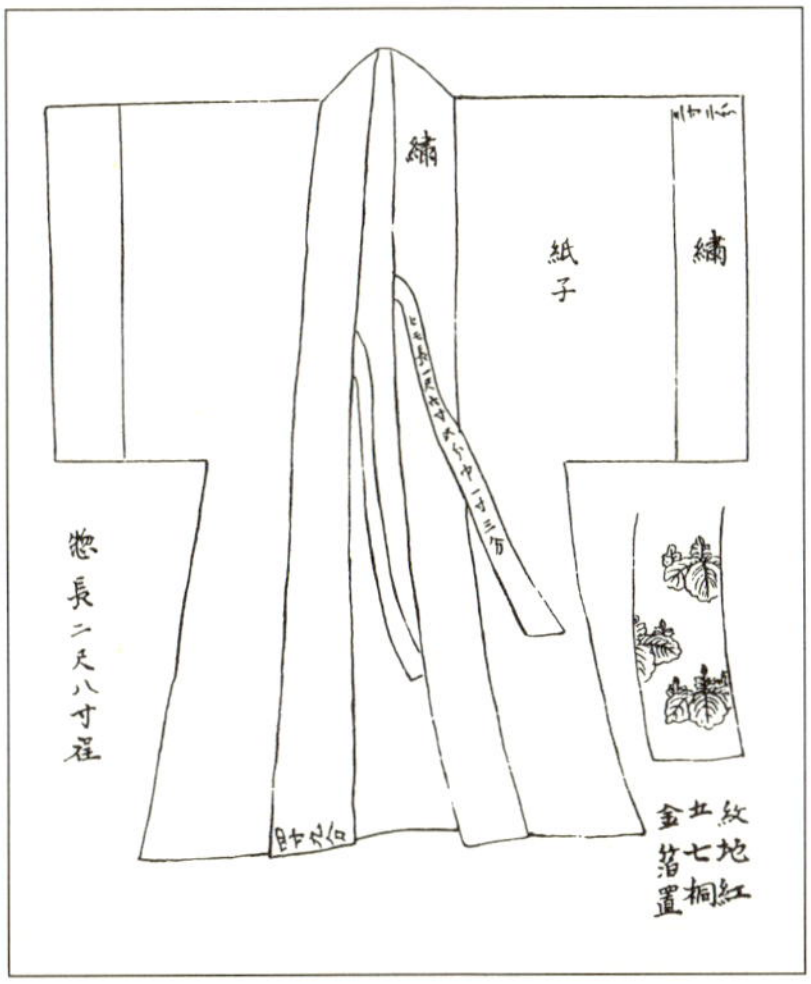

図 3.『駿河志料』の紙子胴服

写真9．荒平城の遠景（甘木市）

3　秋月・北野の太閤道（福岡県）

山間の「都市」秋月

四月六日（『黒田家譜』による。『動座記』では四日）、秀吉は八丁峠を越えて秋月（甘木市）に入った（地図3）。秋月は古処山の南西麓にあり、筑後川の支流小石原川中流の盆地である。この地を本拠とする秋月氏は大宰府の府官大蔵春実を祖とし、同族に原田・高橋氏などがある。いずれも筑前各地で秀吉軍に抵抗した一族である。秋月種実のころには二五の端城を勢力下におさめ、北部九州の一大勢力に成長していた。

秋月氏の本城は標高八五九メートルの険峻な古処山山頂にあり、これは県下で最も標高の高い山城である。山頂付近では自然の絶壁を利用し、周囲に多数の畝状縦堀《うねじょうたてぼり》をめぐらせ、一部に石塁ものこる。秀吉は古処山城には入らず、山麓の荒平城《あらひら》（二一二メートル）を本陣とした。荒平城は『家譜』に「秋月種実が常の居城なり」とあるように、日常生活のための里城である。今日の大涼寺裏手にあたり、尾根上にいくつもの曲輪が配置されている。『附録』の城跡図には、「本丸」以下「二ノ丸」「出丸」「家臣出丸」「家臣屋敷」「堀切」などがみられる。近年に樹木が繁茂するまで、秋月の町からも階段状の曲輪をよく望むことができた（写真9）。

近世以前秋月を通過する街道は九州の幹線であったとされるが、『動座記』は「海（街）道にあらず。山中節所にて、旅人などの通行稀」という。ただし家数は多く、そのうえ「数千間（軒）いずれも夥《おびただ》しき体なり」と、町とその建物の規模が大きいことを述べている。当時の秋月は、山間にありながら「都市」の雰囲気をもそなえていたようだ。

秀吉はここに五日間逗留し、筑肥の大小名が人質・進物をささげて続々と帰順した。このため山間の小盆地は軍兵がひしめき、門前に市をなすほどであったという。

小田・坂口氏参上する

このとき、秋月氏の家臣に小山田高重なる者がいた。のちに名を了慶と改めて秋月に法輪山西念寺を開いた人物である。もと武田家の家臣であり、武田氏滅亡後は中国の船木に居住していたが、のち秋月種実に仕えたという（『望春随筆』）。

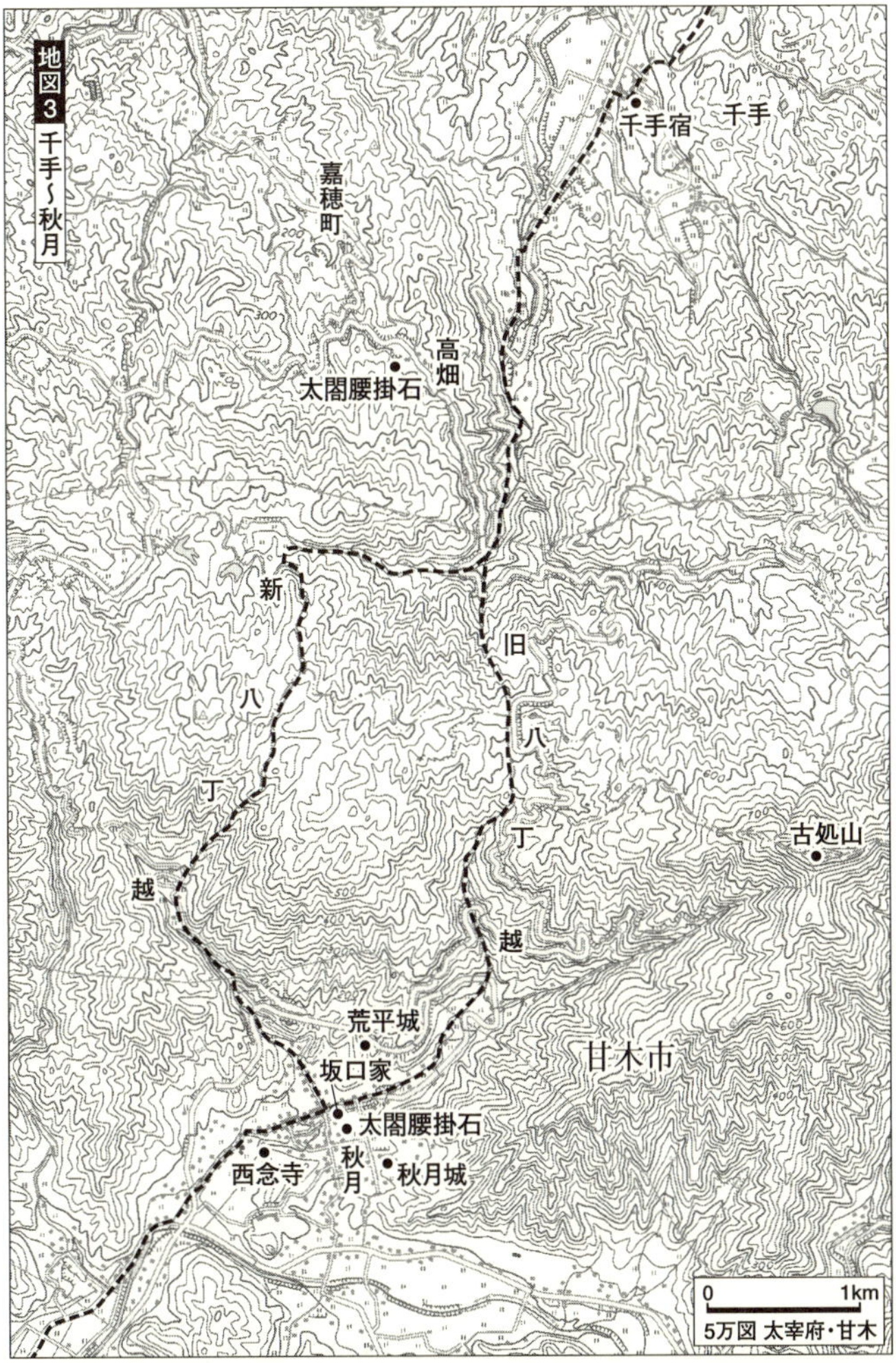

地図3 千手〜秋月

高重は熱心な念仏信者であったことから、秀吉に随行していた一向宗の門主教如上人と交流がうまれた。そのすすめで出家し、上人から山号、寺号を受けたという。また、秀吉は高重の邸に一泊したともいう。もっとも、このとき秀吉と下向したのは教如ではなく、その父顕如である。諸将が陸続と帰参する状況での小山田氏宅宿泊には疑問もあるが、顕如上人を介して秀吉との接触はありえたかもしれない。

また秋月の富商に坂口彦右衛

門定正なる人物がいた。小山田高重とは懇意の間柄であったといい、その縁で秀吉本陣に「乾肴ならびに馬沓百足」を献上した（『坂口家譜』）。乾肴は魚の干物で携帯・保存食。馬沓は蹄鉄を使用していなかった当時の馬にはかせた藁《わら》の沓で、いずれも軍旅の必需品である。秀吉は大いに喜び、坂口氏の宅地の諸役を永代免除した。この特権はその後明治にいたるまで続いたという。前述で見た嘉穂町大隈の諸公役免除に似た話である。

十日、秀吉は秋月を発ち、筑後高良山の吉見岳城（久留米市）に向かった。このとき彦右衛門は薩摩への道案内をしたが、筑後川の大城渡に着いたとき「御目通りに召し出され、これより秋月に罷り帰り、雅楽頭（生駒親正）差図を受け、同所混乱などこれ無き様、支配仕候様仰せつけられ候」と、秋月の戦後処理の補佐を命じられた。

史料が直接語るところは多くないが、彦右衛門の一連の行動には軍旅の必需品、現代でいう戦略物資を献上するなど、商機とみて新しい権力者に接近する政商の姿が彷彿とする。彼の運動は成果をおさめ、「ポスト秋月氏」の施政の一端に荷担できたのであろう。坂口家の宅地租税の永代免除は、その延長線上で理解できそうだ。

その後、秀吉が薩摩から凱旋して博多箱崎に在陣した時、彦右衛門は三度にわたって挨拶に参上、「金拵《こしらえ》の御脇指」を拝領した。「五三の桐御紋金にて所々に御座候」という豪華なものだったという。

後日談だが、寛永元年（一六二四）に新たな支配者として秋月藩主黒田長興が入部する。このとき、彦右衛門は末次善入とともに「美酒嘉肴」を献上して御祝いを申し上げている。その甲斐あってか、坂口家は「先例の如く免許公課」となり、秋月町の年行事を世襲することとなった。

秋月の太閤遺跡

秋月の町には、このほかにも秀吉に由来する伝承がいくつか残る。荒平城跡には「太閤松」とよぶ大木があったという。秀吉にちなむというが、詳細は伝わらない。『附録』の荒平城図には、鳴渡山観音堂裏手に「太閤松有」と書かれている。もっとも、地元の緒方伝氏によれば、本来の太閤松は長生寺の側にあったという。いずれにせよ文政十年（一八二七）の『風土記再調草稿』には「今ハ枯れてなし」とあり、その後二代目の松が植えられて「太閤小松」と称している。

小山田高重が創建した西念寺は、黒田氏入部のおりに場所を変えたが、おなじ秋月町内にあり、第十五代の住職小山田正春師が寺を継いでおられる。同寺には「茄子の徳利」と称する茄子形の水差しがあり、秀吉からの拝領品と伝える。高さ約一六センチの薄手の陶器で、丸い茄子を写実的にかたどる。全体に茶色っぽい釉薬がかかり、ヘタの先端から液体を注ぐようにできている。器形をみるかぎり近世初頭にはさかのぼらないようだが、そのような伝承をもつ品が伝わることを紹介しておく。

秋月橋の南詰めちかくには「太閤石」または「太閤腰掛石」という石がある。現在は金光教教会敷地だが、もとは坂口家の宅地であり、腰掛石は秀吉が彦右衛門宅に立ち寄ったおり腰をかけた石という（写真10）。かつての庭石のようだが、上面が平坦で腰をかけるのに格好の形をしている。

写真10．秋月の太閤腰掛石

秋月から筑後への道

秋月から筑後にむかう旧道は、「男女石」の追分をへて小石原川の右岸ぞいに下り、甘木の町（甘木市）にいたる。甘木山安長寺の門前町として成立した町場で、江戸時代には宿駅として栄えた。

時代は前後するが、元和元年（一六一五）に書かれた『豊前覚書』という文献がある。博多の筥崎宮座主の旧臣、城戸清種が、父豊前守知正と自己の見聞を記したもので、秀吉の九州平定や当時の博多を知るに格好の史料である。

秋月・甘木間の秀吉軍の布陣について、『豊前覚書』は「秋月よりあまぎ（甘木）まで二里の間、青麦にて陣屋をふき、左右町作り前々にのぼりをたて、其の外道具をたて行儀見事申すばかりなく候」としるす。街道にそってにわか造りの陣屋が立ちならび、道の両側に幟や武具がひしめいて威儀を整えていたという。

中野等氏は、秀吉の九州入り直後に「降伏する武将は秋月に伺候するように」との命令が出ていたのでは、と推定する。秀吉が秋月に五日間も逗留したことや、『豊前覚書』にあるおびただしい陣屋は、そのうらづけになりそうだ。

甘木をすぎて大城（三井郡北野町）までの経路は直接の資料がないが、平坦な沖積平野の最短距離をとったとすれば、本郷（大刀洗町）までは県道三一二号線とほぼ重複し、以南は三井郡北野町金島までは七四四号線に沿うと推定される。

天正三年（一五七五）、薩摩の島津家久が彦山（田川郡添田町）に立寄った折の経路は、高良山（久留米市）から神《くま》代《しろ》の渡（北野町）、北野天神（同）、三原（大刀洗町本郷）、三奈木（甘木市）をへて小石原にいたる。秀吉とは逆コースだが、近世以前の街道を知る手がかりとなる。

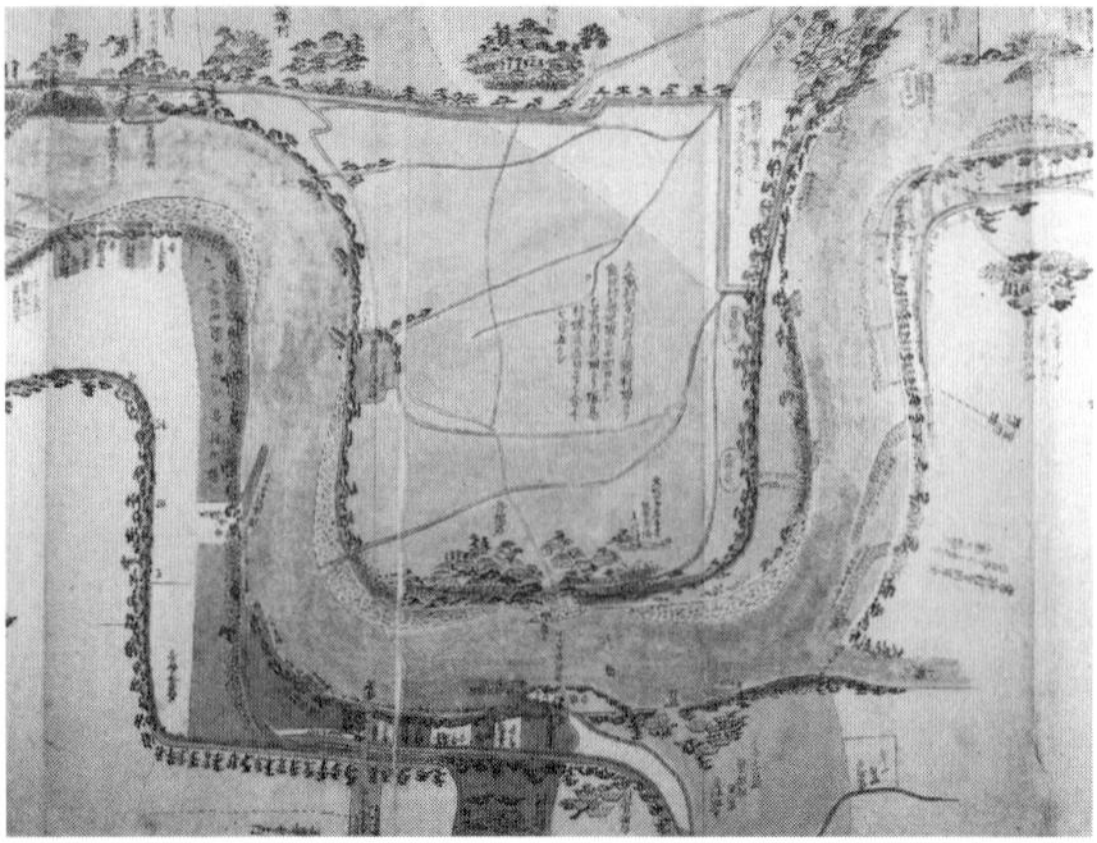

図4．筑後川の旧河道と太閤済（『筑後川絵図』）

本郷は筑前筑後をむすぶ交通の要衝であり、薩摩から豊前大里にいたる薩摩街道の宿駅であった。元和六年（一六二〇）以降は久留米藩にぞくし、延宝三年（一六七五）に筑前松崎宿が設置されるまでの幹線であり、その後も幕末まで藩内八宿のひとつとして続いた。秀吉の行軍路も甘木から本郷のコースをたどったと考えられる。

北野町の太閤道と太閤済（渡《わたし》）

本郷以南、北野町の旧道については、同町教育委員会本田岳秋氏の復元案がある。近年の圃場整備でかなり消滅したが、昭和五十七年作成の『北野町字一覧図』にその跡をたどることができるという。これに明治三十三年測量の二万分一地図を重ねると、近代以前の旧道がほぼ推定できる。もっとも、八重亀付近の地割には河道の痕跡があるから、時代による道すじの変更にも留意が必要だ。筑後川の対岸、大字金島には「太閤堂」の小字が残る。いうまでもなく、「太閤道」の意である。現地は筑後川とその支流巨瀬川の間にあるが、現在の巨瀬川はかつてU字形に蛇行していた筑後川の本流である。旧河道は、字宮司から南に蛇行して巨瀬川と合流し、字船端から北に大きく曲がって今の大城橋の下に流れていた。その後、明治期にこの流路を直線化した結果、大城地区は筑後川の南に取り残された形になった。

旧河道をよくしめす安政二年（一八五七）の『筑後川絵図』では、高島（北野町）からの道は鏡集落で南に転じ、直進して船端集落にいたる（図4）。周辺に主要な道はないから、この道すじが太閤道と思われる。文化九年（一八一二）測量のためここを渡った伊能忠敬は船端で昼休みし、「筑後川字船端、昼休百姓佐七方。筑後川舟渡百十四間」と記している。

幕末に当地で柳園塾をひらいた儒学者井上昆江は、太閤道の伝承を一編の漢詩によんだ。一部を読み下して紹介する。

太閤道に題す
兵跡今に口に伝うといえども
両辺鍬落ちて半ば田となる
碧蹄かつて走る三軍の馬
春草なお余りて一帯烟る

（下略）

太閤道の伝承が当時の知識人に知られていたことがわかるが、一方で旧道が耕作で侵食され、「半ば田となる」様子もうかがえる。現地は圃場整備がすすみ、『筑後川絵図』の道はほとんど消滅している。あえてその跡をたどれば、県道七四四号を大城橋上流で渡河、県道上高橋・善導寺線の東に並行して南下、船端集落に入る。県道の一筋東の道が太閤道の残存部であり、堤防に突き当たる丁字路の両脇には石の道祖神と道標がある。

写真 11. 太閤済（北野町）

堤防の下、字船端から久留米市善導寺町への旧筑後川の渡しを、地元では「大城《おおき》済《わたし》(渡)」または「太閤済（渡）」と呼ぶ（写真11）。秀吉の軍勢が高良山に入るときここを渡ったことにちなむという。大城渡の名は天和二年（一六八二）『有馬中務太輔領分覚書』に見られるが、伝承通りとすれば、渡し場はこれより百年ほど以前から存在していたことになる。今日渡しは廃止されているが、かつて筑後川の主要な渡しのひとつであり、戦後しばらくまで対岸との往来に供用されていた。

昭和五十四年刊『筑後河北誌』には「川床には石だたみの波止場の趾があり、此の所を太閤渡と云い」とあるが、現在石だたみは確認できない。この地点のすぐ東側には「米の荷揚げ場」があったと伝え、本田氏はこれを指すのではないかという。要するに、ここはかつての筑前・筑後の往還の渡し場であり、同時に水上交通の拠点であった。

また、現地には秀吉の渡河に関連して、「太閤枡《ます》」「太閤藪」の伝承がある。多数の軍勢が渡河した報償として、秀吉は渡し守に毎年両岸の集落から米を提供させ、このときに用いた枡を太閤枡とよんだ。また、渡船の修理のために渡し場付近の竹藪を与えたので、これを太閤藪とよんだという（『北野町史誌』）。

渡船の維持のために近隣の村落が協同で米麦を負担するのは、ちかくの神代・宮地渡しをはじめ各地に例がある。また、太閤済の東には小字「藪南」があり、太閤藪との関係を示すものかも知れない。この種の言い伝えも、いちど検討される価値はありそうだ。

「太閤済」渡河の理由

一方、筑前筑後の街道では、古くから宮地・神代渡しが主要な渡しであった。とくに神代渡しは、鎌倉後期の作とされる『絹本著色観興寺縁起』に浮橋が描かれており、すでにこの時期に存在していたことが知られる。文永の役（一二七四年）では、博多をめざす肥後・薩摩の軍勢も神代渡しを通過し、中世末には島津家久が通ったことはさきにも述べた。下って、近世以降は薩摩街道の渡しでもあった。このようにみると、秀吉下向のころの主街道もまた神代渡しであったと思われる。にもかかわらず秀吉があえて脇道の大城渡しをとったのには理由があるはずだ。

その場合まずあげられるのは、対岸の古刹善導寺の存在であろう。同寺は天正十二年に戸次《べっき》道雪勢によって多くの堂宇が焼失、衰亡していたが、秀吉軍通過の同十五年には円誉弁跡《えんよべんせき》和尚の手で再興されている。この間の具体的な事情は不明だが、秀吉軍の行軍時には休泊の拠点になったのではなかろうか。

4　久留米・八女の太閤道（福岡県）

要衝高良山《こうらさん》に入る

天正十五年四月十日、秀吉は筑後高良山（久留米市）の吉見岳城に入った。高良山は水縄《みのう》山地の西端にあり、筑後平野を一望する。山上には筑後一の宮である式内社高良玉垂宮（高良大社）があり、同社は戦国時代には豊後大友氏の幕下として勢いをふるった。そのふもと、久留米市周辺には古代から近世にかけていくつもの古道が交錯し、この地域が東西と南北の交通の要衝であったことを示している。

吉見岳城は高良山の北西の尾根上にある。今日琴平神社が鎮座する最高所に主郭をおき、西へのびる尾根上に二ノ郭・三ノ郭を配している。城の背後、高良山につづく尾根線には数カ所に堀切がある。全体の規模は東西約六〇㍍、南北約一三〇㍍の小規模な山城であり、秀吉の大軍が駐留するには手ぜまにすぎる。もっとも、山麓には高良山大社の門前町・薩摩街道の宿駅として府中町が発達していたから、秀吉の吉見岳入城も象徴的にとらえるべきだろう。

秀吉の滞在中、肥前国主の竜造寺政家をはじめ、筑紫広門・松浦鎮信など、九州の諸士が続々と参陣した。『北肥戦記』はこの時の情景を「時に関白殿は矢倉に御座を居えられ、その下に御供の大小名百人ばかり、みな虎皮の引敷にならび居られ、巍々堂々たる有様也」と述べている。

十一日、秀吉は吉見岳城を出発、筑後路を南下して肥後国南関の藺《つづら》ヶ岳城（大津山城）に入った。このとき城主大津山家稜《いえかど》は「筑後ノ広川」まで出向いて秀吉を迎えたという。その場所は今日特定できないが、広川の名はすでに鎌倉期に「広川庄」として見える。今日の広川町（八女郡）を中心に、筑後・八女市の一部にかかる地域である。家稜の先祖大津山経稜を敵対する赤地某が待ちぶせたのも「筑後ノ広川」であり、このあたりは古くから交通の要衝でもあった。

八女の太閤道伝説

便宜上、ここでは八女郡広川町に筑後市をふくめて述べる。広川町は南北を低丘陵にはさまれ、東西にながくひらけた小平野である。同町の一条地区には太閤道の伝承があり、高良山から肥後南関に向かった秀吉の軍勢は一条の集落を通過したと伝える。このとき人々は軍兵に湯茶の接待をしたといい、この故事にちなんで、一帯の道を太閤道とよんでいる。

その経路は国道二〇九号線「相川」交差点から東に折れて藤田集落にはいり、光泉寺前から南下、一条の集落をぬけて石人山古墳前の切通しを通過する。広川町在住で町誌編纂委員の佐々木四十臣《よそおみ》氏によれば、この道は「相川」交差点から北は久留米市高良台の丘陵地を斜めに横切って府中町にいたる、近世の薩摩街道とかさなるという。

この地域の古道を概観すると、一〇世紀前半に制定された『延喜式』によれば、筑後国には御井・葛野・狩道の三駅が置かれている。三つの駅は大宰府から南下して筑後国府をへて肥後国府に向かう西海道の道すじに設けられ、熊本県南関町に想定される肥後国大水駅に達していた。じっさい近年の発掘調査で、久留米市上津・藤光遺跡群から幅九㍍の直線道路跡が三五〇㍍の長さで確認されている。

筑後地域の古代官道については、木下良氏による地名や字図・直線路の痕跡からの復元案がある。これによれば、

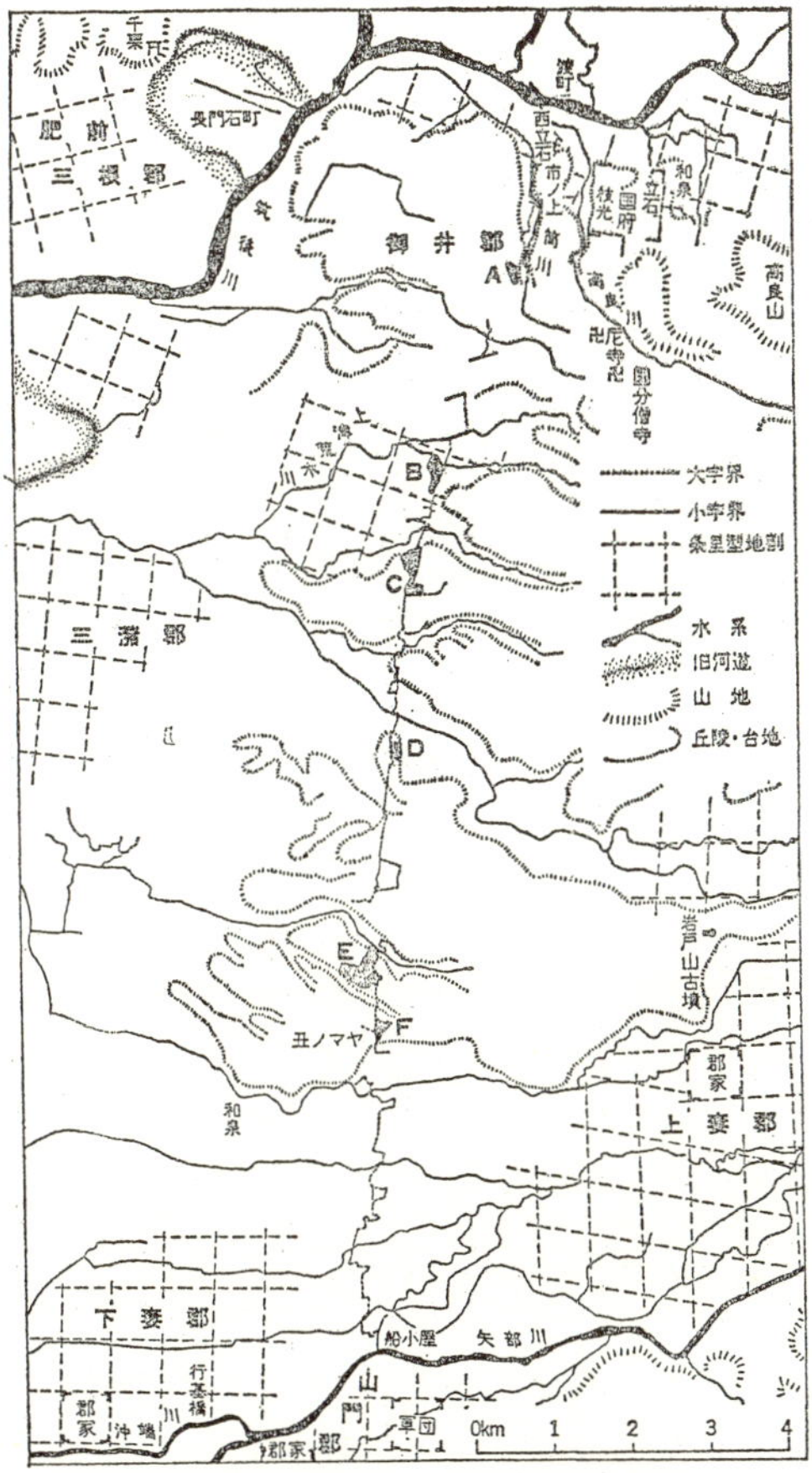

A 久留米市野中町字車地　D 筑後市一条字車路
B 〃 藤光町字車地　E 〃 大字熊野字車路
C 〃 荒木町字車路　F 〃 大字前津字車路

図5.「車道」地名と古道（『西海道の古代官道』）

久留米・筑後市域には「車道」「車地」地名が六ヶ所あり、その多くは大字界に接する。これらをつなげば、二ヶ所でわずかに方向を変える折線として復元できるという（図5）。

この道すじは、今日多く現在の国道二〇九号線と重複し、近世の薩摩街道にも引きつがれているところが多い。筑後市内の薩摩街道は二〇九号線ぞいに南下して羽犬塚宿（筑後市）にいたるが、『下広川郷土史』では、石人山切通しから筑後市欠塚・羽犬塚をへて矢部川の長田渡しまでを太閤道としている。

一方、佐々木四十臣氏は、これより東を並行していた近世以前の街道を想定、一条地区の太閤道もこれにつながるかとする。筑後市前津地区に隣接する八女市室岡地区でかつて礎石群と布目瓦が出土したことから、ある時期の葛野駅をこの付近に比定する。ただしこの地域では官道のうち駅路と伝路は別であった可能性があり、室岡地区の礎石群は駅以外の官衙的な施設とも考えられよう。

羽犬塚《はいぬづか》の伝説

筑後路を南下の途中、秀吉は羽犬塚（筑後市）に立ち寄ったとの伝承がある。羽犬塚は久留米藩時代、薩摩街道の宿場町として栄え、古代では官道に設けられた「葛野駅」の比定地でもある。

羽犬塚の地名の起源について、『筑後志』には、昔翼のある犬が人馬に害をなしていたが、下向した秀吉がこれを退治、ここに埋めたという。また『六所大権現縁起』では、秀吉が羽のある犬をつれて下向したが、犬が死んだので宿町のほとりに塚を築いたともいう。

羽のある犬はもちろん伝説にすぎない。今日、羽犬塚の街角には近年建てられたペガサスのような羽のある「羽犬」の銅像があり、町内の宗岳寺にはこの犬の塚と伝える有耳五輪塔があるが、形態や刻まれた文字からみて後世の作である。

筑後の中世史にくわしい大城美知信氏は、島津氏家老の『上井覚兼日記』に天正十四年八月に筑前岩屋城から退却する島津勢が「早朝宮之路（久留米市宮の陣町）を打立候て、灰塚之町にて暫憩候て（中略）、此晩長田（山門郡瀬高町長田）と云処ニ留候」とあるところから、灰塚をハイノツカすなわち羽犬塚に比定。その上で、同地が中世の幹線道路に位置していたこと、羽犬の伝説が秀吉軍の逗留ないし通過の史実の反映であろうと指摘している。

またこれより古く、永禄十一年（一五六八）ころに書かれた地元の水田宮宮司の覚書には「羽犬塚」の表記があり、地名がこのころすでに成立していたことが知られる。

鋳物師・土器師とのかかわり

羽犬塚で秀吉とのかかわりを伝えるのは、久留米藩の鋳物師平井家である。鋳物師とは文字どおり鋳物を作る職人。平井家の由緒書によれば、有馬氏が入国のとき祖先の藤太郎が大鍋を献上した。また城の時鐘・久留米城の橋の擬宝珠を作り、島原の乱のときには石火矢や弾丸の鋳造をしたという。

江戸時代、筑後久留米藩の鋳物商は平井家一族の支配下にあり、鋳物類の商いには同家の許可を必要としたが、その根拠は慶長十年（一六〇五）に国主田中吉政から下された文書によるとされる。慶長十年九月二十日付の平井家文書『鋳物師司平右衛門所持之書付写』には、羽犬塚町のほか、福島町（八女市）と野町（筑後市）で鋳物場を操業していた平井家一族の領内での特権を認めている。さらに、同家の由緒書は秀吉とのかかわりを次のようにのべている。

すなわち、先祖の平井雅楽という人物は羽犬塚で鋳物場を設け、手広く鋳物商をしていた。その場所はのちの羽犬塚御茶屋（現羽犬塚小学校）という。秀吉がこの地を通過したとき、雅楽は町の外に御休所を設けて御茶を差しあげた。その席で、先祖以来の鋳物職と申しあげたところ、鋳物師司の判物を拝領したという。

これと似た話は、上妻郡《こうづま》（八女市）坂東寺焼の田中土器師にも伝わる。江戸時代、田中家は久留米藩内の焼物を支配する焼物司として庇護をうけ、焼物の商いには同家の許可が必要とされていた。田中土器師の祖平兵衛はもと家長藤兵衛と称し、北筑後を領した有馬氏の招きで久留米に来たが、これは柳川領内の焼物司である実兄の彦三郎の推薦によるという。

家長彦三郎（方親）は壱岐守を称し、文禄・慶長の役には肥前鍋島軍に従って渡海した。朝鮮では陶工を召し捕って名護屋に連れ帰り、持ち帰った陶器類を秀吉に献上した。さらに陶工誘致の許可を得て技法を習得、土鍋や土器を秀吉はじめ諸将に献上して賞賛され、朱印状を拝領したという（このことについてはコラム《陶工連行の実行者》を参照）。

秀吉の朱印状はその後も同家に保存されたらしく、貞享二年（一六八五）付の同家文書によれば、田中吉政の判物などとともに「太閤様御朱印」が藩に提出されている。これと対応する話は『葉隠』に見え、田中土器師が肥前から移住してきたことが知られる。この間の事情については、第三章「佐賀東部の太閤道」で再考したい。

いずれにせよ、平井・田中の両家は久留米藩の特定業者を支配した家柄である。由緒書はその正当性を主張する宣伝臭があるが、秀吉とのかかわりを伝える伝承として興味深い。

矢部川を渡る

羽犬塚を南下すれば、矢部川にいたる。北岸の北長田（筑後市）には、長田渡跡がある。尾島町（筑後市）で薩摩街道と分岐して山門郡本吉方面へむかう脇街道の渡し場で、口碑では秀吉はここを渡ったという。

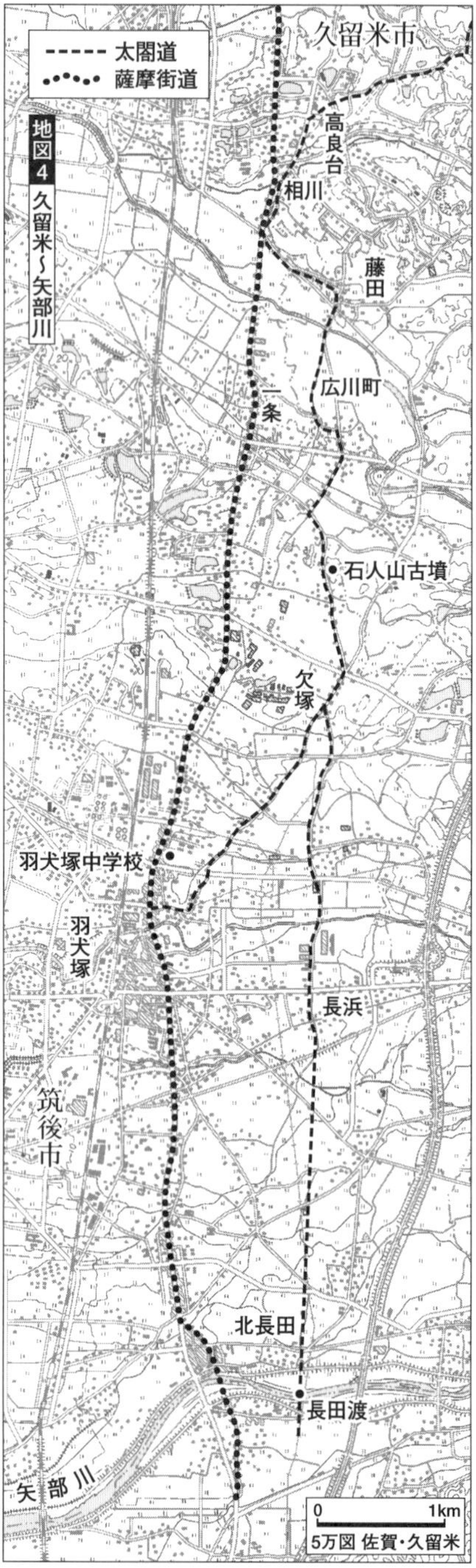

『久留米藩領古図』には「長田歩渡・川広三拾七間、柳川領江之小道」とあるが、これは田中氏時代に柳川方面の道が整備されて以後のことであり、それ以前はこの筋が主街道であった。さきに『上井覚兼日記』でみたように、島津勢が羽犬塚から矢部川の南の長田（山門郡瀬高町）へ退却したのも、この道筋と思われる。

今は堤防横の古木の下に秀吉渡河の標識が立つだけだが、筑後郷土史会の近本喜続氏によれば、このあたりは矢部川の浅瀬で徒渉しやすいところという。秀吉がここを渡ったとの伝承も、根拠がないとは思えない。

久留米・八女の太閤道を歩く

このように見てくると、秀吉通過の道筋はおおむね久留米市府中から広川町相川・一条、筑後市羽犬塚をへて長田にいたる。その間、太閤道の伝承は広川町一条地区のみだが、秀吉の逸話は各地に点在する。すでに知られているように、相川より南には古代官道と近世の薩摩街道が一部重複しながら縦貫している。太閤道がこれをたどらないのは不自然に見えるが、ここでは伝承を重んじて見てゆきたい（地図４）。

久留米市府中町の南口から広川町一条にいたるには、矢取から南下し、下川原で高良川を渡る。浦山丘陵を横断、

写真12．広川町の太閤道（佐々木四十臣氏提供）

下れば二軒茶屋。直進して本山丘陵との間のせまい谷口の平地に下る。ここで国道三号線と交差するが、これは古代の条里の境界に沿う道である。本山丘陵に向かって進むと、途中に大乗妙典碑。下部に「左ふくしま　右はいんつか」とあり、追分石をかねる。上津小学校を左に見て県道藤田・上津線の坂道を登れば、通称「高良台」の丘陵地。南西に横切り、「相川」交差点の北一〇〇㍍付近で国道二〇九号線と合流する。これより広川町。

「相川」交差点で薩摩街道と分岐、左に折れると岩丸稲荷の先から左に入る旧道がある。これを藤田丘陵の南縁にそってすすめば光泉寺の前にいたる。旧道はここから直角に右折する。平地に下り、南下して藤原橋を渡る。このさき北の前地区には、九〇年代初頭の圃場整備事業まで「太閤道」が農道として良好な状態で残っていた（写真12）。

一条集落にはいり、八幡宮、四分一《しぶいち》の六地蔵前をすぎ、「園田薮」とよばれる竹薮をぬける。長峰丘陵の坂を登りつめると左手に「石人山古墳」。近年拡幅された切通しをすぎれば筑後市。

この先、ゆるやかな丘陵地を下り、「欠塚」五差路で県道と合流、羽犬塚の町へはこの道を直進する。葛野駅関連遺跡がある羽犬塚中学校の東で新道との交差点を横断すれば、昔のままのせまい一方通行の道。これより先が旧羽犬塚宿。

羽犬塚から北長田までの太閤道は明確でない。近世の薩摩街道は、羽犬塚南方の「尾島」十字路で南西に分岐して柳川領にはいる。さきに述べたように、古い時期の主街道である長田渡には、ここから南東の道をたどる。

以上の道筋とはべつに、羽犬塚を通過せず長田渡に向かう経路も考えられる。「欠塚」五差路の南三〇〇㍍で県道と分かれて南下する道で、前津の集落をぬけて平地に下り、山ノ井川を渡る。さらに南下してロッテ九州工場とヤマハ配送センターの間を通れば、左に玉垂神社。ここで国道四四二号線を横断、長浜の集落地をぬけて松下電機の敷地に突きあたる。このあたりまで、道は西方の古代官道（国道二〇九号線）と約八〇〇㍍の間隔で並行する。こころみに長浜の玉垂神社横の道を南にのばせば、長田渡の若松神社にいたる。

筑後市にはひろく古代の条里制地割りがみられるが、古代官道もこの境界線に乗る。したがって、これと並行する玉垂社~若松社間の直線道もまた条里に沿う古道と考えられ、これがある時期、広川町一条から長田渡しへの街道であった可能性もある。さきに佐々木四十臣氏が指摘した道も、これにつながるのではなかろうか。その場合、豊臣勢の一部はこの道筋をたどったとも考えられる。今後の検討課題としたい。

5　山門郡の太閤道（福岡県）

瀬高・山川町の太閤道

矢部川を渡れば山門郡瀬高町に入る。瀬高町の太閤道は明確でない。近世の街道は山すその本吉地区を通過しており、太閤道もこの道筋かと推定するにとどまる。ただ、三城祥象著『肥後・筑後の旧道史』の山門郡付近の図版には「太閤路」の注記がある。

図によれば、本吉の「清水」交差点のやや北の二差路を西にとり、九州自動車道にそって北上、古代山城「女山《ぞやま》」神籠石《こうごいし》」の麓を通過する。地図にはこのほか「村山健治氏自宅」「村山氏図示」との書き込みがある。

故村山健治氏は瀬高町の郷土史家。先祖は文禄の役のころの長崎代官村山等安という。村山の姓は秀吉から拝領したというから、健治氏も秀吉には関心が深かったようだ。「太閤路」も同氏の教示によるらしい。地元には太閤道の伝承があったと思われるが、三城氏の本文にもこれについての記述はなく、現地でも確認できていない。

これに対し、山門郡の南端、山川町の太閤道の伝承は明確である。同町は矢部川の支流飯江《はえ》川上流、筑後平野最奥部の地峡にあり、古くから筑肥の通廊に位置する。古代の官道もここを通過し、近世には宿町として御茶屋がお

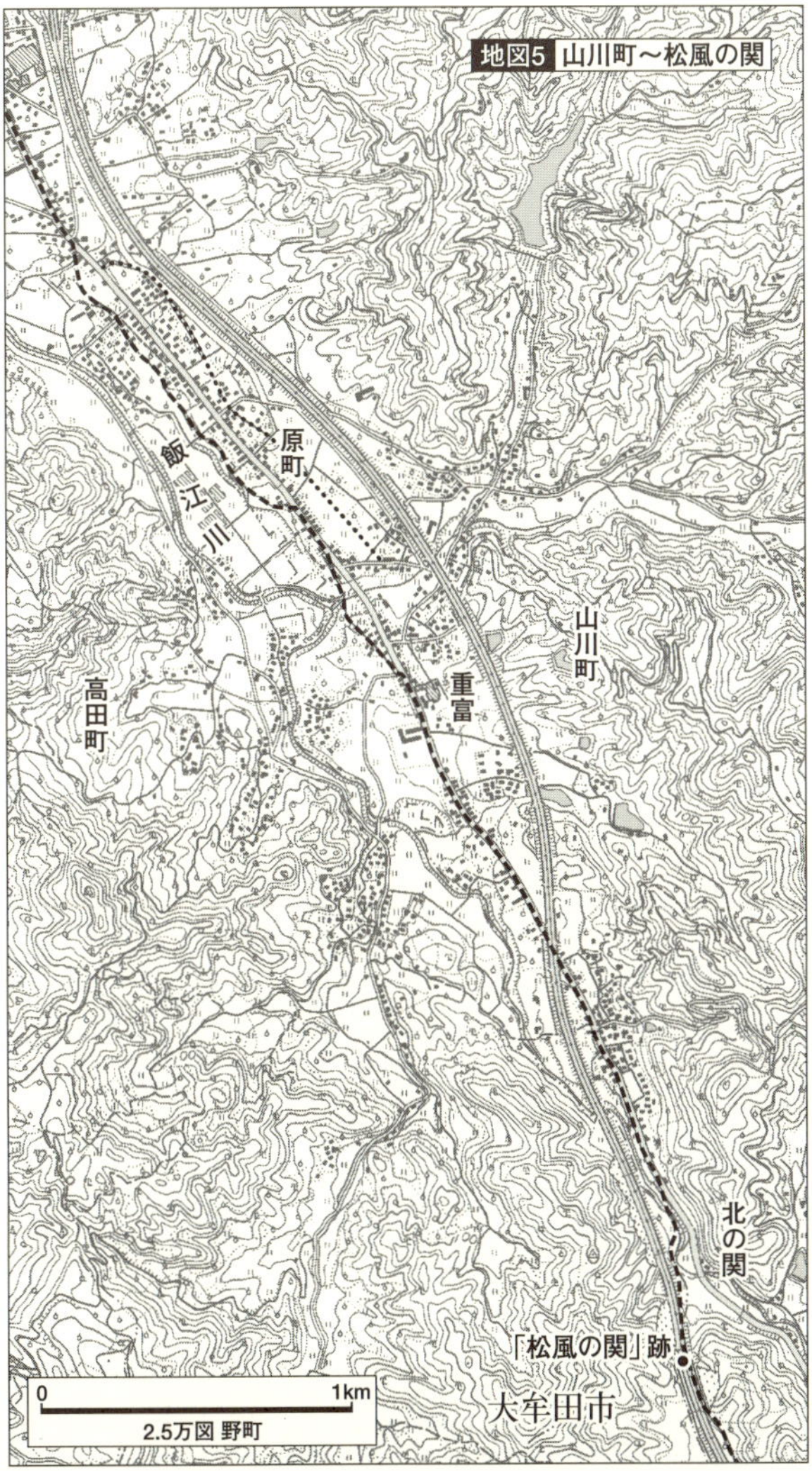

かれ、大名の休憩にも利用されていた。町の北端にちかい河原内の山ノ上遺跡からは、硯や「田前主帳」のヘラ書き文字がある土師器など、古代の官衙にかかわる遺物が出土している。この付近に推定される「狩道駅」との関係がつよく示唆される遺跡である。

地元の伝承では、同町の原町には秀吉が薩摩に向かうときに通った「太閤道」があり、その道筋は町なみの裏手、国道の東側にあるという。大正十五年刊の『山門郡誌』にみえる記事で、以後の地誌類はいずれもこれを祖述しているが、実際には町なみの東にそれらしい道路跡は明確でない。しいていえば、山川公民館裏手に国道に沿う道がある。現状は幅二メートルほどの農道で、途中「西楽寺」の西方でいったん途切れるが、「顕忠寺」西端の地割りに続き、ふたたび道路となる。さらに旧東肥鉄道の駅跡をへて甲田まで延び、待居川の手前で途切れる（地図5）。

一方、国道の西側にも町なみに沿う小道があり、山川町誌編纂室の牛嶋寿人氏はこの方が近年まで使われていた旧道であるという。『山門郡誌』に「国道東方に一道路」とある東を西に読み変えれば、この道に相当する。現在この道は隣接する高田町の飯江小学校の東からたどることができ、幅二メートルから一部は踏み分け道となっている。原町の町裏あたりでは高田町との境界線であり、飯江川の河岸段丘の縁辺をたどる道でもある。近世の街道整備に際して道が東に移されたと想定できる立地といえる。

ちなみに原町公民館となりの「甲山寺」の敷地は現在の国道沿いにあるが、観音堂はこれに背をむけて西面している。古い時期の主街道の位置を示すとも考えられる。

道は南下して「要川公園」で待居川橋を渡るが、ここのあたりは薩摩街道と重複し、ほぼ四四三号線をたどる。「物見塚」交差点の南には南部小学校があるが、国道をはさんだ東側の字を「車地」という。これは古代の官道に由来する地名であり、肥後への官道もここを通過していたことを示している。

条里とのかかわり

ここで参考になるのは、古代の道路交通について広範な論考がある日野尚志氏による山門郡条里の復元案である。これによれば、官道は筑後市船小屋西方で矢部川を渡り、長田集落の西をかすめ、「山門条里」にそって瀬高町本吉西方まで真南に下る。その先、本吉から松田にかけての「松田条里」では、土地割りの方位がN29度W方向に転じるのにあわせて折れ曲がる。条里線を延長すれば山川町清水をへて原町をすぎ、肥後へいたるという。

この間、原町付近までは国道の東を通り、字「車地」より先は国道とほぼ重複して大谷の地峡を抜ける案が示されている。これによると、原町付近の官道はさきに述べた町なみ東裏の道にほぼ重なる。古代官道の道筋が後世まで引きつがれているのは各地にみられるから、原町東裏の太閤道という『山門郡誌』の記述を補強するようだ。

このように見てくると、原町の太閤道が町の東を通った可能性が高いといえるが、断定できるほどの根拠もない。ここでは結論を保留し、町なみの東西二つの道すじを指摘するにとどめたい。

いずれにせよ、旧道は峠越えの道を通過する。明治二十二年発行二〇万分一地図「熊本」では、街道は山川町北の関から直進して峠道を通過しているが、翌明治二十三年製図の二万分一地図「関町」では「南関ニ至ル新道未ダ成ラス」とあり、今日大谷の地峡を通過する国道は、この時点で敷設途中であるのがわかる。古代官道が大谷を通過したとする日野氏の見解と矛盾するようだが、これについては肥後南関の項で再考したい。

「松風の関」跡から肥後へ

「松風の関」とは、いっぱんに『平家物語』にみえる「大津山関」とされているが、これについても肥後南関の項でくわしく取りあげることとし、さきに関跡までの道筋をみる。

北の関上の四四三号線ぞいに、朽ちかかった「松風の関」の看板があり、ここから飯江川へ下る道がある。川を渡り、いったん隣接する三池郡高田町域にはいる。九州自動車道にそった農道がゆるやかに登り坂となって「松風の関」跡にむかうが、両町の境界はこの道の東にあり、この線が旧道のラインのようだ。したがつて、旧道は「瀬戸橋」のやや下流で四四三号線から分岐していたと思われる。

「松風の関」跡は、西からのびてきた山地の鞍部にある（写真13）。坂を登りつめた左手には凝灰岩の岩盤を削った跡が残るが、その時代は不明である。峠の部分は片道二車線の自動車道が大きく山を開削して通過、一帯は旧状をとどめていない。

写真 13.「松風の関」跡（山川町）

自動車道にかかる歩道橋を渡り、法面にそった小道を平地に下る。周辺は自動車道開通にともなう地形の改変がはげしいが、さきにあげた明治二十三年製の地図などによれば、旧街道は「松風の関」跡から南にひらく谷の東側斜面にそって下り、谷口から四四三号線湯谷口のバス停にいたることになる。これより熊本県玉名郡南関町。五〇〇㍍先には柳河藩領の国境石が立つ。

6　南関《なんかん》の太閤道（熊本県）

秀吉、肥後にはいる

天正十五年四月十一日、秀吉は筑後から肥後南関（熊本県玉名郡南関町）にはいり、ここで二泊した。『肥後国誌』によれば、このときの宿舎は大津山城（藟《つづら》ヶ岳城）のふもとの正法寺という。『肥後国誌』（以下『国誌』）は、江戸中期の安永元年（一七七二）に成立した肥後国の総合的な地誌で全二二巻。編者は熊本藩士森本一瑞である。

大津山の地名は古代官道の大水《おおず》駅に由来し、古くから「大津山関」が設けられていた。『平家物語』には、寿永二年（一一八三）に平家一門が大宰府に落ちてきたとき、都から供をしてきた菊地隆直は「大津山の関開けてまいら

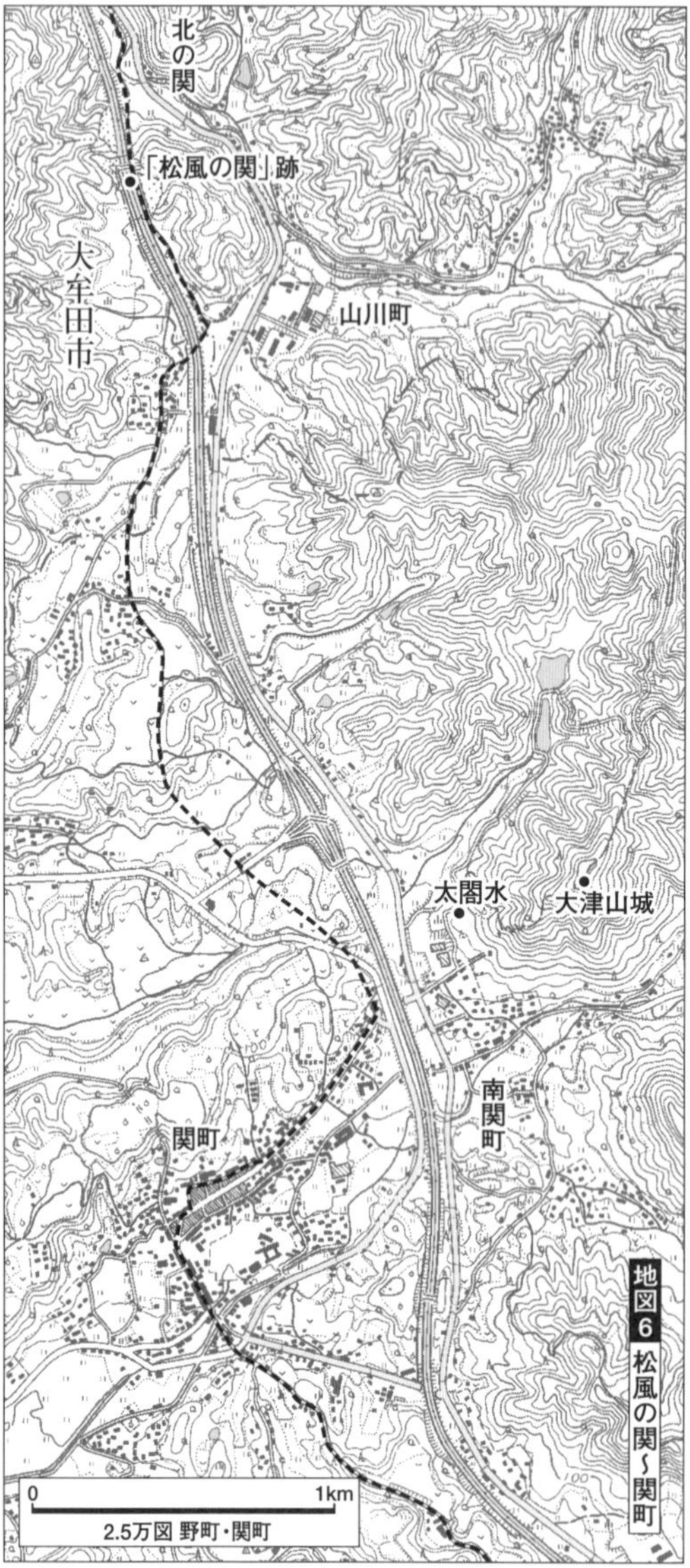

せん」と肥後にはいり、そのまま自分の城に引きこもった。平家からの再三の要請にもかかわらずついに帰参しなかったという。文学作品の記述だが、同様の話は『源平盛衰記』にもみえ、この時期すでに大津山関のあったことが推定される。くだって戦国時代の天正九年四月には、竜造寺隆信は当地をへて肥後へ侵入している。この地が筑後三池・山門郡と境を接する要衝の地であったことがわかる（地図6）。

南関・北関

関については従来諸説があり、なかでも享保五年（一七二〇）に成立した『南関紀聞』（以下『紀聞』）の説が流布している。

同書によれば、南関と北関の地名について、元来山川町（福岡県）北関の大谷あたりに関があり、これをはさんで関の南・関の北とよんでいたのを、竜造寺家治が「ただに南関・北ノ関と呼ぶべし」と命じたので今の名となったという。

これについて、近年では大城美知信氏による詳細な検討がある。氏によれば、鎌倉時代末にはすでに「ミなミのせき」「きたのせき」があることから、南関ははじめから南関であり、『紀聞』がいうような「関の南」ではないとする。そしてこの南の関に対して「北の関」が存在したという。さらに、南北二つの関は同時期に併存したのではなく、はじめ山川町大谷あたりにあった関（北関）が、ある時期南の大津山の麓に移転（南関）したと想定する（『南関町史』）。

またこれに対し、薩摩の島津氏が天正三年にここを通過したときの記事「南の関を通り行に、関とてととめられ、方々為方《せんかた》なくありしかとも、（中略）其夜ハ北の関小市別当の所に一宿」（『中書家久公上京日記』）をもって南北二つの関の並列とする意見もあるが、文脈からみて後者は地名としての「北の関」と考えられる。

大津山氏の滅亡

今日では北の関付近と思われる山の鞍部が「松風の関跡」と言いならわされている。もっとも、これは『紀聞』に引用した「和歌手引」の一首「肥後の国万里《まで》の森より西にあるたつのせ河や松風の関」に由来するもので、当初からの名ではないらしい。

大津山城は南関町の東にそびえる大津山山頂にある。神奈備《かんなび》形とも言うべき円錐形の特徴ある姿で、山麓には正治元年（一一九九）に勧請したという大津山阿蘇神社が鎮座する（写真14）。応永二年（一三九五）に肥後木屋塚に下着した日野資基が初めてここに城を築いた。その後、大友・竜造寺・島津氏らの間で消長をくりかえし、秀吉下向のとき大津山氏八代家稜にいたった。慶長五年、南関新城の築城で廃城となった。

城は山頂の尾根線上に位置する連郭式の山城で、最高所に二つの曲輪がある。北斜面の一部には高さ二㍍の石垣、山上の曲輪と西麓の平坦地をつなぐ長い竪堀があるが、いずれも後の加藤氏時代の改修と考えられている。

写真14．大津山城跡の遠景（南関町）

秀吉下向のおり、大津山家稜が「筑後ノ広川」で秀吉を迎えたことはさきにもふれた（異説もある）。しかし城は接収され、秀吉の通過後には堀尾吉晴が残った。さらに薩摩からの帰路での宛行いの結果、大津山氏の所領は三二〇町からわずか五〇町に削減された。その後、肥後には佐々成政が入国するが、成政の苛政は「肥後国衆一揆」とよばれる大規模な反乱を招いた。大津山氏も一揆に加わって破れ、その勢力は一掃されることとなる。

正法寺の太閤御前水

秀吉が泊まったという正法寺は廃寺となって現存しないが、そのちかくに「太閤御前水」とよぶ湧水がある。『紀聞』には西麓の竜造寺家治館跡ちかくに金井屋敷という場所があり、「秀吉公正法寺に御陣を居られし時、この水を汲みて奉りしとなり」という。

また『国誌』玉名郡南関手永の項には、寺は禅宗の古刹であり、秀吉下向のおり本陣となった。このとき住持は先に病死しており、寺の者も逃げ散ったので、そのまま廃寺となったという。付近に「太閤の御前水」という湧水があり、また秀吉が馬をつないだという松があったが、土民が切り倒して売ってしまったともいう。

大津山城の北西麓、大津山自然公園の観音堂下には、今日「太閤水」の標識が立つ湧水がある。組石に囲まれ、水は豊富で清冽である。あふれた水は下流に導かれ、一帯は小さな池に整備されている（写真15）。大正十二年刊の『玉名郡誌』ではここを「太閤御前水」の位置とするが、『国誌』には「明神の南にある正法寺に御陣を居へらる」とある。「明神」とは大津山阿蘇神社の旧号、大津山大明神のことで、今の名に改称したのは明治以後である。また寛文～元禄のころに描かれた『玉名郡南関之図』でも、正法寺跡は大津山大明神の参道の右手すなわち南側にある（図6）。

写真 15．正法寺の太閤水（南関町）

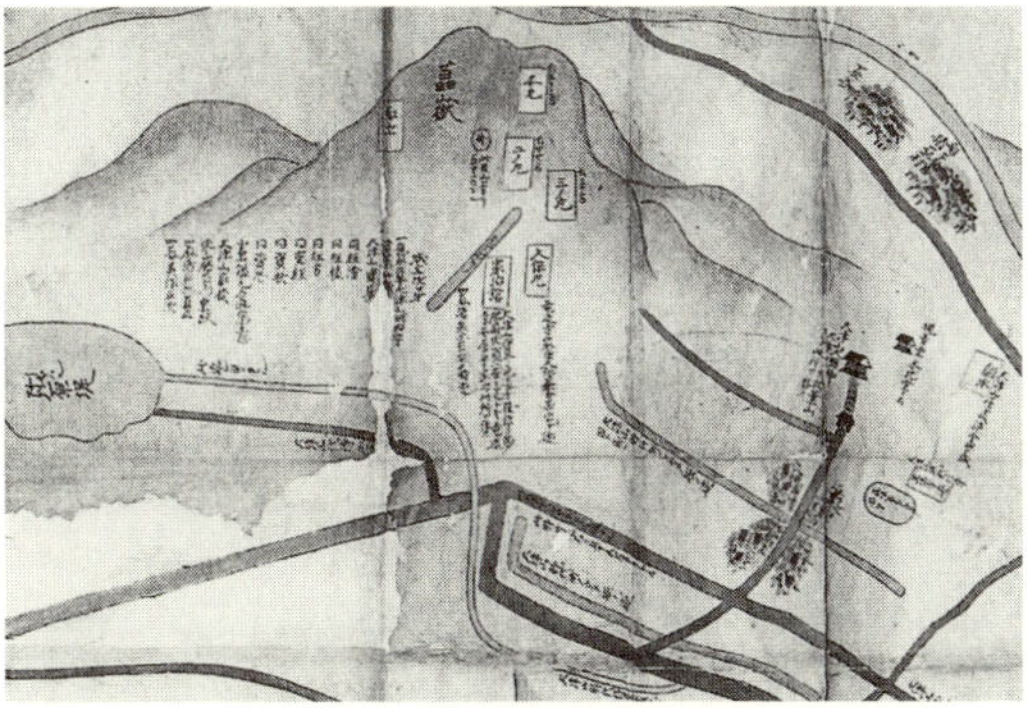

図 6．『玉名郡南関之図』（部分）

『国誌』は「（大津山氏は）常にはつづら嶽より西南の方、関水といふ所に住す。その辺に正法禅寺を建立す。今の大津山明神の社地より南の方、低き所、西（正カ）法寺の跡なり」というから、正しい位置関係は、大津山神社をはさんで南に正法寺、北に太閤御前水があったことになる。

つけくわえると、正法寺が廃寺となったのは僧侶らが逃げ散ったためではなく、のちに佐々成政が入国した際のことらしい。佐々氏は大津山神社周辺の社寺を徹底的に破壊、「廟墓を穿かへし川に流し、その跡を田畠となす」（『国誌』）という。正法寺は大津山氏の「代々ノ菩提所」であったから、佐々氏に抗して国衆一揆に走った大津山氏の無念がしのばれる。

街道を付替える話

『国誌』には、正法寺を宿とした秀吉が「大津山の背戸口ハ、鍋嶋加賀守仰《おおせ》を承て家臣多久・須古両頭に手勢を相添、切通を塞ぎ守らしめ、山の上に別に道を付、往来を吟味す」という注目すべき記事がある。あえて「往来を吟味」というから、この道が不特定多数が行き来する街道であったと推定できる。この記事を信じれば、今日「松風の関跡」とよばれている道は中世以来の古道ではなく、秀吉によって新たに開かれた「山の上」の道ということになる。

これについて交通史にくわしい丸山雍成氏は、山を城のある山すなわち大津山とし、従来城の下を通過していた道を城ちかくに引き入れて往来を吟味したと理解する。聞くべき見解だが、今日大津山の周囲にはそれらしい古道や道の跡は見あたらない。『玉名郡南関之図』には「今ハフサキテ通ナシ」という「大津山時代ノ古道」があるが、これは山すそを通る道である。またこれより「山の上」には、あらたに作られたような道は描かれていない。

時代をさかのぼって見れば、日野尚志氏は筑後から肥後にいたる古代官道はこの地峡を通過したと推定している。そこで範囲をひろげてながめると、南関町の北、山川町大谷に「セ戸原」の小字や飯江川にかかる「瀬戸橋」がある。また明治二十三年に第六師団参謀部が測量した二万分一地図「関町」では、今の「松風の関」付近を「セドノ坂」と表示する。したがって『紀聞』のいう「背戸口」とはこの付近と思われる。

一方、明治二十二年発行二〇万分一地図「熊本」では、道は北の関から南に直進して峠道を通過しているが、上記明治二十三年の「関町」では「南関ニ至ル新道未ダ成ラス」とあり、今日大谷の地峡を通過する国道は、この時点で建設途中であるのがわかる。

このように見てくると、山川町から南下する秀吉が通過したのは古代官道の名残の「切通しの路」であり、これは今日国道四四三号線が通過する谷あいの道に重なると思われる。秀吉はこれを廃して、あらたに峠越えの道を開き「往来を吟味」したが、明治になってふたたび地峡を通る道が開かれた、との推定が成り立ちそうだ。

何のために峠道の付替えをおこなったのか。結論からいえば、それはより実用的な路線への変更と考えられる。近年の研究で、古代の官道が幅広な直線道であったことが知られてきたが、それは交通路としての役割だけではなく、国家権力のデモンストレーションとの指摘がある。そのため、道路は見ばえはしても使い勝手の悪い面もあったという。

山川町の場合は低地から峠越えの道に変更しているが、その理由として旧道が川ぞいの地峡であることがあげられる。推定される古代官道はここを直線的に通過しているが、地峡は真弓川との合流点でもあり、実際には川の増水や切通しの維持など、不安定な要素が多かったと思われる。あえて「道を山上に造りて往来を改」めた理由は、この辺にありそうだ。またこれは、秀吉が自身の行軍路を一過性のものとは考えていなかったことを示し、興味深い。

後日談だが、秀吉は薩摩からの帰路も当地を通過した。島津貫明の「天正十五年日々記」六月二十三日条には「南関を夜明方ニ御打立、高良山へ申刻御着也」とある。

7　南関から高瀬へ（熊本県）

南関から高瀬へ

天正十五年四月十三日、秀吉は南関から高瀬（玉名市）に入り、ここで二泊した。その前日の四月十二日には「高瀬津へ人数も入らず、陣取迷惑候由申者は先勢としてこれを取差（押ヵ）、逃けさる様に申付くへし」との朱印状を発し、宿陣に抵抗する者を排除するよう、先発隊に命じている。また「大雨降候て、中二日御逗留被成候」（『動座記』）

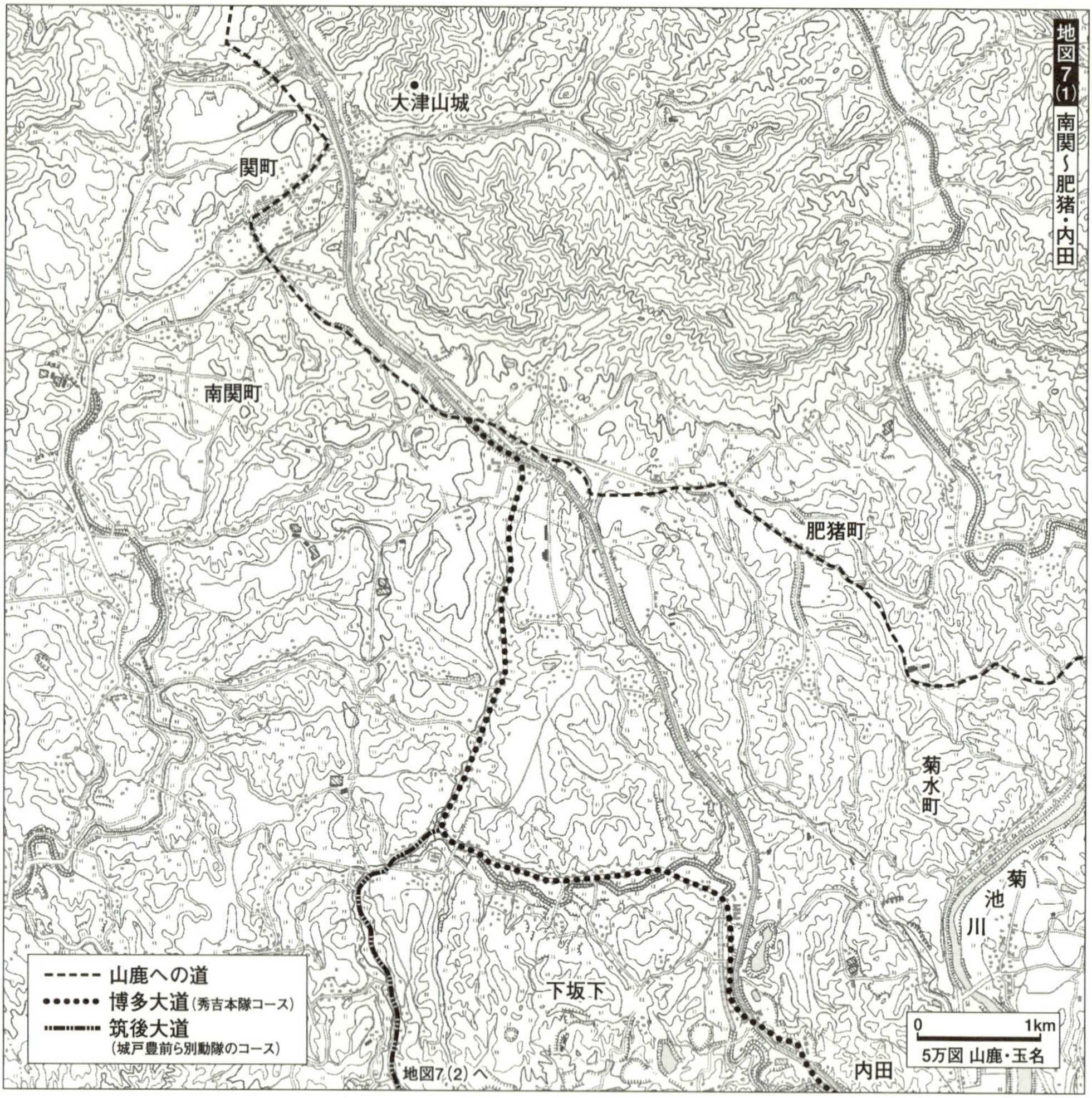

ともあり、降りつづく大雨のため、ここで二日間とどまった。この年は梅雨のはしりが早かったようだ。

南関・高瀬間の秀吉の経路について、直接しるすものは少ない。ただ、この地域が大宰府から筑後国府をへて肥後国府にいたる古代の官道の路線上にあたるところから、近世以前の交通についての研究には多くの蓄積がある。これら先学の成果、とりわけ大城美知信氏による中世の交通路の考察(『南関町誌』)を参考に、秀吉の通った道を考えてみたい。

氏によってしめされた中世以来の肥後北部地方の交通路のうち、秀吉の行軍路とかかわるのは以下の三ルートである(地図7)。

① 南関－肥猪《こえい》－山鹿ルート（薩摩街道）南関から肥猪（南関町）をへて山鹿（山鹿市）にいたる道で、南北朝の内乱期には双方の軍勢が移動・通過した。現在の国道四四三号線にほぼ沿った道であり、のちの薩摩街道に相当する。三ルート中で最も主要な路線とされる。

② 南関－江田－高瀬ルート（博多大道）南関から江田（玉名郡菊水町）をへて高瀬へいたる。肥猪の手前（西）の小原から南下、内田川上流の坂下（南関町）付近に出て川沿いに内田に下れば、対岸は江田である。江田から菊池川ぞいに下れば高瀬にいたる。この間は今日の県道で約二〇キロ、五里の距離となる。大城氏によれば、当時の軍勢の移動ではこの路線が

正規のルートであったといい、『上井覚兼日記』天正十四年七月二十日条には「此日、未《ひつじ》許打出、大津山へ着候て留候也。高瀬より大津山五里也」とあり、高瀬から大津山（南関町）へ進撃し、その間は五里であった。また『動座記』にも「同国高瀬津迄　五里」とあって、県道の里程とほぼ一致する。またこの道は、後にふれる『広福寺文書』正平十八年（一三六三）の『玉名東郷久井原四至境注文』にみえる「はかたたいたう」すなわち「博多大道」であろうという。

③南関―石貫―高瀬ルート（筑後大道）坂下までは前者とおなじだが、ここから南下して川床（玉名市）にいたり、繁根木《はねぎ》川沿いに石貫をへて高瀬にいたる。現在の県道玉名・八女線に沿うルートである。その間約一六キロ（四里）。途中丘陵地を通るが、距離的にはこのほうが近い。このとき、秀吉軍の部将立花統虎（宗茂）は石貫西方の筒ヶ嶽城を接収しているから、大城氏は秀吉の本隊が博多大道を進み、立花氏は別動隊としてこのルートを通過したと推定する。ちなみに、繁根木川に沿う県道玉名・八女線は、南関から高瀬にいたる近世の石貫往還であり、さかのぼれば文中二年（一三七三）十二月付『菊池武安寄進状』（『広福寺文書』）にみえる寺の四至の表記に「東限、根本石貫堺尾立筑後大道」とある。往還は広福寺の東にあるから、「筑後大道」がこれに相当する。繁根木川に沿うこのルートが、中世以来の南北の幹線であったことがうかがわれる。

高瀬への「舟入」

秀吉の高瀬入りについて『動座記』には「高瀬津迄　五里　舟入」とあり、南関から五里の距離で「舟入」という。『動座記』にはこれとよく似た「舟付」の語が多用されており、九州内での舟入・舟付の語をさがせば、・赤間ヶ関から小倉までは「赤間より海上三里舟付」・八代は「舟付へ一里」・佐敷まで「三里　舟付」・水又（水俣）まで「六里　舟付」・泰平寺には「舟入」などとある。

舟付の語についてには、この年五月に秀吉が「こほ」という上方の女房に与えた書簡に、博多は唐・南蛮の「ふなつき」とある。『動座記』にいう「舟付」は「海港」と解してよいだろう。

一方、「舟入」とあるのは高瀬のほかには岡山と泰平寺（鹿児島県）の二カ所のみである。この時代のポルトガル人による辞書『日葡辞書』では「船を入れるための人工の港」とあり、港湾施設をさす語である。『動座記』では、前後の文脈から「舟入」は「舟付＝海港」に対する「川港」と解釈できる。すなわち秀吉は菊池川を船で下り、高瀬津に着いたと推定される。

これを地図と照合すると、大城氏のいう第二のルートとなる。内田川沿いに陸路を江田まで出、ここから菊池川本流を船で下ったとするのが地理的に最も自然な解釈である。

もっとも、前日は大雨であった。『豊前聞書』にはこの日「大雨故夫丸（人夫）参らざるなり」、十二日も「大雨大風、高瀬川（菊池川）大水出申し候得ども」とあり、内田（菊水町）まで出た豊臣勢主力が対岸の江田（同）に渡れなかった可能性がたかい。

そこで秀吉は南関からいったん東方の山鹿に出、ここから菊池川を下ったとする史料もある。このルートであれば、菊池川を渡ることなく、その右岸沿いに山鹿に到ることができる。つぎにこれを見よう。

秀吉の山鹿宿陣説

『肥後古記集覧』という文書がある。文政年間、大石真麿が肥後細川領にかんする軍記・系図・地誌などを編集したもので、『中原雑記《ちゅうげんざっき》』という記録がおさめられている。このなかに山鹿郡西牧村（山鹿市）蓮政寺の住持、了巴という僧侶が語ったという興味深い話がある。

了巴は天正十五年秀吉軍に従って薩摩におもむき、このとき二十六歳であったという。関係ある部分を現代訳・抜粋して以下にしめす。

「（秀吉公は）四月十二日、五十万騎で街道を通られ、山鹿町（山鹿市）に本陣をかまえられた。（中略）そのときの御宿は湯の町の江上長右衛門宅であった。ところがその夜に大雨があり、川は大水となった。そこで秀吉公周辺の方々は川船で出発され、まだ川を渡ってなかった後陣の軍勢は川ぞいに下って菰田（菊水町）で渡河、本街道に出た。このときには菰田村の者が案内をした。
山鹿から菰田村まで、二十五万の軍勢が通過したが、急のことだったので道路も作らず、溝や小川もかまわず押し通った。このため川端の道すじは野原のように踏みならされ、竹木が生えていた堤防や林は土ばかりになってしまった（二十五万騎の人数通られ候につき、にわかの事ゆえ道も作り申さず、溝・小川ともに押通り候へば、川端筋もみな野のごとくなり、若竹・木などこれある井手・留林も土ばかりになりたると、こまごま物語り承り候）」

秀吉に従う大軍が、大雨で泥濘となった野山をところかまわず押し進み、草木が残らず踏みならされるさまは臨場感にあふれ、スペクタクルな迫力ある描写である。これが了巴の創作や想像の産物とは思われず、信憑性は高い。これを信じれば、秀吉は『動座記』の記述とはことなり、南関からいったん山鹿に立ち寄り、その後船で高瀬入りしたことになる。はたしてその可能性はあるのだろうか。

要衝の地・山鹿

山鹿は熊本県北部最大の河川菊池川中流の盆地西部に位置する。高瀬とならぶ舟運の要衝であると同時に、小倉から熊本につうじる近世薩摩街道の宿駅としても栄えた。また天正三年（一五七五）に薩摩の島津家久が上京したおりには「さて行て山賀（鹿）といへる町に着ければ、町中に出湯有、各々入候て亦出行ほとに」とあり、（『中書家久公上京日記』）このころすでに温泉地としても知られていた。湯之町あるいは山鹿湯町などともよばれた。

後陣が渡河したという菰田村は、山鹿から菊池川を下ること約六キロにある（写真16）。近世にはここに船継所があり、高瀬・山鹿間を上下する船の荷を強制的に積替えさせ、手数料を得る特権をもっていた。これについて松本寿三郎氏は、これが藩内の他の船溜りでは例のない特権であると指摘、船役人をつとめた田島家の文書『乍恐御断申上口上之覚』に「一　玉名郡内田手永役船之儀、（中略）而して夫より天下様（註・秀吉）御代・清正公・忠広公御代より当御代まで相続き仕り候」とあるのを引いて、特権の由来を、秀吉下向のおりに菰田船が活躍し、その功績によるのでは、としている。筑後北野町の「太閤済《わたし》」の伝承を思いおこさせる事例である。

写真16．菰田の遠景と菊池川

秀吉が宿陣したという湯の町の江上家だが、安永三年（一七七四）湯町に居住していた庄右衛門なる人物は、石垣普請の費用として銀三十枚を寄進、その褒美として苗字・帯刀をゆるされて江上と名乗ったという。くだって文化元年（一八〇四）、江上庄左衛門は「士席浪人格」のあつかいを受けており、同家は山鹿では「由緒の家」であった。

また宝暦五年（一七五五）に没した江上恵助の先祖は竜造寺隆信の一族だったが、天正年間に浪人となり、筑後三池から山鹿町に移住して江上屋を名乗ったという。とすれば、天正十五年の山鹿町で、江上家が秀吉を迎えるような地位についていたことは年代的に不可能ではないが疑問の余地もある。とはいえ、占領地の商業資本と積極的によしみを通じるという点では、筑前大隈町・秋月や筑後羽犬塚《はいぬづか》での秀吉の行動パターンと共通する。

秀吉の山鹿入りは『中原雑記』だけでなく、薩摩側の資料にもみられる。『日向記』には「筑後・筑前・肥前も秀吉の御手に属せしかば、肥後の山鹿へ御動座」とあり、『勝部兵右衛門聞書』にも「豊前・筑前・筑後・肥後の諸大名皆々随付奉らん者はなし。斯くの如くなれば、先陣は早肥後の山家（山鹿カ）に着きにける」という。秀吉は山鹿に来たのか否か、今後検討されるべき問題だ。

別動隊の道

秀吉軍の部将立花統虎（宗茂）が南関・高瀬間の小代山（小岱山）にある筒ヶ嶽城を接収したことはさきにふれた。『豊前覚書』には「（天正十五年四月）十一日、御陣懸（小）代、一夜野陣、大雨ゆえ夫丸参らざるなり。大津山より中間二里、小代の城御請け取り成され候」とあり、戦闘することなく開城させた。

翌十二日には「大雨大風、高瀬川大水出申し候得ども、数万騎の勢いにて渡り申し候。小代より高瀬まで二里なり」とあって、前日とあわせ、移動の距離は合計四里となる。これは今日の県道をなぞるルートでほぼ一六キロ、すなわち四里である。

『動座記』では南関・高瀬間を五里としているから、別動隊の立花勢は小代山を経由し、石貫をへて高瀬入りしたと考えられる。このルートが中世に「筑後大道」とよばれた幹線であったことは先にふれたが、さらに石貫広福寺の「御前水」の項（六一頁）でも述べる。

8　高瀬の太閤遺跡（熊本県）

対外貿易の拠点・高瀬

高瀬（玉名市）は、熊本県北部最大の河川菊地川と繁根木《はねぎ》川の合流点ちかくに位置し、西南部には有明海がひろがる。中世以来、上流の山鹿とならんで菊池川水運のかなめであり、同時に対外貿易の港「高瀬津」として発展した。

南北朝時代には在地の豪族菊池氏がこの地を勢力下におさめ、室町時代の康正二年（一四五六）には菊池為邦が歳遣船を朝鮮に派遣しており、このころの菊池氏の対外貿易活動が知られる。また高瀬は当時の中国側文献に「達加什」とあり、朝鮮・中国貿易の門戸であった。菊池武尚はここに保田木城（高瀬城）を築き、その子武国は高瀬氏を名乗って当地を拠点とした。

その後、文亀三年（一五〇三）に高瀬武基が討死して高瀬氏の勢力が後退すると、かわって豊後の大友氏が高瀬に進出した。その結果イエズス会宣教師も当地にいたるようになり、永禄六年（一五六六）ころには、日本にはじめて西洋医学を伝えたというルイス・アルメイダも立ち寄っている。高瀬は中世から近世初頭にかけて、ながく対外貿易の伝統をもつ港湾都市であった。

島津氏と高瀬津

その後、天正六年（一五七八）の日向耳川の合戦で大友氏が敗退すると、高瀬には肥前の竜造寺氏が進出、島津氏と対峙した。四年後の天正十年十二月には「肥前衆、高瀬より安楽寺捨栫へ一、二千程来候」とあり（『上井覚兼日記』）、竜造寺氏の高瀬からの出陣を記すが、十二年四月には島津勢が高瀬に打ち入って肥前勢を駆逐、九月にはここに陣営を移している。以後、島津氏は高瀬を北上の拠点としたが、秀吉の下向によりこれを放棄、撤退した。

これまで何度も引用してきたが、島津義久家老の上井覚兼は肥前出陣について詳細な日記を残し、今日『上井覚兼日記』として格好の史料となっている。この日記を通して高瀬における島津氏の動向を分析した村上晶子氏（玉名市立歴史博物館）は、島津氏が長期にわたり高瀬に宿陣しえたのは、高瀬が港を備え、往来や物資搬入の利便によるとする。また島津軍は水俣・佐敷・徳淵（八代）などの港を支配下におさめ、これらの港をたどって肥後北部の高瀬まで船で一気に北上したともいう。聞くべき見解だが、皮肉なことに天正十五年、秀吉の水軍はこのコースを逆にたどって島津氏を追うことになる。

願行寺の伝・秀吉拝領の陣太鼓

天正十五年四月十三日、高瀬に入った秀吉は、町なかの時宗願行寺に宿陣した。同月十二日付朱印状では、高瀬入りに際して「御座所之事、自然火事など候ても、火不移所寺にてもかたわき見計、塀柵以下用心よき様に」など、宿舎の防備に留意することを命じている。蒼園山願行寺は、玉名市の旧市街ともいうべき高瀬新町にある。一帯は菊池川と繁根木川にはさまれ、周囲の水田との比高数㍍の低平な小台地である。町なかは今もせまく曲がりくねった道が交錯し、近代以前のたたずまいが色濃くのこる。

寺は正平四年（一三四九）に遊行五世他阿上人の開基と伝え、高瀬五山のひとつに数えられた古刹である。創建以来、菊地氏・大友氏とのかかわりが深く、天正の末まで寺領は玉名郡内七ヵ村に千石あまりあったという。現在の本堂須弥壇は大友宗麟の寄進と伝える。また同寺には古い二面の太鼓があり、秀吉からの拝領物と伝える。いず

写真17．伝・秀吉拝領の太鼓（願行寺蔵）

れも保存状態がわるく、傷みがはげしい。

太鼓1（写真17・左）は木箱におさめられたもので、箱の二面にはそれぞれ「願行寺廿世　□阿代」「太閤秀吉公寄付　太鼓」との墨書がある。太鼓は鼓面の直径六五㌢、胴長三九㌢ある。皮は両面とも破れているが、一方の面には龍の文様、反対側には左三つ巴文を描く。巴は朱色と金色の彩色がある。胴には三カ所に鐶があり、その形は楕円形にちかい。基部には二重八弁の花文をあらわす金具がつく。

太鼓2（写真17・右）は木製の台座に据えられている。胴の腐食がはげしく、両面の皮はすべて失われている。鼓面の直径六〇㌢、胴長はややながく五六㌢ある。鐶は円形で、基部金具も単純な円形である。台座は木製の四脚で渦雲文をあらわす。これも傷みがはげしいが、随所に金箔の跡がのこり、かつては豪華なつくりであったようだ。ただし、すくなくとも台座は時代がくだる江戸時代後期の制作と思われる。寺の什具として用いられた時代の補作であろう。

二面の太鼓の由来については、伝承のみで史料などは伝わらない。太鼓1を納めた木箱も、その造りや墨書の内容から近世も下る時期の制作と思われる。

また同寺には「寛政二年（一七九〇）調」の由緒書が伝わる。周縁部が焼けて一部判読できない部分があるが、『玉名郡誌』に引用のものを参考に読み下せば「一　天正十五年卯月廿四日《ママ》、太閤秀吉将軍御止陣遊ばされ候節、御掟書相残り居り候。御寄付の品等は紛失仕り候」とある。秀吉が願行寺に宿陣したときの「掟書」が伝わるといい、そのほかにも拝領品があったが、これらは紛失してしまった、とある。秀吉は各地で禁令や布告をひんぱんに発しているから、同寺にもこれが残されていたことはありうることである。

ところが皮肉なことに、今日願行寺に「掟書」は伝わらず、紛失したはずの「御寄付の品」ともいうべき太鼓のみが伝わる。ほかに秀吉からの拝領物があったのか解釈はさまざまだろうが、ここでは秀吉宿陣にちなむ伝承として紹介しておく。

広福寺の「御前水」

秀吉が高瀬に宿陣中、その北方にある石貫《いしぬき》村広福寺の門前の水を飲用としたという。『国誌』には高瀬宿陣の記事につづいて「此時石貫村廣福寺門前ノ水ヲ汲ミテ飲水ニ用フ。故ニ今ニ御前水ト云リ」あるいは「当今門前ニ小サキ井泉有リ。太閤秀吉公御下向ノ時御前水トモ云ヒ、其後清正侯以来御当家ニ至リテモ此辺出駕ノ時ハ毎度此水ヲ用ラル」とある。秀吉だけでなく、加藤清正・細川氏と代々の国主も、この近くに立ち寄ったおりにはこの水を用いたと伝える。

写真 18. 石貫の広福寺（玉名市）

石貫村は、今日編入されて玉名市にぞくする。小代山の東ふもとに位置し、南北に流れる繁根木川にそった狭長な谷平野である。広福寺は高瀬から繁根木川を五キロほどさかのぼった小支谷の奥にある。山号を紫陽山と称し、鎌倉時代末の元徳二年（一三三〇）創立という曹洞宗の寺院である（写真18）。代々菊池氏とかかわりがふかく、菊池氏の寄進状をはじめ、約一二〇点の中世文書が国指定重要文化財『広福寺文書』として伝わる。

このなかには天正十年の竜造寺政家・隆信連署の安堵状や、同十三年の伊集院忠棟の安堵状があり、この地域の支配権が高瀬とおなじように菊池氏から竜造寺氏、さらに島津氏へ推移したことをしめしている。

問題の「御前水」は、広福寺の参道にそって流れる渓流清水川（馬場川とも）のかたわらに残る。県道玉名・八女線の石貫小前バス停から繁根木川を渡れば、広福寺の参道。天正三年銘の架橋碑が立つ橋（橋は後世の建造）を渡った右手下方、「清水川」にかかる自然石の小橋を渡った林の中に、周囲に自然石を積んだ直径約一メートルの泉があり、これを「御前水」と伝えている（写真19）。前住職の中野俊良師によれば、泉の水は豊富で、三十年ほど前まで地元の人が水桶でひんぱんに汲水に通っていたという。現在は水底に落葉が堆積しているが、澄んだ水に往時がしのばれる。

参道をさらにすすめば、左手に小ぶりな楼門。幽邃《ゆうすい》な雰囲気をとどめる境内も水が豊富で、庫裏に面した小庭園には流水の音が絶えない。

写真 19．広福寺の御前水

「御前水」と井泉の信仰

先にものべたように、この御前水は加藤・細川氏の時代にも特別なあつかいを受けている。「此水ヲ用ラル」の具体的内容は不明だが、寺の所在地は「字清水」であり、一帯は清浄な水の湧き出る場所と認知されていた。

キリスト教の洗礼にもみるように、水にかんする信仰は人類史のきわめて古い段階からの習俗である。国内でも、水の信仰や祭祀は考古学・古代史あるいは民俗学の重要な研究分野といえる。

これを井泉の信仰・祭祀にかぎっても、神聖視された井泉の水を神や大王・首長にささげる事例は『古事記』仁徳天皇段にあり、近傍では芦北の水島（八代市）の説話がある。『日本書紀』景行天皇条に見える記事で、この島に来た天皇に土地の豪族が湧水を奉ったという。

このほか、古代豪族の始祖が井の中から誕生したとの所伝は古代史の随所に見いだすことができるし、大がかりな石組みが発掘された城之腰遺跡（三重県上野市）や酒船石遺跡（奈良県明日香村）が神聖な水の祭祀場であったことは記憶にあたらしい。

古代にとどまらず、たとえば徳川家譜代の井伊家の始祖は名の通り井戸の中から生まれたと伝え、その井戸は以後も若水を汲む井戸として神聖視され、今日にいたっている。

一方で、清浄な水が寺院創建にむすびつく事例も各地にことかかない。「清水の舞台」で知られる音羽山清水寺（京都市）は、山号がしめすように「音羽の滝」とよばれる清水の流れる地が選ばれたものだが、各地の「清水」寺も、清浄な湧水ちかくに立地する（コラム《大宰府の清水井と秀吉》参照）。

ふりかえって広福寺と御前水とのかかわりを見ると、その場所は「字清水」であり、清冽な湧水をしめす地名である。ここに寺地が選ばれた理由が、清浄な水の存在であったことはじゅうぶんに考えられる。神聖視された湧水の存在から、一帯は清浄な地と認識されており、このことが広福寺が創建される下地となったと思われる。

このように見てくると、古い時代の広福寺では湧水そのものが信仰の対象であり、それが「御前水」である可能性はたかい。秀吉以前の時代から神聖な湧水であり、それ故にこそ、後世の加藤・細川氏もこの水を特別に用いたと思われる。

とすれば、「御前水」は秀吉がもちいたとするより、むしろ加藤・細川氏時代の信仰が、さかのぼって秀吉に投影された伝承ではないだろうか。

各地にある霊水・霊泉には、神功皇后や弘法大師など、歴史上の著名人に結びつけられた伝承が多い。秀吉の下向で説かれる一連の「太閤水」の伝承も、もとをたどればその多くがはるか古い時代からの井泉信仰の上にかさなった伝説と思われる。

9　高瀬・隈本の太閤道（熊本県）

高瀬から隈本へ

高瀬から隈本（熊本市）への道筋について、『豊前覚書』は一見不自然な道筋を記す。すなわち天正十五年四月十二日は大雨で大増水した高瀬川を渡り、高瀬の町に宿陣。翌十三日に高瀬から「一里」進んで安楽寺（玉名市）で野陣、十四日から「大山」を越えて五里先の隈本に着いたという。

安楽寺は高瀬の対岸にあり、「一里」は過大な距離である。これについては、大雨による通路の変更との推測がある。渡河できる地点をもとめて川をさかのぼり、結果として上流に大きく迂回したのでは、という。河口の沖積や干拓がすすんでいなかった当時の地形を考えれば、洪水時の高瀬・安楽寺間は入江状であったと思われる。したがって上流の江田（菊水町）付近で渡河し、南下して上小田から稲佐への道をとり、その道筋の安楽寺に宿陣したとの想定は理にかなう。

『玉東町史』で右の迂回路を推定した阿蘇品保夫氏によれば、安楽寺から「大山越え」の経路については、稲佐・木葉をへて、三の岳北斜面の山地を南下する。原倉（以上玉名郡玉東町）から吉次峠を越えて鹿子木西庄（熊本市）に入り、井芹川沿いに隈本城に到るとする。吉次峠は西南戦争の激戦地として知られるが、現在の道は昭和三十年代に蜜柑園造成のために開通したもので、それ以前の旧道は新道に一部並行する。

秀吉がこの道筋を通過したことを示す資料として、『城一要書状』がある。城一要（出田親基）は隈本城主の城氏の一族で島津氏に従っていたが、秀吉の九州出兵の初期に大坂に伺候した。書状は二月廿二日付で「京衆図らずも差し下され候。拙者事も御暇下され候之条、同前着候。然るは通道之儀、之を承り、その意を得候。然と雖も大勢之儀候間、如何之あるべき候哉、猶重畳承り申すべく候云々」とある。道筋にあたる山北（金峰山北麓）の地侍衆に宛てたもので、秀吉軍の通過にさいして、道路の保全と安全の確保を指示している。

隈本から隈庄へ

十六日、秀吉は隈本に入った。隈本は「肥後国の府中」であり、「数年相拵たる名城」を島津方の「五千ばかりの大将」城久基が守っていたが、戦わずに降伏した。島津方の『勝部兵右衛門聞書』には、この間の経過を「隈本へ打籠り、城の久基と一身ニして一防子セくへしと思ひける処に、城殿も何とやらん気色見へける間、八代さして引ニける」とある。

当時の隈本城は、のちに加藤清正が茶臼山に築いた熊本城の西南部にあった。今日の古城町にあたり、これまで熊本第一高校がその跡地とされてきた（写真20）。ところが平成十四年から翌年にかけての発掘調査で、国立熊本病

写真 20. 隈本城跡（石垣は加藤氏時代）

院敷地から櫓や柵列跡が出土した。これまでの推定位置の五〇〇㍍北にあたり、隈本城の規模が通説より広大だった可能性が考えられた。

秀吉はここに二泊。十八日には六里南の隈庄《くまのしょう》（下益城郡城南町）に入り、一泊した。隈庄城は標高二五㍍の台地端に築かれた中世の丘城で、戦国末期には阿蘇氏の家臣甲斐氏と島津氏とが争った。天正十三年に落城し、島津の武将伊集院忠棟が入城していた。

『動座記』にその間の経路・宿営地の記載はないが、開城した隈庄城とするのが妥当だろう。隈庄までの経路だが、十六日に立花勢が隈本を先発、木山（益城町）をへて宇土城（宇土市）を受取っている。隈本から直接南下せず、内陸に迂回する道筋である。このときの行程は隈本・木山間を四里、木山から宇土までを三里、あわせて七里とする。一方、『動座記』は隈本・隈庄間を六里とするから、その差一里。これを隈庄・宇土間にあてれば、両者はおなじ経路をたどったことになる。

10　八代北部の太閤道（熊本県）

竜北町の太閤道

八代郡竜北町の北端から八代市南部の日奈久《ひなぐ》にかけて、断続的に約二五㌔の古道がある。近世の薩摩街道に並行し、年代的にはこれをさかのぼる。沿道には「太閤越え」をはじめ、秀吉通過の伝承がのこる。地域は南北に長いため、北部の八代郡と南部の八代市にわけて述べる。

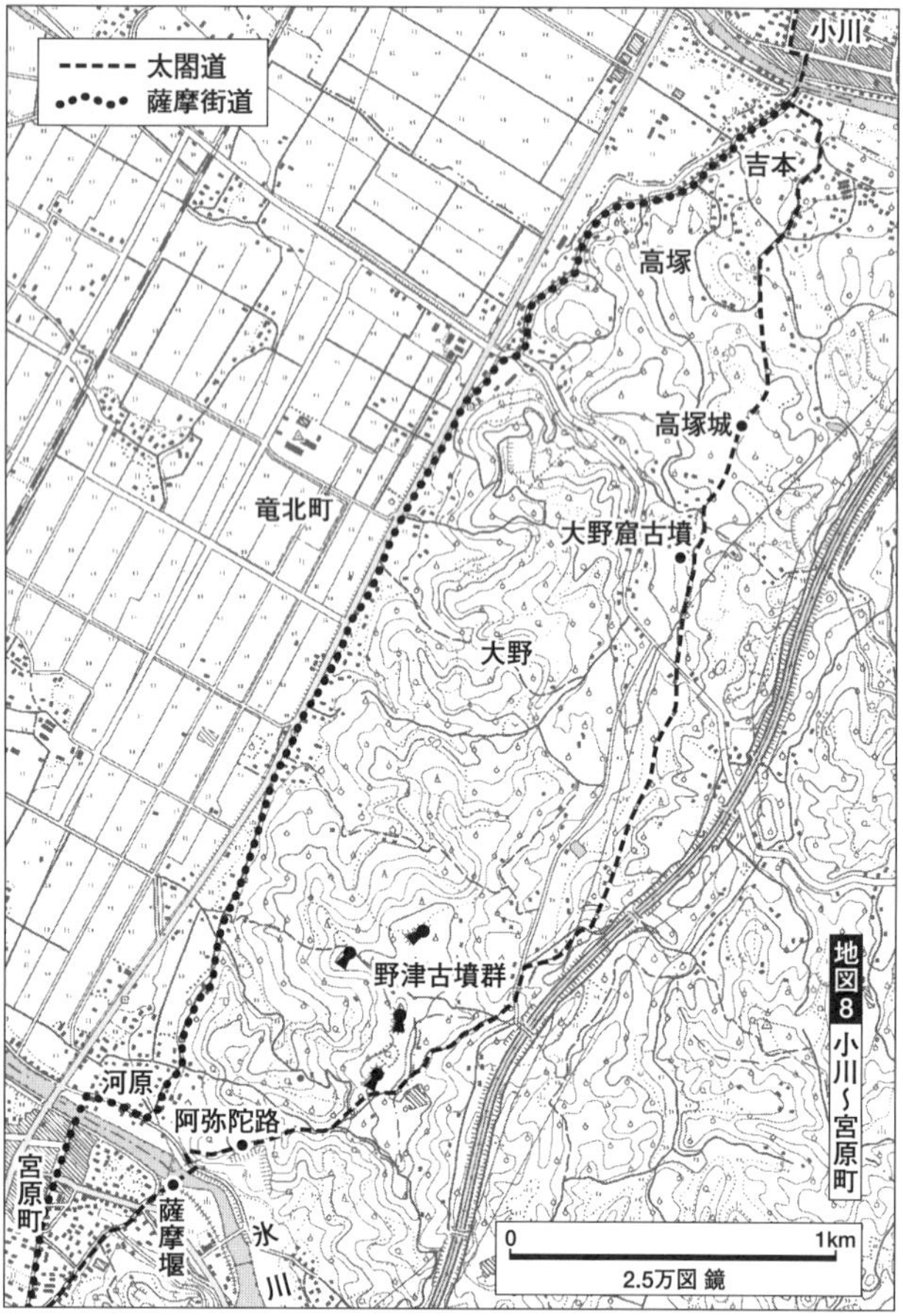

地図8 小川〜宮原町

秀吉は天正十五年四月十九日に隈庄を発し、同日八代（八代市）に入った。このときは竜北町の山地をへて、南の宮原町へ抜けたと伝える。

その経路は小川町（下益城郡）から砂川を渡って対岸の吉本（竜北町）に入り、ここから大野・阿弥陀路の山道を経由して宮原（八代郡宮原町）に下り、氷川を渡った。秀吉は当時宮原にあった浄土真宗勝専坊で休息し、さらに南下したという。

竜北町は八代平野の東北部に位置し、東は台地状の山地がせまり、西は八代海（不知火海）に面する。今日、氷川・砂川の主要河川にそって水田がひろがるが、大部分は寛永九年（一六三二）に入部した細川氏以降の干拓地である。それ以前の景観は、山地が海にせまり、沖積平野は山すそのごくせまい範囲であった。

町域の旧海岸線は一般にはＪＲ鹿児島本線を目安とするが、山麓に大野貝塚・赤迫Ａ貝塚などがのこる一方で、国道三号線の西では弥生時代後期の包含層が検出されている。また氷川右岸の「高野道《こうやどう》」は古代官道にともなう「高屋駅」の比定地であり、周辺には条里跡もある。したがって、近世以前の海岸線はかなり複雑な出入りをしていたようだ。

竜北町の秀吉経路の起点である吉本は、砂川の左岸、高塚台地下方に位置する。南北に縦貫する近世薩摩街道の街村として成立、「吉本商人」の町として知られた。同時に砂川河口の港町でもあり、干拓により衰退したが、かつては周辺地域の物資の集散地として栄えた。

南北朝以来、吉本集落の背後の高塚・大野の台地上には中小の山城が築かれ、一帯では合戦がくりかえされた。正平三年（一三四八）の『恵良惟澄軍忠状』には「大野原」「阿弥陀峰」「篠尾」など、台地上の地名がみられる。戦国期に八代の古麓城城主となった相良氏は、この地に高塚城・新城・東新城などを整備、北の備えとした。その後島津氏が相良氏を追うと、竜北の諸城も島津氏の拠るところとなったが、天正十五年、秀吉の下向のおり「高塚関の城など八城も退散」（『国誌』）することとなる。

このように中世以来、竜北町の丘陵地は戦略的な要衝でもあったが、これは当時の幹線がここを通過していたことによる。『国誌』「大野故道」の項には、加藤氏以前の道筋は、益城郡豊福から南下、本吉から大野の丘陵地をへて河（川）上村（宮原町）に下り、ここから氷川を渡って宮原に出ていた。丘陵裾をたどる近世の薩摩街道は、慶長年間にあらたに開かれた道とある。

さきの『恵良惟澄軍忠状』にみえる「阿弥陀峰」については、同書に「阿弥陀峰は大野より直に宮原に赴くの道、今は阿弥陀路と云也。加藤家の時、大野の西山際を開て往還とす」とある。阿弥陀路の地名は今日も大野の南にあり、「大野故（古）道」こそ『竜北村誌』のいう秀吉が通過した経路に符合する（地図8）。

「大野故道」を歩く

今日、大野丘陵上には大小の農道が縦横にめぐるが、その多くは昭和三十年代の蜜柑畑造成の結果である。開墾がすすむ前の明治三十四年測の五万分一地形図を見ると、丘陵を南北に縦貫する道のあることがわかる。そのルートは本吉集落裏手からいったん丘陵上に登り、傾斜のゆるやかな東斜面にそって南下、阿弥陀路の高地から谷筋を氷川に下る道である。

途中「火の君」一族の奥津城とされる大型前方後円墳がならぶ「野津古墳群」を通過する。「姫の城」「中の城」

写真21．大野故道の遠景（竜北町）

など、古墳名に「城」がつくのは古戦場らしいといえるが、なかには実際に城砦として使われたものもあった。各地の古墳を見ると、当時の古道や官道を意識した立地がしばしば見られる。「大野故道」も、あるいは古墳時代までさかのぼる古道かも知れない（写真21）。

宮原町の太閤道

竜北町の南に接する八代郡宮原町にも、秀吉通過にちなむ伝承がある。宮原町は氷川中流の沖積地に位置する。「氷川」はもと「火川」であり、川に産する火打石がその由来という。『和名抄』にみえる八代郡五郷のうち肥伊郷、あるいは『肥後国風土記』逸文の「火の国八代の郡の火の邑」を当地にあてる説があり、古代「火の国」の発祥地に比定される地域でもある。

下って中世末の天文四年（一五三五）には、本願寺蓮如上人の弟子の道了がこの地に勝専坊を創建した。肥後における真宗寺院の初めという。寺は寛永年間に竜北町野津に移転するまでこの地にあり、西日本の浄土真宗布教の中心地であった。近世では薩摩街道が通り、参勤交代の大名の休息所である上の茶屋・下の茶屋があった。勝専坊の跡は加藤神社として町内にあり、町並みは薩摩街道の面影をとどめている。

竜北町の阿弥陀路をへて宮原に入った秀吉は、勝専坊で休息したといい、寺には秀吉からの拝領という平安時代の小型の黄金仏が伝わる。背面にほどこされた細工から、兜の前立に取りつけられていたらしい。

勝専坊を発った秀吉は、同町の栫《かこい》で愛馬の村雨が歩けなくなったという。治療する者をさがし、手当てをさせると村雨はいったん立ちあがったが、ついにここで死んだ。秀吉はこの者に「立石」の姓をあたえたが、これは「立て医師」の意で、その子孫立石氏は今も宮原町に住むという。また、村雨を埋めたところに榎を植えたが、のちにここを「馬の神」といい、馬頭観音を祭って往還の馬の安全を祈った。もっとも、「立石」地名はしばしば古代官道に関係してみられることが多く、じっさいに立てた石が現存する例もある。宮原町の「立石」も、ほんらいは官道に由来する伝承ではなかろうか。

宮原・八代の「殿さん道」

宮原町からその南の八代市にかけて、薩摩街道の山寄りに併行する旧道がある。氷川の「薩摩磧《せき》（堰）」から宮原の町なかを縦断、高速道沿いに南下して国道三号線と合流する。地元ではこれを「殿さん道」とよんで参勤交代の道としているが、同時に薩摩街道より古い時期の道とも伝える。今日のこる道筋は、宮原町早尾から興善寺集落（八代市）の南まで、約三キロにわたり、その一部には秀吉通過の伝承もある（地図9）。道の北端は竜北町の阿弥陀路につながるから、北は「大野故道」をへて上益城郡竹崎から豊福にいたるルートが推定できる。興善寺から南に延長すれば、球磨川を渡り、日奈久の「太閤越え」の道に続く。いずれも薩摩街道と併行し、一部でかさなるところもある。

薩摩街道が近現代まで幹線として踏襲されてきたのに対し、「殿さん道」とそれにつながる道は地域の里道や農道として残るにすぎず、かなりの部分で廃道となっている。

いずれも薩摩街道より山裾寄りにあり、起伏が多い道筋である。「殿さん道」とこれにつながる道は、今日にくらべて平野部がせまかった古い時代の幹線の可能性が高い。

11　八代南部の太閤道（熊本県）

秀吉、八代に入る

四月十九日、秀吉は八代に入った。『動座記』は「此地はやつしろとして隠れなき名城」で、島津方数千人が立てこもっていた。しかし秀吉軍を恐れて戦うことなく逃げ出したので、先陣がこれを追いかけ、多数を討ち取ったという。一方『豊前覚書』には、この城を受け取ったとき城内から白犬が出てきたので、一同は城主がいないのだろうと言い合ったとある。島津氏側の史料を見ても、『動座記』のいうところは文飾で、八代城はすでに空城であったようだ。秀吉はここで二十三日まで滞在した。

当時の八代城は今日市街地にのこる近世八代城とはべつの城で、球磨川に面した古麓《ふるふもと》山にあった。古麓は南を球磨川、北を春光川、東を古麓の急峻な山に限られた要害の地である。山上には南北朝時代から複数の城が築かれ、名和氏が一五〇〇年間本拠地とした。今日これら山城群を総称して古麓城というが、これは近世以降の呼称である。

戦国期には相良氏がこれにかわり、山城群や山下町が整備された。しかし城郭群の構造や城主などについては、近世の地誌をはじめ『八代郡誌』や『八代市史』で諸説が錯綜している。近年精力的にこの地域の城郭研究をすすめている鶴嶋俊彦氏によれば、諸城跡のうち新城城郭遺構群こそ天文三年（一五三四）に築城された八代本城の「鷹峰城」であろうという。

同氏による八代本城と城下の詳細な復元によれば、大字古麓の平野部分には堀をめぐらせた城下町があり、そこには町屋・家臣屋敷・寺院および「政務の執り行われた麓の陣内」が整備され、ここが八代本城の中心であったとしている（図7）。ちなみに、「陣内」は今日の江東山春光寺の場所にあたる。春光寺はのちに八代城主松井家の菩提寺ともなった。

秀吉の九州平定の後、肥後半国の領主として入部した小西行長の重臣小西美作は古麓城を廃し、天正十六年に河口のデルタ上（古城町）に麦島城を築いた。八代地方の近世城郭の初めであり、石灰岩を積んで石垣とし、三層の天守があった。しかし麦島城は元和五年（一五一九）の大地震で崩壊、加藤忠高はこれを廃してその北（松江城町）にあらたな城を築いた。これが現在市街地にのこる近世八代城である。

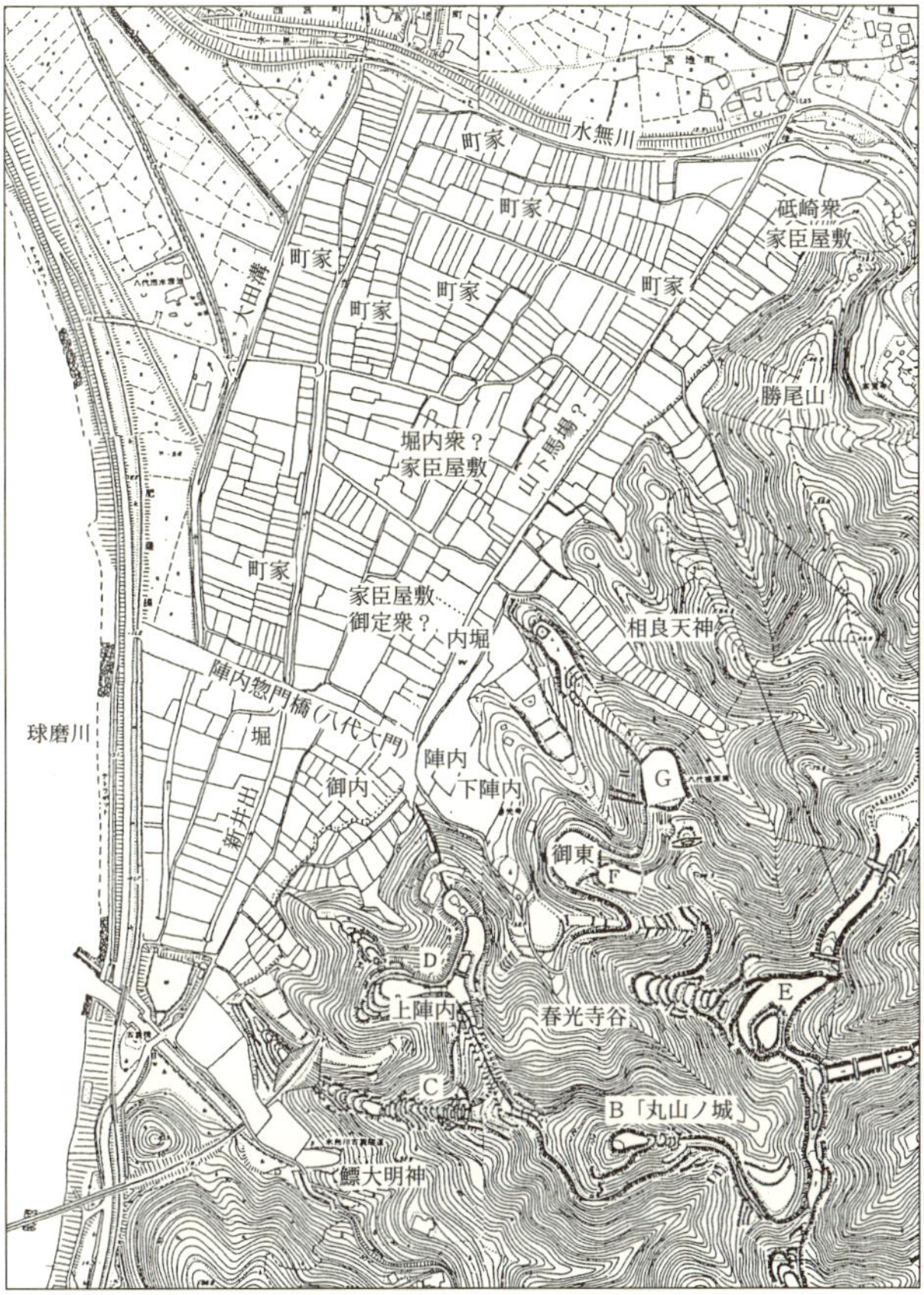

図7．八代本城の城下復原図（鶴嶋俊彦原図、一部改変）

秀吉宿泊地の伝承

八代での秀吉については、ルイス・フロイスがくわしく書きとめている。宣教師コエリョやポルトガル人船員らの訪問を知ると「彼（秀吉）は、城が非常に高い台地にあり、坂道のうえ、折からの雨で歩きにくくなっていたので、老人の伴天連をあまり骨折らせたくないと考え、下方にある以前の国主の屋敷を修理させ、そこで伴天連その他の者を引見しようと若者に答えた」とあり、秀吉は山上の城、おそらく鷹峰城にいたことになる。それは「以前の国主の屋敷」が修理が必要な

図8. 字「池尻」と八代神社（アミ目）

状態であったことにもよるが、宣教師らが参上すると「軍勢の先遣隊がことごとくを破壊して行ったので、まだその時には大勢の者が空地を掃除したり、屋敷を修理したりしていた」とあるから、山麓に展開していた「陣内」を中心とする殿舎群は、退去する島津氏ではなく、秀吉の先遣隊によって破壊をこうむっていたらしい。秀吉が山上の城にいたというのも、このためかと思われる。

このことと関係するかもしれないが、八代滞在中、秀吉は宮地村の悟真寺および村の名主（民長とも）である池尻河内宅を本陣としたとの伝えがある。宮地村（八代市宮地町）は麓川の右岸にあり、地名は八代神社に由来し、その門前町であった。同社は古来八代・下益城・芦北三郡の一の宮であり、妙見宮ともいう。上宮・中宮・下宮の三社からなり、創建は奈良時代の白鳳九年（六八一）という屈指の古社である。

祭神は中国から渡来した白木山三神あるいは百済の王子琳聖太子ともいい、海に開かれた地域らしい伝承をもつ。天正十六年に小西行長によって社領を没収され、社殿も焼かれたが、のちに肥後国主となった加藤清正が復興した。

『国誌』によれば、池尻河内の屋敷跡は西宮地村の枝村池尻村にあり、河内は代々の富民で宮地村の長であった。薩摩にむかう秀吉がここを本陣として止宿したという。河内の家はのち小西行長の時代に衰亡したが、「屋敷の要害堀の迹」は『国誌』が書かれたころまであったという。

「池尻」は今日妙見町に隣接する宮地町の小字として残る。妙見社の背後には新川または新井手とよばれる水路があり、宮地地区を鈎形に囲いこんでいる。この水路は水無川の南にも延び、中世八代城の惣構えの堀であった可能性が指摘されている。

字「池尻」はこの惣構えの北端に位置し、北と西を水路で限られた東西に長い字であり、東側四分の一を妙見宮が占める。旧版の字図にも居館や堀跡をしめす地割りはみられず、「池尻河内屋敷」の跡は不明というほかはない（図8）。周囲に堀をめぐらせたという『国誌』の表現から推測すれば、実態は名主の屋敷というより、城塞的な土豪の居館であったらしい。

これまでも見てきたように、秀吉が地元有力者の宅に止宿したとの伝承は、博多の神屋宗湛宅や秋月の坂口家をはじめ枚挙にいとまがない。その多くは近世以降までつづく旧家であることから、止宿の伝承がかならずしも史実ではなく、家格を高めたり特権の由来を主張するための作為かとの疑問もなしとはしない。ところが本例のように当事者が早く衰亡した事例では、そのような作為は無意味である。この種の伝承は案外事実を伝えることが多いのではなかろうか。

もう一方の宿泊地悟真寺は、曹洞宗寺院として古麓城のちかくに現存する。中宮山の山号は妙見宮の中宮にちなみ、後醍醐天皇の皇子懐良親王の菩提寺として知られている。小西行長が領内の社寺を焼いたとき焼亡、慶長七年に復旧した。今日寺に秀吉の宿泊を示すものはないが、標高五〇㍍の山腹にある境内は八代市街地を一望できる立地である。

「吉祥瀬」を渡る

四月二十四日、八代を発った秀吉は、同日田の浦（芦北郡田浦町）に入った。

『国誌』によれば、このとき秀吉軍は球磨川の浅瀬を渡ったが、押し渡る大軍で川水がせき止められ、水がよどむほどだったという。また、渡河のおり予測していた島津勢の反撃はなかった。秀吉は、これほどの天険を守る薩兵が一人もいないとは、と慨嘆、軍勢は粛々と渡河した。この吉例にちなんで、浅瀬を「吉祥瀬」と呼んだという。

ことの真偽は別として、秀吉軍が渡河したという浅瀬の伝承は、当時の交通路と関係して興味がもたれる。そこで吉祥瀬の位置をさがせば、『国誌』は「球磨川筋高田《こうだ》盛国の辺」あるいは「高田西高下村の下にあり」といい、『八代郡誌』では「植柳《うやなぎ》村掛球磨川の内」という。

地図10 八代市北部～八代市南部

「盛国」の地名は今日の字名に見あたらないが、「西高下村」は八代市高下西町に相当し、植柳上町に隣接する。球磨川本流に面し、対岸の麦島との間の「夕葉橋」は国道三号線が通る。

このことだけでは吉祥瀬は夕葉橋の付近かと思われるが、当時の交通路をみれば、『国誌』の記事をにわかに信じることはできない。なぜなら、麦島を通る道の開通は、この地に城が築かれた天正十六年以降であり、古麓から薩摩に向かう秀吉軍が通過したとは考え難いからである。何よりも、今日新萩原橋上流で大きく西にまがる球磨川の流路は、加藤氏による改修の結果であり、それ以前は直線的に北に流れていたという。

では、吉祥瀬はどこにあったか。

街道の変遷と吉祥瀬

往時の街道を概観すると、薩摩街道には、今日の八代市街地を通過する二つの経路があった。ひとつは城下町の北から西を迂回、麦島の三角州をへてJR肥後高田駅前に出る道で、これが薩摩街道の本通りであった（地図10）。他のひとつは「萩原通り」と呼ばれ、八代城下に入らない道である。上片町の方見堂《こみどう》交差点から一キロ弱西進して左折、新萩原橋の下流「萩原の渡し」で球磨川を渡り、豊原下町をへてJR肥後高田駅前で薩摩街道と合流する。この道筋はたんなる脇道ではなく、参勤交代の島津氏が通る幹線であった。

両者を地図上に見ると、いわゆる「殿さん道」から南下してきた道が、「方見堂」交差点で西南に方向転換している。これまでたどってきた山すそをはずれて八代城下へ向かう道のありかたは、このルートが元和五年に築城が始まった近世八代城を前提とすることを示している。

「萩原通り」についてはどうか。島津藩が参勤交代に通ったとの伝えは、宮原町の「薩摩磧《せき》（堰）」の例からも古い時期の往還かと思われ、じっさい『慶長肥後国絵図』には球磨川をはさんだ萩原・高下間が往還とされている。

このように見てくると、上片町の「方見堂」交差点から西進する道は、おのおの八代・麦島城が築かれた元和五年と天正十六年をさかのぼらないと思われる。一方、西進せずそのまま直進すれば、道は国道三号線と分岐して県道中津道八代線となり、「方見堂」交差点から八〇〇㍍で宮地町の八代神社にいたる。神社の西に沿う直線道を南下し、水無川を渡れば古麓町に入る。春光寺の門前をへて古麓橋を渡り、JR肥薩線のガードをくぐれば球磨川の堤防に行きあたる。川幅は二〇〇㍍ほどあり、対岸はその名も「渡町」である。現在も鹿児島本線と南九州自動車道が平行して川を横断している。

写真22.「吉祥瀬」の推定地（八代市）

ここは両側を山地にはさまれていた球磨川が平野部に押し出す位置にあり、川水の流速が急に低下して浅瀬ができやすい地形である。今日では浚渫がすすんでかっての面影はないが、昭和五十年代までの五万分一地形図ではJR鉄橋の上下に砂洲が発達している。古麓・渡町間を渡河地点とすれば、秀吉軍の南下ルートとして最短距離であり、旧道とのつながりも無理がない。もっとも、鉄橋付近では山地が直接川に接し、川面まで比高差七㍍ほどもあるから、実際の渡河地点はここからやや下流と思われる。

さきにあげた鶴嶋俊彦氏によれば、水無川と球磨川にはさまれた今日の古麓町地区には惣構の堀をめぐらせた城下町が形成され、地区の地割の基準は春光寺門前から球磨川にいたる東西道と、これに直交する南北道路という。南北道路は『国誌』に「犬ノ馬場」、『八代日記』に「山下馬場」とある道に比定され、今日の県道中津道八代線である。したがって、今たどってきた上片町の方見堂から春光寺門前にいたる道こそ、秀吉の時代の幹線であったと考えてよい。

また、球磨川畔には「陣内惣門」（八代大門とも）があった。重要な使者や遊行上人らがここで送迎されたというから、河畔には船着場があったことになる。秀吉が渡った「吉祥瀬」もこの付近、すなわち春光寺前から西に進み、球磨川に到ったあたりと思われる（写真22）。

地図11 田の川内～日奈久

日奈久《ひなぐ》の「太閤越え」

球磨川の南、八代市高田から日奈久にかけて、山が海にせまる地形の制約から、薩摩街道・肥薩おれんじ鉄道・国道三号線、および南九州自動車道が海岸のわずかな平地を並行する。南下する秀吉軍も海岸伝いに日奈久を通過したといい、このときの道を「太閤越え」の名で伝えている。

日奈久は八代市の南部に位置する。八代海（不知火海）に面し、地域の中心である日奈久温泉は、応永十六年（一四〇九）に神夢によって発見したとの伝説をもつ。天文九年（一五四〇）には竜造寺氏が湯治に立寄った記録があり、島津氏の部将上井覚兼も天正十四年九月に「拙者は比奈古（日奈久）へ留まり候、終夜湯治申し候て、慰し候也」と書き残している。この地を往来した戦国武将にとっても、ひとときの休息地であったようだ。

昭和十五年から日奈久町長もつとめた中原文敬氏によれば、「太閤越え」の経路は塩釜《しかま》から長迫を迂回して田の河内に出、竹の内神社付近から高田焼窯跡の裏山を通過、さらに宇土の口・多々良から東山を越え、温泉神社社務所横を西宝寺裏山へ抜け、西山墓地をへて下塩屋から馬越にいたる山道という（地図11）。

写真23．温泉神社横の太閤道（八代市）

現地はすでに大部分が廃道となり、確認がむずかしい。一部は薩摩街道と重複するが、それすら昭和五十年代後半の調査時すでに「道は（高田駅裏から三〇〇㍍ほどで）消滅し、日奈久町までの数㌔間はほとんど明確な道筋は残っておらず」という状態であった。

「長迫」は日奈久大坪町にあたり、付近では最大の谷がひろがる。水田の標高は五㍍強であるから、かつては入江状の地形であった。入江の周縁、標高一〇㍍付近でこれを迂回したらしいが、その間の道は特定できない。日奈久新田町に入れば、集落を縦貫する小道がある。「太閤越え」の一部と思われるが、集落の南端で途切れる。道の西に天神社があり、境内に「田の川内古墳」。六世紀代の装飾古墳として知られ、縄文時代中期の貝塚上に立地する。標高は一〇メートルにたりず、一帯がかって海辺であったことを示す。薩摩街道は古墳より下手の鉄道付近を併行する。

南下すれば日奈久竹之内町。鉄道踏切に面して竹内神社（伏木神社）がある。一木造の男神座像は、年号を欠くが室町時代末期の制作。神社の創建の古いことが知られる。社前の道は山地の先端を横切り、日奈久塩北町に入る。この間、道幅は一メートルに満たない山道。ゲートボール場手前から道は山裾にそって左に回り込み、谷奥にむかうが、すぐに廃道となり消失する。このあたりが日奈久駅の裏手にあたる。

駅から南下すれば日奈久温泉街。山手の温泉神社宮司宅と線路の間に、幅二メートルほどの帯状の平坦地がある。これが「温泉神社社務所横を西宝寺裏山へ抜け」（『日奈久の歴史』）る道である（写真23）。

この先、通称「女郎山」の尾根を越え、西山墓地を抜け、線路敷地を横断すれば細い道があり、これが旧道である。以上の断続的な経路をふり返れば、「太閤越え」とされる道は山地の裾をなぞるように屈曲して進み、一部では尾根を横断する。これは海沿いの平坦地をたどる薩摩街道とは対照的であり、山裾の平地がまだ狭かった時代にさかのぼる道筋と考えられる。薩摩街道以前の古道、すなわち秀吉の軍路の可能性が高い。

一方で、中原氏が示す経路の大部分は山裾をたどる道であり、山越えを意味する「太閤越え」の名はかならずしも適切とは思えない。あるいは示された経路のなかの特徴的な箇所を、全体の名にひろげて紹介したのかも知れない。

《コラム・「天下一」の高田《こうだ》蜜柑》

当時、球磨川の南岸、高田郷の八村には味のよさで知られた蜜柑があった。伝説では、神功皇后が三韓から凱旋のおり、常世の国の橘を献上する者がいたのでこれを持ち帰って植えたという。

秀吉が八代の悟真寺に宿陣したとき、昨年から土中に保存していたこの蜜柑を献上した者がいた。献上したのは地元の弥三兵衛（『国誌』）、植柳弥三左衛門（『八代古跡略記』）あるいは大福寺の僧（『陣迹誌』）など諸説ある。秀吉はその味をよろこび、この蜜柑に「天下独絶」の名を与えたという。

ちなみに日本全体をさす「天下」という概念は、織田信長の「天下布武」の印判で知られるように、このころに成立、流行した。これをひとつの称号として一芸にひいでた者に「天下一」の名を与えたのは信長であり、秀吉も踏襲した。

そのため、「天下一の釜作り」西村道心、「天下一の鏡作り」鏡屋宗白など、当時は「天下一」が輩出した。天下一の茶湯者といえば千利休であった。

しかしこの称号も、江戸時代には次第に制限が加わり、五代将軍綱吉の天和二年（一六八二）にいたって公然と禁止された。推測だが、高田蜜柑もあるいは当初「天下一」の称号であったのが、のちに憚《はばか》ってこの名になったのかもしれない。

さて、蜜柑の由来を聞いて、秀吉ははなはだ機嫌がよかったという。後年、朝鮮に出兵した秀吉が自身の行動を神功皇后の三韓征伐になぞらえたことを思えば、これにちなむ蜜柑はことのほかめでたい献上品であったろう。下って江戸時代、高田蜜柑は肥後名物の第一に数えられ、将軍家と朝廷へ年頭の献上品とされていた。

12　芦北郡の太閤道（熊本県）

赤松太郎峠の首塚

八代・田浦（芦北郡田浦町）の間には標高一三八㍍の赤松太郎峠がある。この先の佐敷太郎峠・津奈木太郎峠とあわせて「三太郎峠」とよぶ難路である。

近世の薩摩街道は、現在の国道三号線に沿って二見洲口町（八代市）から山手に入る。二見川沿いに谷をさかのぼり、標高六六㍍の太平付近で国道と分岐、川を左に見ながら進んで赤松太郎峠にいたる。この先、道は屈折をくりかえしつつ赤松の谷筋を下り田浦にいたるが、この間の一部には近世の石畳道がのこる。やがて道の右側に「東郷甚右衛門の首塚」がある。

文禄元年に起きた「梅北の乱」（梅北一揆とも）は、島津氏の部将梅北国兼が佐敷城（芦北町）を乗っ取った事件だが、おなじ薩摩の東郷甚右衛門はこれに同調して八代の麦島城を奪おうとしていた。しかし乱は失敗し、甚右衛門は矢崎内蔵助とともに佐敷をへて薩摩に逃れる途中、この峠で地侍の田浦助兵衛らに討たれた。首塚は二人の首を葬ったところであり、この付近一帯の字名「合戦場」はこれによるという。

赤松太郎峠の道は近世の薩摩街道だが、首塚はこの道がすでに文禄年間に薩摩・肥前間の街道でもあったことを示している。したがって、南下する秀吉軍もこの峠を越えたと思われる。

広教寺と秀吉

天正十五年四月二十四日、秀吉は八代から「五里」の道のりの田浦に入り、ここで一泊した（『動座記』）。この時の宿舎は中田浦の広教寺という禅宗寺院であったが、住職は「ここは禅院なり。出迎えるには及ばず」と秀吉に拝謁しなかった。秀吉もまた会おうとせず、これによって寺は滅びたという。

『肥後国誌』に見える話だが、同様の伝えは太宰府市（福岡県）観世音寺にもある。いずれも世情にうとい僧侶が秀吉に無礼を働き、寺に災厄がふりかかる話だが、登場人物や地名を入れかえた同様の話は各地に伝わり、かならずしも史実ではない。ある種の寓話と思われるが、意味するところはよくわからない。広教寺はその後慶長六年に浄土宗の空寂院として移転再興され、今日に至っている。

海陸の要衝・佐敷

明けて二十五日、秀吉は海路佐敷（芦北町）に入った。佐敷は佐敷川下流域の狭小な沖積地に立地し、佐敷湾に面する。古代肥後国の駅として「佐職」「佐色」の名が見えるように、八代と人吉・薩摩方面をむすぶ陸上交通の要衝であった。また佐敷湾はリアス式に深く入り込んでおり、古代から「芦北の津」の名で良港として知られてきた。『日本書紀』には、芦北国造《くにのみやつこ》の子日羅が朝鮮に渡ったとの記事がある。

湾の北岸の計石《はかりいし》は佐敷の外港であり、戦国期には相良・島津氏の争奪するところとなった。高瀬の項でも述べたように、水俣・佐敷・徳淵（八代）などの港を手にした島津軍がこれらの港をたどって肥後北部まで一気に北上し、やがて九州に下向した秀吉の水軍はこのコースを逆にたどって島津氏を追った。

佐敷における城郭として、中世以来の文献にしばしば「佐敷城」が見える。この城の位置については、海に面した標高八七㍍の山頂にのこる総石垣の山城「佐敷花岡城」とする説と、佐敷川をへだてた東、地元で「城山《じょうやま》」と呼ぶ標高一四五㍍の中世山城「佐敷東の城」とする二説がある。木島孝之氏は「佐敷花岡城」を比定する。縄張りプランから相良・島津氏が築いた中世山城をのちに近世城郭に改修したと考え、周辺にのこる石垣普請のない曲輪は放棄された中世山城の遺構と見る。

一方、鶴嶋俊彦氏は、佐敷花岡城は規模が小さく相良氏系城郭に特有の掘切を多用する防備が見られないとして「中世山城改修説」には否定的立場をとる。そのうえで、複数の曲輪や堀切をもち中世八代城に匹敵する大規模山城

乙千屋
佐敷峠へ
中世道 田浦へ
乙千屋川
佐敷津（舟津）
中世道
東泉寺跡（旧）
佐敷東の城
近世佐敷城下町
字古町
佐敷花岡城
東泉寺跡（新）
栫集落
字古川
杉本坊跡
字一番川原
中世薩摩道
佐敷之市
中世人吉道
近世薩摩街道
推定佐敷川旧河道
佐敷諏訪神社
千寿庵跡
字池田
字小窪
近世人吉街道
兼丸城
兼丸八幡神社
用水堰
0
500m
（鶴島俊彦原図）

地図12 佐敷峠〜佐敷城下

写真24．近世佐敷城跡からみた中世佐敷城跡（芦北町）

である「佐敷東の城」こそ秀吉下向当時の「佐敷城」であろうとする。鶴嶋氏はさらに、当時の街道や城下町をふくめた佐敷地域の総合的な歴史環境の復元を提示しており、説得力がある。本書ではこれにしたがって「佐敷花岡城」を「近世佐敷城」、「佐敷東の城」を「中世佐敷城」と呼ぶことにする（写真24）。

鶴嶋氏や佐敷町教育委員会の調査によれば、中世末と近世以降の佐敷の景観は大きく異なっていた（地図12）。今日佐敷川は大字佐敷の「字井樋口」の用水堰で北に折れ曲がって平野の北を流れるが、旧河道は直進して佐敷中学校のある「字古川」に流れていた。『国誌』佐敷川の項によれば、江戸初期の寛永十八年（一六四一）から慶安二年（一六四九）ころの付替えである。

『八代日記』に見える「佐敷之市」は当時の商業地と思われるが、その位置について『佐敷花岡城1』は大字佐敷の「字古町」付近、鶴嶋氏は中世佐敷城の南裾、栫集落から諏訪神社にかけてと想定している。字古町一帯は平成十六年に町教育委員会による発掘調査が行なわれ、中・近世の遺構や遺物が多数出土した。これらの分析の結果をまちたい。いずれにせよ、秀吉下向のころの佐敷の町は近世の佐敷城下町とは別の位置にあった。

高橋家の拝領帷子

秀吉は往路ばかりでなく、島津氏を降伏させた帰路にもこの地に宿泊しており、佐敷と秀吉のかかわりは深い。話は前後するが、薩摩から凱旋する五月二十八日、秀吉は北政所からの手紙を「ひこのくに（肥後の国）さしき（佐敷）にて」受け取った。折り返し翌二十九日付で北政所にあてた自筆の書状には、六月五日ころ博多まで、七月十日ころには大坂へ帰るとある。また佐敷の旧家高橋家には、この翌日付の浅野長吉（長政）書状が伝わる。これを読み下して以下に示す。

尚々あとあとの御道筋も、誰々に候えども御念入られ候てしかるべく候。此家には貴所御入り候てしかるべく候。以上。
此宿貴所の者に相渡し候。亭主にお目にかかられ候て給わるべく候。頼み存じ候。何様八代において面じもって承り申すべく候。恐々謹言。
浅野弾正少弼
五月晦日　長吉（花押）
福嶋左衛門大夫殿
御宿所

内容は、先に高橋家に泊まった浅野長吉が、後続の福島左衛門太夫（正則）に宿の引きつぎと八代での面談を伝えたものである。この史料から、当時の高橋家が薩摩からつぎつぎに帰還してくる秀吉軍の宿舎になっていたことが知られる。

秀吉はこのとき佐敷の高橋安兵衛宅に宿泊したと伝え、高橋家所蔵『深見卜斎舎弟高橋宗意由緒』（以下『宗意由緒』）には

一　安兵衛入道宗意
高橋之名字は相良殿より拝領仕る。娘壱人有り、深見又右衛門方へ嫁す。
右安兵衛儀
太閤様薩州御入の時、桐の薹の紋付の帷子これを拝領す。今に伝えこれあり。

とあり、高橋家には秀吉から拝領したという帷子《かたびら》が伝存する（写真25）。帷子とは汗取り用の下着であり、当時し

ばしば下賜品として使われた。

また安永十年（一七八一）に佐敷町庄屋らが提出した『帷子由来書』によれば、帷子を先の浅野長吉書状とともに肥後藩主細川家にご覧にいれたとある。江戸中期、帷子が秀吉からの拝領品として広く知られていたことがわかる。

その後、帷子は代々高橋家に厳重に保管されてきた。近年まで男性の当主以外は目にすることはできなかったが、平成三年に大阪城天守閣による調査が実現し、これを機会に家族・親戚に披露された。当主の夫人も、結婚以来このとき初めて見たという。現在帷子には大きなシミや数カ所の破損があるが、これは台風で土蔵が倒壊したとき、瓦礫の中から引き出したためである。

写真25. 秀吉拝領の帷子
（大阪城天守閣提供）

調査にあたった内田九州男・北川央氏によれば、帷子は梅北の乱を鎮圧した井上弥一郎が名護屋城内で拝領したと伝えられるものとほぼ同寸であり、袖裏に結び目のあること、襟幅がきわめて狭いことなど、桃山時代の特徴をしめすという。また麻地全体を艶のある浅葱《あさぎ》色（水色）に染め、三センチ四方の五七の桐紋を胸に二カ所、背に三カ所染めぬくなど、井上弥一郎拝領のものにくらべ、豪華さではこの方が上まわるともいう（『大阪城天守閣紀要』20）。

高橋家は今日佐敷の町を離れているが、近年までの旧宅跡は近世薩摩街道に面した町なかに残る。もっとも先に述べたように、中世の街道は佐敷川の対岸を通過していたから、この旧宅も近世佐敷城下町の成立以後のものである。したがって、浅野長吉が福島正則に引きついだ当時の高橋家の位置は対岸にある中世佐敷城のふもと、鶴嶋氏が「佐敷之市」かと推定する桍《かこい》集落、あるいは町教育委員会が調査した字古町付近と思われる。

「拝領」伝承の検討

従来、秀吉は佐敷の高橋家に泊まり、その褒美として帷子を与えたとされてきたが、これは必ずしも正確ではない。史料をよく読めば、上にかかげた浅野長吉書状は宿舎の引きつぎを記すのみで、帷子にふれた文言はない。

文中の「亭主に御目にかかられ」を「かけられ」と読み、以下の主語を帷子ととらえて「(帷子は)浅野長政執達によって先ず八代に在った福島正則に送り、正則の手を経て、高橋家に賜られた」と読む『芦北町誌』の見解あるが、これは帷子を意識してのうがちすぎである。

秀吉からの拝領を記す二通の文書のうち、『宗意由緒』は成立年代が不詳である。唯一宿泊と拝領を伝えるとされる『帷子由来書』には「太閤様薩州ご下向の節、当町庄助と申す者先祖宅へ御入り遊ばされ候みぎり、拝領なされ候由申し伝え云々」とあるが、これは秀吉の下向から二百年ものちの成立である。また「御入り」は「訪問」とも解釈でき、宿泊とはかぎらない。したがって厳密にかんがえれば、史料が語ることは、①高橋家が帰還する豊臣勢の宿泊所であったこと、②同家に秀吉下賜とされる帷子が伝わること、の二点のみである。

帷子を拝領したという高橋安兵衛は、天正八年の「計石の合戦」の戦功で相良義陽から姓を賜った高橋喜兵衛の一門である。その「舎弟」深見卜斎は佐敷町の総代をつとめた医者で、天草・島原の乱のおりには陣中見舞いをとどけたという。このことから天正年間の高橋家は佐敷の筋目の家であり、大名クラスの宿泊も可能な在地の有力者であったことは推定できる。

もっとも、このことと秀吉の高橋家宿泊とはべつの問題である。秀吉は八代では当時の八代城(古麓城)に宿泊しているから、佐敷でも中世佐敷城に入ったと考えるのが妥当である。秀吉が地元有力者宅へ止宿・訪問した話が各地に伝わることはこれまで何度かふれた。芦北における高橋家への「御入り」もその一例であり、これらは秀吉が地元商業資本と積極的に結びつきをはかった逸話と理解できる。

したがって、帷子の下賜もたんに高橋家の宿泊ではなく、秀吉の軍事行動に協力した高橋家(を代表とする佐敷町)に対してなされたととらえるべきだろう。この点、陣羽織を下賜されたという大隈町(福岡県嘉穂町)と共通する事情が考えられる。

ここで思いおこされるのは、中世社会で「有徳人《うとくにん》」とよばれた人々の存在である。彼らは金融・商売で財をなした富裕者であり、流通にかかわることも多かった。国内戦が大規模かつ長期化するなかで、戦国大名は物資の調達や輸送に彼らの経済活動に依存することが大きかったとされ、「戦国大名が（中略）流通ルートを確保し、物資の調達をはかる才覚を持った人々をいかに取り込むのかが勝敗の鍵を握っていたといっても過言ではない」（『戦国の地域国家』）という。

佐敷にかぎらず、各地にのこる秀吉の豪商宅訪問や下賜品の伝承は、このような視点から再検討されるべきと思われる。

中世末の佐敷の交通路

近世の薩摩街道は、佐敷太郎峠から尾根伝いに南下して「下船津橋」付近で乙千屋川を渡河していた。その先、佐敷川を右に見て進み「相逢橋」付近で渡河、近世佐敷城下町を縦断して「五本松」の谷から峠越えして「湯治坂」を下り、湯浦にいたる（『熊本県歴史の道調査報告書』）。

もっとも、この経路は加藤氏による近世佐敷城の築城にともなう城下町形成の後に、意図的に付替えられた結果である。

鶴嶋俊彦氏によれば、中世の街道は佐敷峠から南東に下り、「芦北高校」付近で乙千屋川を渡る。直進して「佐敷東の城」の西麓を南下し、「栫橋」付近で中世人吉道と分岐する。さらに佐敷川を渡河すると直線的に河谷平野を横断して「五本松」の谷に向かったという。このルートでは潮の干満の影響をうけず、徒歩渡《かち》りが可能という利点もある。五本松の谷筋を登り、低い峠を越えて「湯治坂」を下る途中に地蔵尊を線刻した板碑がある。旧位置を若干移動しているが、文明十二年（一四八〇）の銘をもつ芦北地方最古の板碑である。この道筋の古いことを示している。

湯浦川沿いに南下し、旧湯浦村のうち「湯町」とよばれた町なかを通過する。名の通り温泉の湧く町である。右手の湯浦小学校はもと湯浦手永会所の跡。交番のある三叉路は旧追分にあたり、左にゆけば久木野（水俣市）をへて大口市（鹿児島県）にいたる旧「大口往還」。交番横の「大河内往還改修碑」がこれを示す。右は「出水通浜辺往還」、水俣方向への薩摩街道である。右に進んで橋本川を渡り、道園・山川をへて津奈木太郎峠にいたる。大口往還には秀吉の通過にかんする伝承が多く残るが、これについては秀吉の薩摩からの帰路でとりあげたい。

佐敷から津奈木へ

秀吉は四月二十六日に佐敷を発ち、薩摩との境にちかい水俣（水俣市）に着いた。『動座記』には「一　廿六日　同国（肥後）水又迄　六里　舟付」と秀吉自身は海路をとって水俣入りしたとあるが、陸路にも秀吉通過の伝承がのこる。『動座記』は秀吉の同時代に書かれた信頼できる史料だが、実際には大多数の軍勢は陸路をたどっているから、伝承もおろそかにはできない。

そこで佐敷から南下する近世の薩摩街道をみれば、湯浦（芦北町）から津奈木太郎峠を越え津奈木（津奈木町）に下り、津奈木城の大手前を通過、歌坂峠を越えて小津奈木、初野の谷あいの道をたどって水俣にいたる。津奈木太郎峠と歌坂の間には、津奈木川ぞいに狭小な平地が東西にのびる。河口にひろがる津奈木湾はリアス式海岸であり、近世以前の街道は海岸を通らず峠や谷あいをぬって通過する。「つなぎ」の地名は景行天皇が当地で船を「つないだ」ことにちなむといい、古代から八代海に面した天然の良港であった（写真26）。

写真26．津奈木湾の遠景（津奈木町）

深水宗方と歌坂

秀吉が佐敷に着陣した時、すでに八代で降伏していた人吉城主相良頼房（長毎）は、老臣の深水《ふかみず》宗方（三河守入道休甫）らを従えて秀吉に伺候した。『拾集昔物語』には「相良氏は深水宗甫（宗方）召連れ、若輩ながら八代にて御礼申上させられ候処に云々」とある。『肥後国誌』によれば、深水宗方はこのとき「津奈木垂尾坂（太郎峠）」を越えて「湯浦坂」（芦北町湯浦）で秀吉を出迎えた。薩軍の日向陣営から離脱して二十一日に人吉に戻っていた相良頼房自身も、遅れて秀吉に伺候したという。このあたりの経緯については異説もあるが、いずれにせよ相良氏は、以後島津征討の先陣をつとめることになる。

深水宗方については、文武にすぐれていたとのエピソードが諸書にみられる。天正七年八月、島津氏の大軍が水俣城を囲んだときには、宗方は寡兵をもって城を固守した。攻めあぐねた島津勢は陣中で連歌茶会を催し、

秋風にみなまた落ちる木の葉かな

と発句して矢文で城内に放った。宗方はただちに

よせてはしづむ月のうら波

と脇句して射返した。「水俣（城）落ちる」に対し、「寄せ手こそ沈む」と切り返したのである。やがて形勢は逆転し、島津勢は敗走したという。古来、いくさの前段には言葉による応酬があり、たがいに味方の正当性や相手方の不当を述べ立てた。これを「詞戦《ことばいくさ》」という。水俣城の故事が示すものは、宗方の文学的素養のみでなく、発する言葉の霊力を信じる「言霊《ことだま》信仰」の名残である。

この深水宗方が秀吉を先導して歌坂（津奈木町）まできたとき、秀吉に随行していた連歌師里村紹巴の縁で発句することとなった。紹巴はかねてから深水宗方の連歌の師であったという。おりから筍を献上する者があったので、宗方は

若竹はげになおき世のはじめかな

と詠んだ。秀吉から今ひとつと所望があったので

草も木もなびき従ふ五月雨に君が恵は高麗百済《こまくだら》まで

と詠んだ。秀吉は宗方がすでに自己の外征の志を知るとして上機嫌であったという。以来、この坂を歌坂と呼ぶようになった。『肥後国誌』にみえるエピソードだが、別の文献では薩摩泰平寺での出来事ともある。

日付は前後するが、博多の豪商神屋宗湛は、四月二十六日に水俣で秀吉の「御陣ニ参候」、二十八日には「出水ノ御城」で進物を献上した。宗湛は秀吉から金の天目茶碗で茶を給され、同日唐津にむけて帰路をとった（『宗湛日記』）。

同書には「その節上下大雨にて苦労、是非に及ばざるなり」とあり、四月十八日に肥前唐津村を出発したが、往復とも大雨で難儀したという。したがって、陸路水路にかかわらず、秀吉は連日の雨のなかを津奈木から水俣にいたり、翌日も大雨をおして出水に向かったことになる。さきの宗方の句は、雨中の行軍で難渋する秀吉軍を「草木もなびき従う」と詠んで鼓舞する、時宜を得た作といえる。

歌坂の由来については、ほかに西行法師がこの坂で歌を詠んだとの伝説もある。今日、峠には西行の作という大日如来を線刻した板碑があるが、平安時代の西行がこの地まで来たとは思えない。

後日談となるが、秀吉が島津氏を下して帰還するとき、五月二十五日付で津奈木・水俣の地は両城とともに深水宗方に与えられた。そのときの朱印状の後段には「(其)儘百姓等、刀、弓、(鑓、)鉄炮本主へ悉く念を入れ返すへく申し候云々」とあり、武器類を農民に返却させている。

翌天正十六年の刀狩令とはまさに正反対の政策だが、これについて守山恒雄氏は、薩摩との国境に軍事力を常備させる政策ではないかという。また、文禄四年と推定される寺沢志摩守書状(『相良家文書』)には「蔵入地水俣へ」とある。これらを重ねあわせると、九州平定後、肥薩の境目にあたるこの地には島津氏への抑止力として豊臣氏の蔵入地が設けられ、深水宗方はその実務にあたったらしい。

歌坂を越える

歌坂は、南から津奈木川河口にむかってのびた尾根の鞍部にある。丘陵裾の平地は沖積と干拓の結果であるから、旧地形は津奈木湾に突き出た小さな岬といえる。国道三号線は海沿いに迂回するが、薩摩街道はこの尾根を横断していた(地図13)。

国道とほぼ平行して南下する旧街道は肥薩おれんじ鉄道津奈木駅で構内でいったん消滅するが、駅裏手の津南幼稚園前付近から先に残る。坂を下り、久子川を渡ると登り坂となる。幅二㍍弱のせまい坂道であり、「薩摩街道」の白い標識が立つ。登り口こそ簡易舗装だが、浜崎薬師堂をすぎればただちに幅がせまくなって未舗装の山道となる

（写真27）。勾配はゆるやかだが、雑木が生い茂っていたるところに倒木があり、現況は「歌坂」という風雅な名とは程遠い。街道の標識がなければ近世初頭までの幹線とは想像し難いが、部分的に幅三㍍ほどの道路跡や片側切通しの痕跡がある。

標高約九〇㍍の峠には、右片が欠けた高さ六〇㌢ほどの板碑がある。幕末に高山彦九郎が「西行彫刻せしと伝ふる布袋の石仏あり」と記した板碑である。一帯は雑木におおわれているが、近年まで峠からの眺望はよく、山側は津奈木城や津奈木太郎峠、海には京泊・男嶋が望遠できたという。

峠をすぎ、谷筋を左手に見て下る。「歌坂トンネル」水俣側入口の上を通過し、国道三号線に降り立つと町原（津奈木町）である。薩摩街道はこれより丘陵をこえて小津奈木川ぞいにさかのぼり、熊陣山の東すそにそって山あいの道をたどる。初野（水俣市）をすぎて平地に下れば右手に水俣城跡があり、水俣川に行きあたる。

写真27．歌坂の登り口（津奈木町）

ふり返れば、歌坂丘陵は薩摩街道・肥薩おれんじ鉄道が通過し、平成十六年には九州新幹線のトンネルが開通した。これに秀吉通過の伝承を重ねると、ここが古今を通じて薩肥間の交通の要地であるのがわかる。その意味からも、歌坂は沛然《はいぜん》と降る五月雨のなかを、秀吉と宗方が歌を詠じつつ越える格好の舞台装置であった。その後の深水氏が津奈木で重きをなしたことを思えば、一幅の水墨画を見るようなこの伝承は、「歴史的事実」ではないにしても「歴史的真実」の一端を物語っているといえようか。

13　水俣の太閤道（熊本県）

肥薩国境の地・水俣

天正十五年四月二十六日、秀吉は水俣（熊本県水俣市）に入った。『動座記』には「同国水又《みなまた》（俣）迄　六里　舟付」とあり、海路水俣入りした。ここで一泊し、翌二十七日には薩摩の出水（出水市）にいたった。

水俣での秀吉の宿舎はとくに示されていないが、当時の水俣城とするのが妥当だろう。城は水俣川口にちかく、薩摩街道を扼する標高約三〇㍍の独立丘陵上にあり。陣内城・陣の城とも呼んだ。

前項でも述べたように、肥薩国境の水俣城は島津・相良両勢力の争奪する城であり、秀吉の九州仕置ののち、天正十五年五月には深水氏が城代となった。くだって慶長五年に加藤氏が領し、翌年中村将監が城代となって城を改修した。その後慶長十七年には宇土城・矢部城とともに破脚された。

時代が前後するが、天正九年に水俣城が島津勢に包囲されたことがあった。これは当時茅葺きだった城の屋根を竹屋根に葺き替えるため、竹材を手配していた間隙をつかれたという（『南藤蔓綿録』）。瓦葺きが稀であった戦国期の城の建物の構造がうかがえる逸話である。

縄張りの詳細は不明だが、今日城山公園となっている城跡の東西に「高城」「古城」の二区画があり、古城の南東隅には石組みの井戸が残る。昭和五十三年の公園整備工事では、途中に「折れ」をもつ近世水俣城の石垣が検出された。また、城代中村将監正師の家紋「酢漿紋《かたばみ》」をはじめ、三巴紋・九曜紋をもつ軒丸瓦が出土した。

城跡にある加藤神社は、清正の没後中村将監が建立した霊廟と法林山妙法寺に由来する。このほか旧城内には深水宗方碑はじめ西南役の官軍墓地・薩軍慰霊之碑などがあり、この地域の歴史の積みかさなりが実感される。

「陣の坂」を越える

『動座記』には「二十七日　薩摩出水迄　四里」とあり、水俣に一泊した秀吉は翌日水俣から陸路出水《いずみ》に入った。

秀吉の出水入りについて薩摩側の資料には、「殿下は佐敷より船伝して出水へ打出」（『服部兵右衛門聞書』）あるいは「秀吉公は八代より佐敷へ御動座有て、夫より船に召、出水へ御着陣」（『日向記』）など、水俣から海路出水に上陸したとの説もあるが、当事者の記録『動座記』によるかぎり、秀吉自身は佐敷・津奈木間と同様に陸路をたどっている。また『深水家先祖付』には「太閤様、薩摩への御陣の時、（中略）薩摩への口、出水・大口との二道をお尋ね成され候に付、出水口しかるべきの由申しあげ、則ち出水成され」とあり、深水氏の先祖が出水・大口経由の陸路のうち、出水経由を勧めたという。

その経路をみると、出水にいたる薩摩街道は水俣城から水俣川を越え、ついで江南橋のやや下流で湯出川を渡る。これより急な登り坂となり、坂の名を「陣の坂」という。比高差九〇㍍ほどあり、薩摩街道の難所のひとつとされた。現在は屈曲した自動車道路があるが、直線的に登る幅二㍍ほどの旧道も断続して残る。

登りつめた付近を「薩摩陣」といい、島津氏が肥後に侵攻したときの陣営跡と伝える。川をはさんで水俣城と対峙する急斜面上の立地は、陣営の地として格好のように思われる。また、関ケ原合戦で敗走した島津義弘らはこの坂を通って薩摩に帰国したというから、一帯は近世初頭にまでさかのぼる古道である（地図14）。

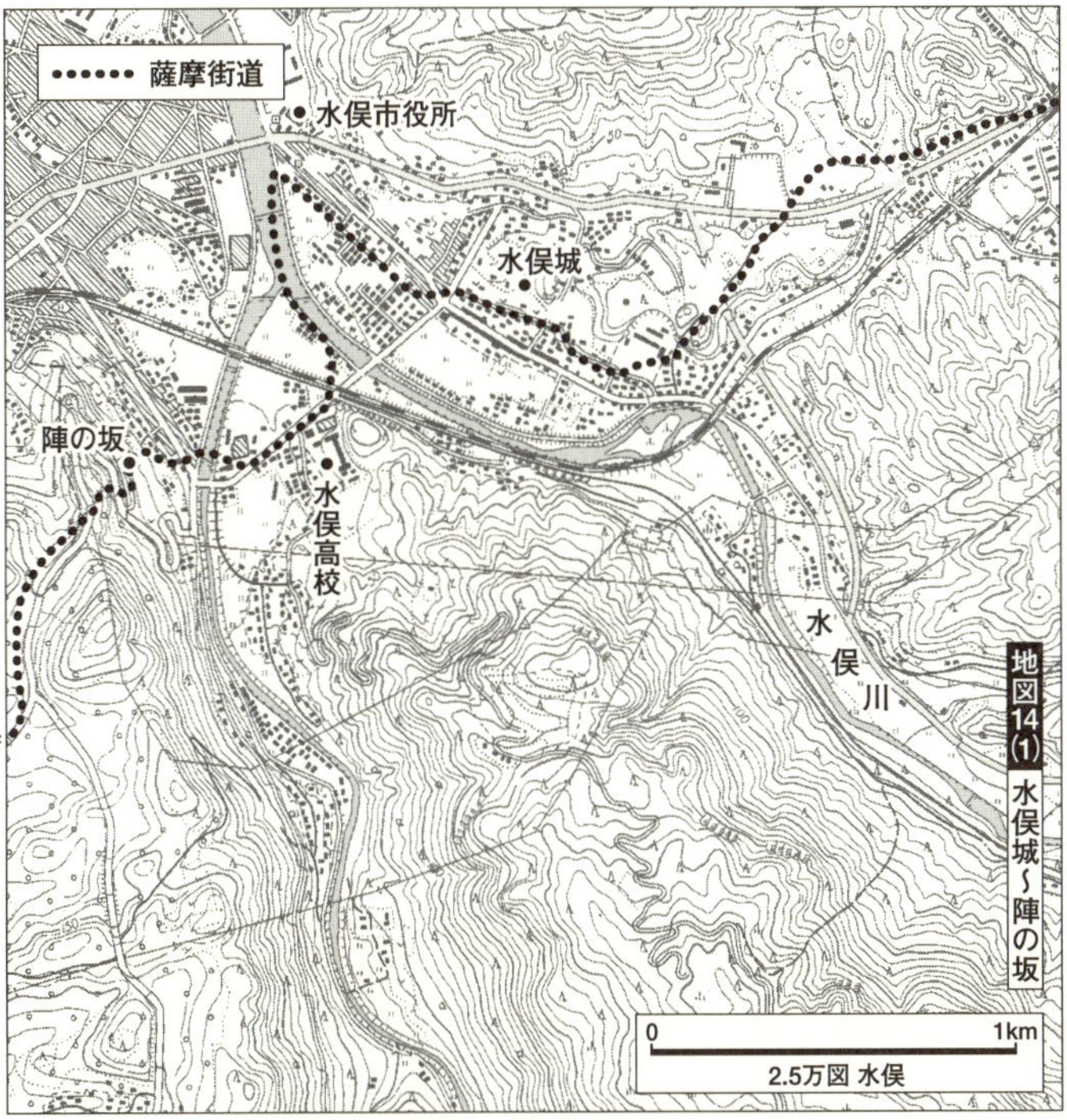

陣跡伝承地と「太閤御上石《おあがりいし》」

「薩摩陣」から先は、ゆるやかに起伏する台地状地形である。旧薩摩街道を一・二キロほどゆくと、「侍《さむらい》」という名の集落がある。この付近を「肥前陣」といい、秀吉の島津征伐のおり肥前の軍勢が陣を敷いたところと伝える（写真28）。周囲には比高の低い丘陵がつらなり、ほかにも「筑前陣」「宇土陣」「球磨陣」という名もあるという（『国誌』）。いずれも「秀吉公征西ノ日ノ営迹ナリ」と伝えるが、今日では伝承のみで現地と地名の比定はできない。

「肥前陣」の侍公民館裏手の高台上には巨石群の露頭がある。古代の祭祀場「盤座《いわくら》」の雰囲気があるが、そのひとつを「御上石《おあがりいし》」とよぶ。肥後に入国した藩主細川忠利がこの

写真28.「肥前陣」付近（水俣市）

上から肥薩の国境を眺めたとの伝承があり、『侍山之内肥前陣絵図』には「太閤秀吉公御上石」とある。秀吉がこの石に上ったともいい、秀吉がほめたという津奈木の「御褒美の松」と同様、ここでも主人公の換骨奪胎がおこなわれているようだ。現在は雑木が密生しているが、もとは見晴らしがよい高台だったという。

「御上石」のそばには「肥前陣御上石ノ古蹟是也云々」と由来を刻んだ石碑が立つ。建立者は大正二年、深水氏十五世藤原某とある。秀吉と歌坂を越えた、あの深水宗方の末裔らしい。

肥前から薩摩へ

道は侍集落の五叉路から下り坂となる。左手に市立「はぜのき館」をみて、約六〇〇メートルで坂下にいたる。坂口川にかかる眼鏡橋を渡れば袋地区。右手の袋湾は古くからの良港で、一帯は水陸の要衝でもあった。近世には街道筋に陸口番所、袋湾の北入口には湊口御番所が置かれていた。

近世薩摩街道はこの先袋川をすぎ、肥薩国境の境川にかかる眼鏡橋を渡って薩摩にはいる。また以上の道とはべつに、水俣市の山間部には秀吉が薩摩から帰還のとき通ったとの伝承地がある。これら大口・水俣、大口・佐敷間の経路についてては別項でまとめて論じたい。

14　出水・川内の太閤道（鹿児島県）

「太閤道」と「関白道」

これまで秀吉の軍路をとくにことわらず「太閤道」としてきた。ところが鹿児島地方ではこれを「太閤道」ではなく「関白道」とよぶ。陣営跡は「関白陣」、ゆかりの石を「関白石」など、「関白」の名を用いることが多い。秀吉が朝鮮出兵のため九州に下向したのは文禄元年（一五九二）三月二十五日だが、じつは秀吉が関白職をしりぞき太閤を称したのは、その前年も押しつまった天正十九年十二月二十七日である。したがって、それ以前の秀吉については「太閤」ではなく「関白」でなければならない。ところが各地の伝承はほとんどが「太閤」という。これは当初「関白なになに」と呼ばれていたものが、後世『太閤記』などの流布により「太閤」が秀吉の代名詞になったための転化と思われる。

さきに福岡市周船寺の「関白塚」を紹介した。遠隔地だが、小田原市（神奈川県）では最近は行政が江戸時代以来の「関白道」を「太閤道」に標示を変更しつつある。歴史的な地名を軽率に変更するのは困ったことだ。

これに対し、鹿児島地方では多くを「関白」の名で呼ぶ。本来の呼称が比較的残っているといえよう。

薩摩人の秀吉観

秀吉の島津氏平定の舞台は、今日の鹿児島県の北部、川内《せんだい》市から出水・薩摩郡および大口市域、いわゆる北薩摩の地域にあたる。

ここでの秀吉通過に関する伝承は、すでに江戸時代から『島津国史』をはじめ、『三国名勝図会』などに記事がある。明治以後の町村誌類にもくわしい記述があるが、興味ふかいのは、秀吉を「侵入者」と位置づけ、これに対し薩摩人がいかに勇猛に抵抗したかという、共通の記述姿勢である。

鹿児島県下では、秀吉の九州平定四〇〇年にあたる昭和六十二年（一九八七）、川内・大口両市・薩摩郡の二市八町で「川内川流域温泉郷観光協議会」が設置されたことがある。これは秀吉の「薩摩進攻」のルートを「秀吉ロード」として観光開発しようとの試みで、伝承地には案内板などが建てられた。しかし事業はその後の展開しなかったようで、現在では協議会も立ち消え状態という。地元での秀吉に対する感情が推測できるようだ。

秀吉薩摩に入る

四月二十六日、秀吉は肥後水又（水俣市）を発し、翌二十七日、島津領である薩摩の出水（出水市）に入った。薩摩側の史料『日向記』は海路をとったとするが、『動座記』には「舟付」とはなく、陸路とする。

水俣・出水間に秀吉に関する伝承などは見あたらないが、おおよその経路は「出水筋」と呼ばれた近世の薩摩街道とほぼ重なると思われる（地図15）。

地形的な制約からも、水俣から「野間の関」跡（出水市）付近までは海岸沿いに国道三号線と併行する。米の津から先は国道四四七号線の山寄りを併行し、出水城にいたる。

島津忠辰が守る出水城は「隠れなき名城」で「五千の大将、数千間（軒）家数これある大庄」であったが、忠辰は抵抗することなく「人質に実子を奉り候て、降参」、秀吉軍の先導をつとめた。これにより、忠辰領地の出水郡をはじめ、周辺の高城・東郷・水引・高江の諸城もつぎつぎと降伏した。

忠辰のあっけない降伏については、軍事的なものより、むしろ島津家内部の亀裂によるとする山本博文氏の指摘がある。忠辰は薩州家とよばれ、代々「薩摩守」を名乗る有力庶家であり、本宗の島津氏とは対立してきた。そのため忠辰はいちはやく秀吉に下り、本宗家からの独立をはかったのでは、という。

秀吉はここで「中二日の御休息」（『動座記』）したが、二十七日に博多の神屋宗湛が陣中見舞いに参上した。『宗湛日記』には石田三成のとりなしで「イヅミノ御城」で見舞の品々を献上し、秀吉から「金ノ天目ニテ御茶」を賜ったとある。出水での秀吉宿泊地には諸説あるが、この記事を見るかぎり、出水城であったらしい。

出水城は侵食されたシラス台地にあり、南九州に特徴的な群郭式の山城である（写真29）。薩州家の本城として広大な城域をもつが、主郭は西端の花見ヶ城という。秀吉が宗湛に茶をふるまったのも、あるいはこのあたりかも知れない。

これとは別に、秀吉は武本の龍光寺や、八坊の成願寺にも宿陣したとの伝承もある。龍光寺は長禄三年（一四五一）の創建。明治三年まで、薩州家墓地のある上高城の東麓にあった。広い意味で出水城にふくまれる。

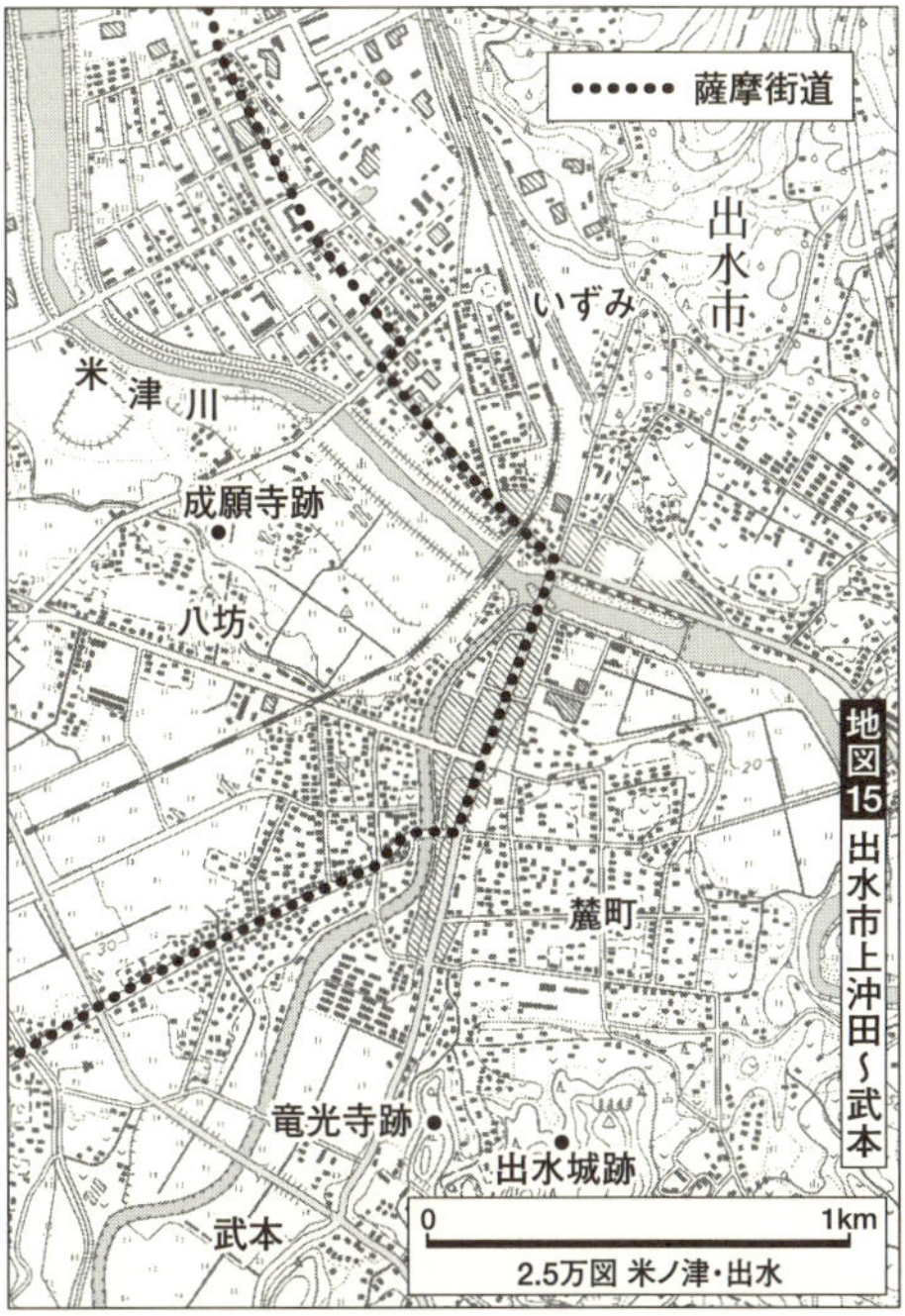

写真 29．出水城の遠景（出水市）

成願寺は薩州家六代の島津義虎による建立だが、のち文禄年間に島津忠辰が朝鮮出兵の不首尾で改易された時、寺も破壊された。元和八年に再興したが、明治初年の廃仏毀釈により廃絶した。今日、出水警察署裏手の低い丘陵上に歴代住持らの墓石群が残るのみで、寺域も判然としない。

阿久根の太閤道

五月朔日、秀吉は六里の道のりを進んで、阿久根（阿久根市）に入った。この間、近世の薩摩街道は出水平野の山寄りを直線的に横断、野田町（出水郡）に行き当る。近世は野田郷として薩摩藩の外城のひとつであり、街道の人馬継もおこなわれた。

この先はゆるやかな丘陵地となり、阿久根市域に入る。阿久根での宿営地については、『動座記』に記述はない。候補地としては鶴川内の桑原城があるが、とくに伝えるところはない。『阿久根市誌』は、桑原城→園田→莨野《へこの》が当時の主道といい、莨野の「太閤松」を秀吉の休息地、園田の吉田地区を宿泊地とするが、根拠を示してはいない。莨野からは、道は二つに分岐。南西に下れば高之口付近で薩摩街道と合流、高松川沿いにさかのぼれば、横座峠を越えて東郷町（薩摩郡）に下る。両者とも秀吉入薩の道として語られる道筋である。

「太閤松」は葨野の平野部をみおろす高台にあり、秀吉はこの下で休息、軍勢の様子をながめたという。松山を所有する松永氏の話では、昭和三十年代まで葨野と山下地区では石合戦の風習があり、この時の見張り場（オロンバ）に格好の木だったという。その後、松は昭和四十年ころに建材として伐採された。

泰平寺を本陣とする

『動座記』には

二日　同国　高城迄　　六里

三日　同国　大（泰）平寺迄　壱里　舟入

とあり、阿久根から高城《たき》（川内市）をへて船で泰平寺に入ったという。

高城町は泰平寺の北東にあり、川内川は泰平寺の東から南を囲むように流れる。したがって『動座記』を文面とおりに読めば、阿久根から進攻した秀吉は、川内川河口の小倉町付近、あるいは上流の「白浜橋」付近から乗船し、泰平寺に着いたことになる。

このためか、秀吉軍の川内侵攻には二経路が伝わる。ひとつは川内市北西の横座峠を越え、高城町の桃華山を経由する道で、この時、秀吉はこの地にあった多楽院浄興寺を本営としたという。『高城郷由来記』には「天正十五年四月、豊臣秀吉来たりて我が国に寇す。秀吉この寺（浄興寺）をもって本営となす」とあり、軍勢退去のとき寺は焼亡したという。同寺は鎌倉時代創建の古刹であったと伝え、現地には多くの石塔類がのこる。また同書は周辺に秀吉軍の陣跡があるとし、麓村背野の「地頭館巳方十町許」に「長曾加部元親陣」と名不詳の陣跡、および同村岩立の「九鬼嘉隆陣跡」をあげている。

一方、川内川河口経由については、『薩藩旧記雑録』をはじめ、諸書に記述がある。『高橋紹運記』には「（川内川）

へは兵船数千艘乗り込み、河下の京泊まで、三里の間、繋ぎ隻べたり。（中略）昇（幟）指物、幕を打ち飾り立てたれば、河風に飜《ひるがえ》り、松風波の音に動揺す。（中略）諸軍勢、十三里四方には尺地もなくこそ見えけれ」とあり、河口に兵船が充満する当時の雰囲気が伝わる。

また、九鬼・脇坂・加藤の三将を奉行として舟橋をかけたので、交通は「平地のごとく」となったともある（『服部兵右衛門聞書』）。

五月一日・二日の両日、秀吉は紅色の陣羽織をつけ、金の瓢箪の馬印をたてた早船で川内河口を舟遊びの風情で漕ぎまわり、諸陣に声をかけた。人々は天下人の気さくな様子をほめたたえたという（『豊前覚書』）。

その一方で、秀吉軍は川内河口に面した猫嶽（高江町）をはじめ、猪子嶽（宮里町）・安養寺岡（隈之城町）には陣営を築き、島津方の反攻にそなえた。今日、猫嶽山頂には七㍍×二一㍍ほどの平坦地があり、周囲に土塁・空堀を巡らす。山腹には石塁もみられる（写真30）。

写真30．川内川と猫岳（川内市）

また猪子嶽頂上付近には堀切、安養寺岡には複数の曲輪や石垣をもつ虎口・土塁・堀切などがあり、いずれもこの時の遺構と考えられている。河口に橋頭堡を築いた主力は、水軍の力を背景に川内川を攻め登ったと思われる。

このように見れば、秀吉軍は圧倒的な物量で島津氏を圧迫したかの印象があるが、『豊前覚書』には出水から滝（高城郡）にいたる途中では「惣陣共に飯無きなり」ともある。海上はともかく、陸上の補給は必要をみたしてなかったようだ。

平佐城の攻防と島津氏の降伏

薩摩勢がつぎつぎと秀吉に降るなかで、ひとり平佐地頭の桂忠詮は平佐城に立てこもり奮戦したが、義久の命で五月四日に開城した。籠城中、城方は大手前の沼地に白砂（シラス）をまいて平地にみせかけ、それとは知らず沼にはまった敵を討ち取った。女たちは城壁から箕《み》で灰を振り出し、寄せ手の目をつぶしたという。

また、城方の討死・手負いには僧侶・百姓や乙名《おつな》（百姓の長）の名が見えるから、籠城したのは武士ばかりではないのが知られる。中世の城は軍事拠点と同時に住民の避難所でもあったから、平佐城にも周辺住民が「城あがり」していたようだ。

今日、城跡一帯は削平されて市街地化し、堅城の面影はない。わずかに平佐西小学校内に城跡をしめす石碑が立つ。

七日にいたり、島津義久は秀吉に降伏した。

このとき義久は剃髪して龍伯と号して墨染めの衣を着、豊臣方の佐々成政・堀秀政を取次ぎとして参上、息女を人質に差出した。義久がとった剃髪・法名・墨衣・取次・走入り・詫言・人質という一連の手続きは、「嘉穂町の太閤遺跡」でも見たように、戦国の世にひろくおこなわれた降伏の作法である。

降伏の様子について『黒田家譜』には「（義久は）髪をそり、墨の衣を着して、名を隆白《ママ》と号し、磔木《はたものぎ》を金みがきにして真先に持せ」すなわち自分は僧形になり、「金みがき」した磔《はりつけ》の木を先頭に持たせて降参したとある。秀吉から赦免がなければ、磔に架かる意思表示である。

これに対し、秀吉の態度は寛容なものであった。『新納《にいろ》忠元勲功記』によれば、白州に平伏した義久を「これへ、これへ」と招き、「義久慇懃《いんぎん》のいたり、腰のまわり寂き」と自分が帯びていた刀を抜き取って義久に与えたという。いずれも芝居がかった話だが、当時の雰囲気をよくしめすエピソードではある。

ついで秀吉は「義久一命を捨て走り入間、御赦免候」（島津義久あて秀吉朱印状）と助命し、従来の島津領薩摩・日向・大隅のうち、薩摩一国のみを安堵した。

島津氏降伏の舞台について、『太閤記』をはじめ多くの史書が泰平寺とする。今日泰平寺は川内川から五〇〇《メートル》ほどにあるが、もとは寺の横に川からの水路があったといい、秀吉は直接この地に上陸したと思われる立地だ。隣接する泰平寺公園には立石があり、説明板に「和睦石」とある。川内郷土史研究会の福元忠良氏によれば、かつての

写真 31. 泰平寺の「和睦石」（川内市）

寺の築山の石であり、もとは「降参石」と呼んでいたという（写真31）。

また同所には、平成十四年に市教育委員会が製作した「未来へ語る歴史像」という秀吉・義久の銅像がある。その碑文について同会の川崎大十氏は、これは「対面」というような対等な会見ではなく無条件降伏であると指摘、「こんなのを『未来へ語』ってもらっては困る」と苦言を呈している（『文化川内』19）。

一方『豊前覚書』には、在陣中の大雨大風にもかかわらず「関白様御殿、右滞陣の間に数々出来申し候。（中略）御陣屋見事さ申すばかりなし。この陣屋へ嶋津方法体つかまつられ、一命をすてて走り入り参られ候」とあり、陣屋が設けられて島津氏の降伏もここで行われたという。「泰平寺」はいわばシンボルであって、実際はその周辺に多数の殿舎・陣屋が建てられていたようだ。

余談だが、このとき「惣陣中」から薩摩平定のご祝儀を秀吉の陣所に献上した。武将らがおのおの銀子を広間に持参すると、銀奉行がこれを天秤にかけて受け取った。『豊前覚書』は、ご祝儀をはかりにかけるとは「はじめて見聞き申し候」と驚いている。畿内と九州の金銭感覚は、かなり異なっていたようだ。

また秀吉軍が川内に侵入のおり、新田神社で狼藉をはたらいた。このとき水引九品寺の住持憲春法印が皇室の祖先を祀る同社の由来を説き、兵士をいさめたという。

今日新田神社には「兵船軍勢」の「乱妨狼藉放火」を禁じた制札が伝わる。卯月（四月）二十七日付で、九鬼大隅守ほか脇坂・加藤・小西ら三将の名がある。『薩藩旧記雑録』の編者伊地知季安は、この制札は九品寺の縁板を使用したと述べている

いずれにせよ、はるばる下向してきた秀吉の九州平定はここで一応成就したといえるが、いくさはまだ終結してなかった。

川内から大口へ

島津義久は降伏したが、島津氏全体が抵抗をやめたのではなかった。義久の弟にあたる義弘は、没収された日向・大隅の回復をめざして抵抗する姿勢をとっていたし、おなじく祁答院《けどういん》の島津歳久は、秀吉軍との戦いで養嗣子忠隣を失ったこともあり、病を理由に泰平寺にも伺候しなかった。

このような情勢のなかで、秀吉は十七日まで泰平寺に滞在、十八日に平佐城に移動した。ここで二日滞在し、翌二十日には歳久の居城である虎居城《とらい》（薩摩郡宮之城町）にむけて発進、六里の道を北上して山崎城（同）に入った（地図16）。

この間の経路について、川内川右岸の須杭を通過したとの説もあるが、渡河の必要がない左岸をたどったとみるのが自然である。町誌類では、その経路を白浜→楠元（中村）または三光寺→久住→倉野→荒瀬とする。今日の国道三九四号線にほぼ沿った経路である。その途中にある三光寺（川内市楠元町）は、かつての浄興寺の支坊であり、島津氏降伏前に秀吉軍が宿営したと伝えるが、その位置からみて山崎城にむかう途中の宿営ではなかろうか。

今日、寺は廃絶し、昭和十二年建立の「三光寺跡記念」碑が「戸田」バス停ちかくの旧道わきの竹藪中に石造仁王像とともに残る。碑文には三光寺焼亡のいきさつを記すが、内容には矛盾があるようだ。川内川は、三光寺近くにかかる「楠元橋」付近まで潮位の影響があり、やや下流の白浜町にはかつて米の集積所もあって水運の便はよかった。秀吉軍も水陸あわせて進んだと思われる。

秀吉が一泊した山崎城は、川内川にのぞむ独立丘陵にある。小規模ながらも久富木川との合流点にちかく、祁答院の南を扼する。東側が土砂採取で削平されているが、西からの景観は小高く盛り上がった山城の姿をとどめている。

山崎城の約一キロ北方、宮之城町船木の丘陵地には字「幡ノ尾」があり、地名は秀吉軍が通過のとき旗を立てたことにちなむという（『祁答院記』）。

地図16 山崎城～時吉城

「九尾之険難」を通る

島津歳久も、いまだ抵抗を続けていた。秀吉軍の先鋒五二騎が山崎城から「諏訪原《すわんはい》」(宮之城町)まで来たとき、歳久の配下がこれを襲い、「牛之渡」付近で六騎を討ち果したという(『島津国史』)。「諏訪原」は幡ノ尾の約一キロ北西、丘陵北端の諏訪神社付近にあたる。「牛之渡」は今日の地名には見えないが、字「幡ノ尾」北側の五反田川ぞいに字「牛渡瀬」がある。

山崎城から鶴田城(薩摩郡鶴田町)までは平坦地だが、歳久は道案内と称して、わざとけわしい山道「九尾之険難」に導き、秀吉軍を苦しめた。『西藩野史』には「此山路たるや、山高く谷深く、(中略)また炎熱蒸すが如し。秀吉の大軍、大いに苦しむ」(原文カナ)とある。「九尾之険難」とは宮之城町の東方、弥三郎ヶ岡と高倉山を南北の主峰とする山塊である(写真32)。

当時の山道をたどることは事実上難しいが、おおよその経路を『宮之城町史』や川崎大十氏提供の資料などを参考に推定すると、山崎城から北上、山河・白石《してし》付近から標高三六〇メートルほどの広段に登る。広段の農道脇には昭和六十二年建立の「北薩摩秀吉の道」と書かれた木製の道標が立ち、「秀吉北薩摩通過四〇〇年記念」とある。この道標はこの山中にかぎらず、宮之城・鶴田町にかけて随所に立てられているが、多くは朽ち果てつつあるのは残念だ(地図16)。

ここから丘陵端を北上、道すじは祁答院町と

写真32.「九尾之険難」の遠景（宮之城町）

の境界線に沿うようだ。早谷池《そたいがいけ》に下り、「太閤陣」の名もある「雨乞岩」登り口付近から平野部に出たらしい。穴川を「高祖橋」付近で渡河、渡河点を「滑渡瀬《なめいわたせ》」というが、場所を特定できない。この付近、下流の梁詰橋付近まで河床に岩盤が多く、地元ではこれを「ナメ」と呼んでいる。

九尾の難所を通過するとき、歳久の家臣らは秀吉の駕籠に矢を射かけた。この事件には伝説的な尾鰭がついているが、天正二十年七月の島津義久書状に「殊に矢をも射懸け候事、無念に思食《おぼしめ》され云々」とあり、狙撃は事実らしい。秀吉は無事だったが、のちに歳久が殺害される遠因となった。穴川を渡ると、この先、対岸の時吉城の裏手から丘陵地を十文字ヶ岡（宮之城町）へ進み、国道を横断して鶴田町竹下に下ったようだ。途中、国道二六七号線沿いにも、「北薩摩秀吉の道」の標識が点在する。

鳶巣《とびのす》の太閤陣と鶴田城

鶴田城をのぞむ鶴田町竹下の丘陵地には、「太閤陣」と呼ぶ高台がある。別名を「鳶巣陣」ともいい、四方の見晴しがよい。宮之城から鶴田にいたる旧鶴田往還のそばにあり、秀吉が陣を敷いて鶴田をうかがった所と伝える。最高所に直径一〇㍍ほどの平坦地があり、「太閤陣」と刻んだ亨和二年（一八〇二）建立の小石碑が立つ。『三国名勝図会』には「縦横十余間、平坦にして堀切遺れり」とあり、島津義久が秀吉から大隅一国を安堵されたのはこの場所という（写真33）。

二十二日、秀吉は島津歳久の居城鶴田城（鶴田町）に入り、ここで三日滞在した。鶴田城は別名を梅君ヶ城といい、川内川左岸の標高百㍍ほどの丘陵地にある。本丸跡には平松神社、参道の階段脇には「歳久公腰掛石」がのこる。川内川を渡れば直ちに大口城（大口市）だが、城主新納忠元もまた秀吉との一戦も辞さない姿勢であったため、鶴田城での対峙となったようだ。

写真 33．鳶巣の太閤陣（鶴田町）

その間、豊臣秀長や島津家久の説得があり、義弘は二十五日に鶴田城の秀吉のもとに伺候、ついで忠元も降伏を表明した。このとき、秀吉軍が食糧に窮したと聞いた忠元は、細川幽斎に米を送ったという。

秀吉が鶴田城を出発したあと、その小姓が城の屏風絵を剥ぎ取っていたのが露見した。歳久の家老鎌田政金が返還をもとめたので、秀吉は小姓の指を斬り、絵とともに送り返したという（『島津国史』）。事実の子細はともかく、両者の軋轢《あつれき》を伺わせる話だ。

15　大口の太閤道（鹿児島県）

天堂ヶ尾の関白陣

しかし秀吉軍は大口城に入らず、天正十五年五月二十六日、忠元の降伏は川内川対岸の「天堂ヶ尾」という丘の上でおこなわれた。忠元は剃髪し、名を拙斎とあらためて伺候した。

大口市曽木には、このとき秀吉が宿泊したという天堂ヶ尾の丘があり、今日ここを「関白陣」と呼んでいる。現地は大口城の南西七・五㌔にあるシラス台地で、最高所は標高三〇六㍍。小字関白陣と同天道ヶ尾の全域にまたがる東西約一、二〇〇㍍、南北約九〇〇㍍におよぶ広大な地域である。

『三国名勝図会』には「関白営」と題して「東西拾四間、南北三十七間を削平して、石垣処々に残れり」とし、そこに「方五尺ばかり」の土壇があり、秀吉の輿を安置したところという。同書には鶴田往還からみた「関白営」の挿絵があり、平坦な頂上をもつ丘が描かれている（図９）。

平成五年（一九九三）、大口農林事務所の保安林整備事業に際し、この地域一帯から大規模な土塁・石塁・溝状遺

図9.『三国名勝図会』の天堂ヶ尾

構が確認された。その規模は関白陣地域だけでも長さ四キロにおよぶといい、これを秀吉が築いた陣城の遺構ではないかとの見方が浮上した。もっともこれをただちに秀吉時代の防御施設とするには、①範囲が二〇万～五〇万平方メートルと、あまりに広大すぎること、②堀とされる溝状遺構が土塁・石塁の内側にあり、防御機能を果たしていないこと、③戦後の一時期ここに牧場があり、柵のかわりに土塁を作ったとの話があること、④構築技法が雑多であること、⑤城の縄張りとして不自然であることなど、疑問点も多い。

これについて三木靖氏は、後世の手が加わったことを考慮しつつも、主要遺構については中世との関係で検討すべきと積極的な評価を示している。現地を案内頂いた市教育委員会の東哲郎氏によると、以前検討委員会を設けて調査したが、遺構の性格は明らかにできなかったという。

現地を歩くと、土塁の内側をめぐる溝などは近世の「牧《まき》」の遺構によく似ている。そういえば、かつて福岡県下の山中で同様の遺構が発見され、一時は未知の古代山城かとの騒ぎになったことがある。地元でシンポジュウムまで開かれたが、結果は貝原益軒の『筑前国続風土記』にも記述のある近世の牧跡とイノシシよけの猪垣と判明、「古代のロマン」は雲散霧消した。先入観をもって遺跡を見るのをいましめる事例といえる。「関白陣」の場合はそれほど単純ではなさそうだが、現状の遺構がすべて秀吉にかかわるものではなく、「複数の時代の遺構の重複」という可能性も念頭に置いておきたい。

秀吉の陣城であるかは別として、今日「関白陣」一帯は天堂ヶ尾関白陣として公園に整備されている。蛇行する川内川の対岸にひろがる大口盆地をのぞむ高台には、秀吉と忠元の故事を記念する巨大な石碑が立つが、

写真34．天童ケ尾の新納武蔵守碑（大口市）

その題字には秀吉の名はなく、「新納武蔵守忠元碑」とのみある（写真34）。大正五年の建立で、当初は「関白陣跡」碑の予定だった。鹿児島出身の海軍元帥東郷平八郎に揮毫を依頼したが梨のつぶて、やむを得ずこのように変更すると、東郷はただちに筆をとったという。イギリス留学の経験もあり、日露戦争でロシア艦隊を壊滅させた元帥東郷としては大人気ない気もするが、「侵入者」秀吉に対する薩摩人の気分をよくあらわす逸話とも言えそうだ。

鈴の瀬から鳥巣へ

天堂ヶ尾から大口に向かう秀吉は、増水した川内川を「鈴の瀬」付近で対岸の堂崎に渡ったと伝える。ここは「東洋のナイアガラ」と称される曽木の滝（写真35）の六〇〇メートルほど上流だが、一帯は川底が岩盤でおおわれた浅瀬で、近世の渡河地点でもあった。

このとき新納忠元は秀吉を滝の見物に誘い、隙を見て突落そうとしたとの逸話もある。秀吉もこれを察して忠元の衣をつかんで放さなかったため、目的を果たせなかったという。もちろん後世の伝説にすぎないが、薩摩人受けする話ではあるようだ。

鈴の瀬を渡り、低平な丘陵地を北上すれば大島をへて鳥巣（大口市）にいたる。この付近から川内川の支流羽月川をへだてて、忠元の居城大口城が望まれる。

鳥巣に鎮座する松原神社は、幕末に廃寺となった円通寺の跡である。寺の詳細は不明だが、かつては島津貴久の位牌を安置した格式の高い禅宗寺院であった。伝承では、帰還する秀吉軍がここで休息したという。二五〇余年のちの天保十五年（一八四四）九月、忠元の子孫新納久仰《ひさのり》は、領内巡見のおり天堂ヶ尾をへて川内川を渡り、曽木の滝をみて円通寺に着いた。すでに日は暮れていたが、久仰は松明を焚かせてここを見物、秀吉帰陣の往時をしのんだ。このころ門前の空地には水神が祭られ、秀吉が馬を立てたと場所と伝えていたという。

写真 35．曽木の滝（大口市）

写真 36．園田の太閤腰掛石（大口市）

園田《そんだ》の腰掛石と拝領物

天堂ヶ尾の会見の翌日、新納忠元は鳥巣（大口市）北方の園田に馬を留めて秀吉を見送った。秀吉は陣扇一柄を下賜した（『島津国史』）。このとき秀吉が腰をおろした石が「太閤の腰掛石」として園田の県道脇の二反田孝男氏宅内に残る（写真36）。もとは県道寄りにあったが、近年の耕地整理で水田となったため、現在地に移したという。

石は二個あり、いずれも縦長の自然石でおのおの高さ一五五チセンと六八チセン。正面に位牌形の彫込みがあり、墓石と思われる。昭和五十六年刊行の『大口市郷土誌』にも写真が掲載され「腰掛石」とあるが、にわかに信じられない。このそばに別の平石があったともいうから、本来の「腰掛石」は行方が不明のようだ。

また同書にはこのとき下賜されたという「道服」と「陣扇」の写真がある。昭和四十二年、明治百年記念行事として大口市で忠元関係の資料展示があり、写真はその時撮影された。二葉とも不鮮明だが、陣扇の表絵は「金絵桐」、裏は「金砂画菊」とある（『大口市郷土史』）。

所有者の中村孫次郎氏は、当時久留米市（福岡県）在住の蒐集家。数万点の古文書や美術品を自宅の「屏山文庫」に収め、『新納文書』など九州にかんする蒐集では日本屈指といわれた。展示された道服・陣扇は「太閤拝領物」のひとつとして貴重な資料の可能性もあるが、中村氏の没後、実見できないのは残念だ。

川内川の渡河からこれまでの秀吉伝承地を結ぶと、鈴の瀬・堂崎・麓を通過する経羽月川西岸のルートが見えてくる（地図17）。具体的には県道二六七号線の西側を並行する旧道である。さきに紹介した新納久仰は、鳥巣の円通寺で「今日我等とも往来の道筋関白道ととなへ、殿下帰路の道筋なるよし」と記している（『久仰雑譜』）。これによって、天堂ヶ尾から鳥巣にいたる羽月川西岸の道筋が、当時「関白道」と周知されていたことがわかる。秀吉が通過したのは忠元の居城大口城を避けた道筋となり、個々の伝承地の当否はおくとしても、和戦いまだ定まらない当時の状勢を反映するようだ。

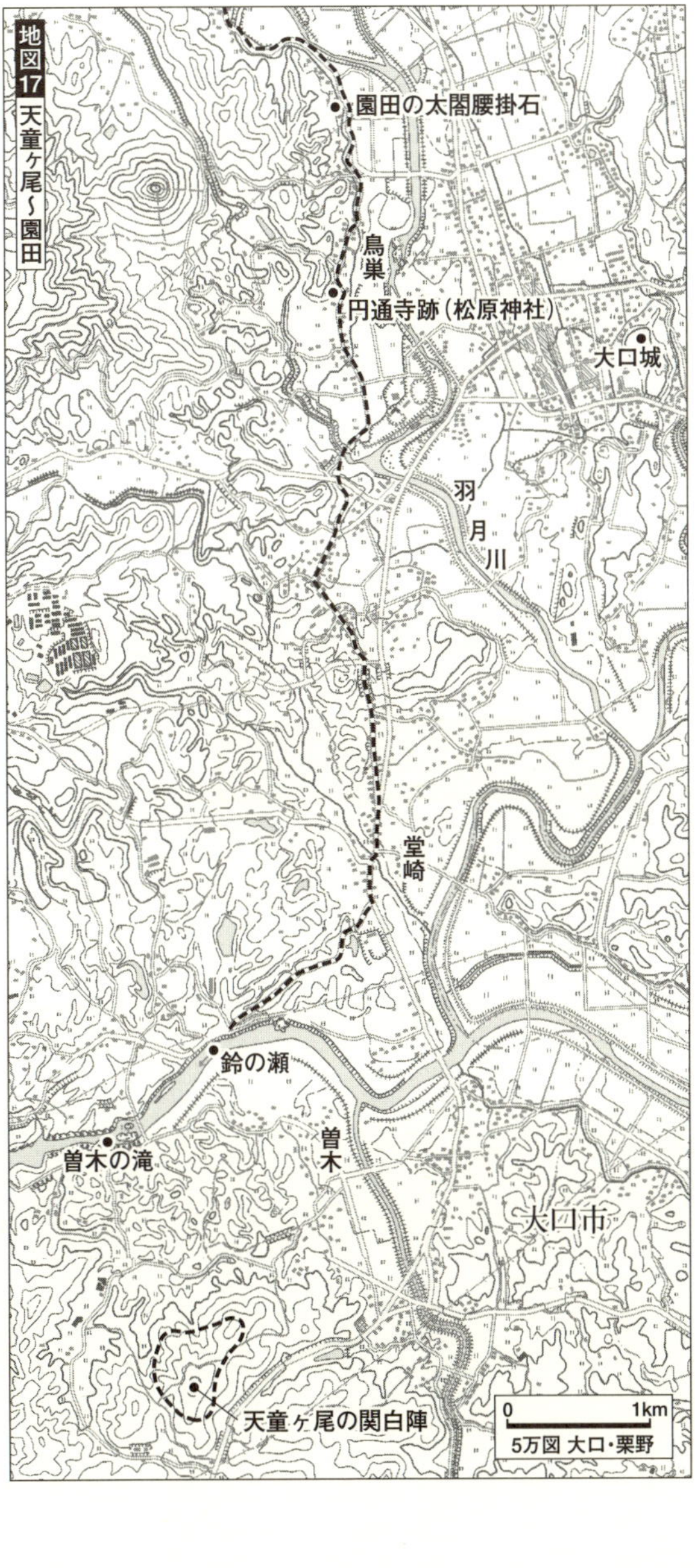

地図17 天童ヶ尾～園田

写真 37．山野の関白陣（大口市）

山野の関白陣

羽月川をさかのぼれば大口盆地の北端となり、左右に山がせまる。旧大口往還の山野の尾上（大口市）の山中には「関白陣」という陣跡があり、薩摩からの帰路、秀吉がここに宿営したと伝える。

『三国名勝図会』には、この地は「いにしへ大口郷平泉村より小川内への街道」で、「昔時豊臣関白秀吉西来し、（中略）還軍の時、暫時の営所なり」とある。その位置は今日の尾上集落と羽月川をはさんだ西側、低丘陵の頂上を削平した径約四〇㍍ほどの平坦地である。一角には昭和五年建立の「関白陣」碑があり、秀吉が「帰陣ノ際、道ヲ大口道ニトリ、五月二十七日、此地ニ陣営セシト伝フ」と記す（写真37）。

現地は周囲を丘陵で囲まれ、展望はきかないが、北側は崖、その下は湿地となって一定の防御性をしめす。石碑の背後から西側にかけて空堀状の地形がめぐり、その内側には低い土塁がある。『三国名勝図会』はこれを堀跡とするが、深さが一定せず疑問がのこる。

この先、同書のいう小川内への街道が具体的にどの道筋をさすかは明確でない。平成六年鹿児島県発行の『歴史の道調査報告2』には、関白陣に接して通過する旧道を図示する調査票もあるが、これは地形的に無理がある。むしろ同書に旧薩摩街道として示された尾之上〜小川内間の川沿いの道でよいと思われる。

また『三国名勝図会』には、「扇取の岡」の記事がある。関白陣の南東「およそ三町」ほどに山下出羽守という武士の屋敷があった。秀吉が羽月川の「肥後渡瀬」付近を通過するとき、出羽守はここから矢を射かけ、馬印の扇を射落したという。岡は今日の尾上集落付近、切通しを県道二六八号線が通過する西側に比定され、旧街道と渡河点を眼下に見る位置にある。

「扇取の岡」の話はそのまま史実とは認めがたいが、祁答院における島津歳久配下の狙撃といい、島津方の抵抗が

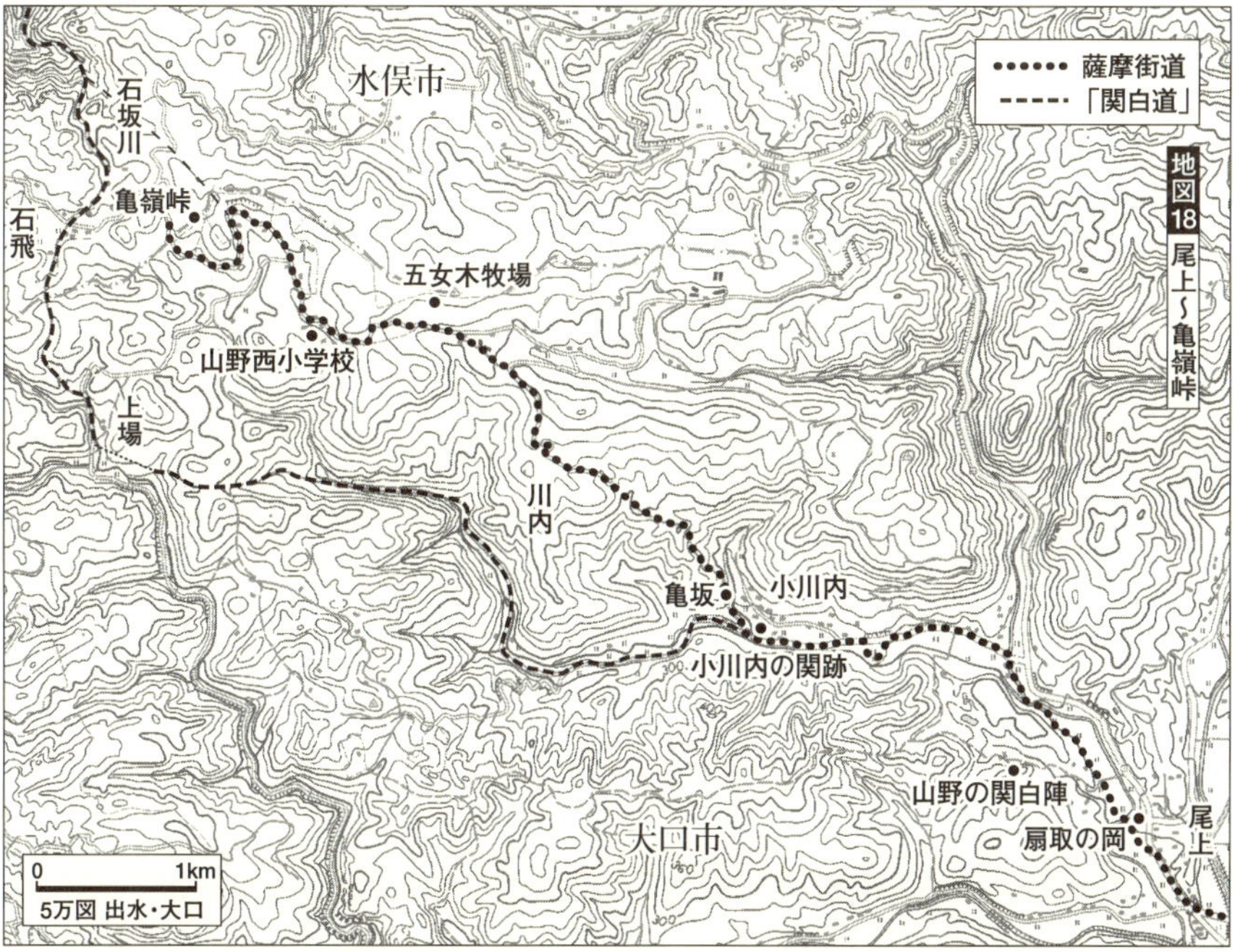

地図18 尾上～亀嶺峠

根強かったことをしめす逸話である。

上場《うわば》越への道

「関白陣」北方の大口往還を北西にたどれば、薩摩三大関所のひとつ小川内関所跡にいたる。関所は十六世紀前半の享禄年間に存在していた可能性があるというから（『菱刈家系図』）、水俣へ帰還する秀吉もここを通過したと考えられる（地図18）。

小川内バス停の前には「薩摩国小川内関所跡」の碑が立つ。題字は徳富蘇峯による。

この先の道筋について『三国名所図会』は「羽月より当村平泉村を歴《へ》て上場越を過ぎ、肥後国に出ず。今にこれを関白道といふ。（中略）上場越を過ぎれば出水路より北に岐を分ち、肥後水俣に通ずる路あり。此路大口の城下を歴《へ》ず、且今の大道小川内関を過て肥後に通ずるものに非ず、僻路険隘なりとぞ」といい、さらに「関白この僻路を取りて大口城下の大道を過ぎざるは、新納忠元が勇略を憚《はばか》りての故なりといふ」と、秀吉に一矢報いている。

この記事に従えば、「関白道」は小川内関から北西の亀嶺《きれい》峠（五七八・五メートル）にむかう近世の大口往還ではなく、関の西約一・五キロの「上場越」を通ることとなる。そのくわしい経路は不明だが、今日小川内関跡から舗装道路を西に進み、やがて川沿いの谷間をたどる道筋と思われる。上場集落から道は北に転じ、標高約五五〇メートルで峠を越える。ここが県境であり、肥薩の旧国境でもある。

この先、比較的ゆるやかな道を下れば、高原の小集落石飛《いしとび》（水俣市）の「天《あま》の製茶園」横の四つ辻に下り着く。この道は『歴史の道調査報告書2』にいう「石飛分校西の山中の一軒家の横」を通過する「薩摩の道」に相当する。ちなみにこの四つ辻に東から接続する道は、亀嶺峠から下ってきた現代の道路である。「山中の一軒家」にはすでに住む人はなく、山道は途中廃道にちかい状態にある。

立花勢の「羽月」越え経路

以上は秀吉本隊の行動だが、しばしば引用する『豊前覚書』によれば、城戸豊前守が属した立花宗統の部隊は二十五日に「うしづる川」（川内川）を渡った。ふだんでも身の丈以上ある深い川が降り続く雨で増水し、渡河に難儀したとある。

ところが進むうちに大口城から足軽が出て、鉄砲を打ちかけてきた。立花勢も応戦し、双方三十発ほどを撃ったが、「引き上げの時だから相手にするな」との下知があり、小ぜりあいで終った。緊張が走る場面だが、当の豊前守は「薩摩御陣中、鉄炮の音は初めてにて候」と、悠長にかまえている。この記事をみるかぎり、立花勢は薩摩ではほとんど戦闘はなかったようだ。その後、部隊は「はつき（羽月）越え」して佐敷に着陣しているから、水俣に着いた秀吉の本隊とは別の道をたどったことになる。

この道に相当するのが、大口から肥後佐敷にいたる近世大口往還である。旧道は小川内関所の先、後呂曽川を渡った先で右に分岐する。この旧道の登り口を「亀坂」と呼び、西南の役での激戦地としても知られている。

舗装道路からの分岐点には「亀坂入口」の木製標識があるが、道が狭く、ほとんど民家の庭先を通過する。二、三軒の民家が途切れると、その先はただちに幅一メートルほどの山道となり、やがて杉林の中を登ってゆく。

現地調査では途中までしか進めなかったが、『歴史の道調査報告書2』によれば、約四キロほどで鉱山の露天掘りで道は消滅しているという。また同書では、この先の旧大口往還を山野西小学校前から亀嶺峠西側を通過、石飛分校下(水俣市)から水俣に下る、今日の道筋あたりとしている。

一方で溝辺浩司氏は、『九州の峠』でややことなる道筋を推定する。氏によれば、亀坂の標高四八八㍍付近の鬼神神社跡から等高線にそって北にまわり、「五女木《ごめき》牧場」を通る道路と合流して山野西小学校前を通過、亀嶺峠をまっすぐに横断して石坂川の谷筋を下る道という。

亀嶺峠は肥薩国境の山として知られる。中国風の峠名は、頼山陽の漢詩「亀嶺を過ぎて諸嶽を臨眺す云々」に由来する。もとは徳光仏山といい、大口側を「亀坂」、水俣側を「石坂」と呼んでいたというから、「亀嶺峠」は亀坂を踏まえた中国趣味の産物である。

石飛から水俣に向かうには石坂川にそって下ることになるが、この先肥後国における秀吉の帰路については別項で述べる。

16　肥後復路の太閤道(熊本県)

水俣への復路

天正十五年五月二十六日に天堂ヶ尾で新納忠元と会見した秀吉は、翌二十七日に水俣に帰還した。深水宗方あての同日付秀吉書状では、酉の刻(午後六時前後)に水俣へ到着、明日は佐敷に入るとある。

これと前後して、豊臣勢はぞくぞくと薩摩から肥後へ帰陣した(12「高橋家の拝領帷子」参照)。この間『豊前覚書』からも知られるように、秀吉本隊と麾下の諸部隊はかならずしも同じ経路を経たわけではなかった。薩肥の間には近世でも大口から亀嶺峠・久木野《くぎの》をへて芦北に出る大口往還のほかに、上場・水俣間の道など複数の脇街道が

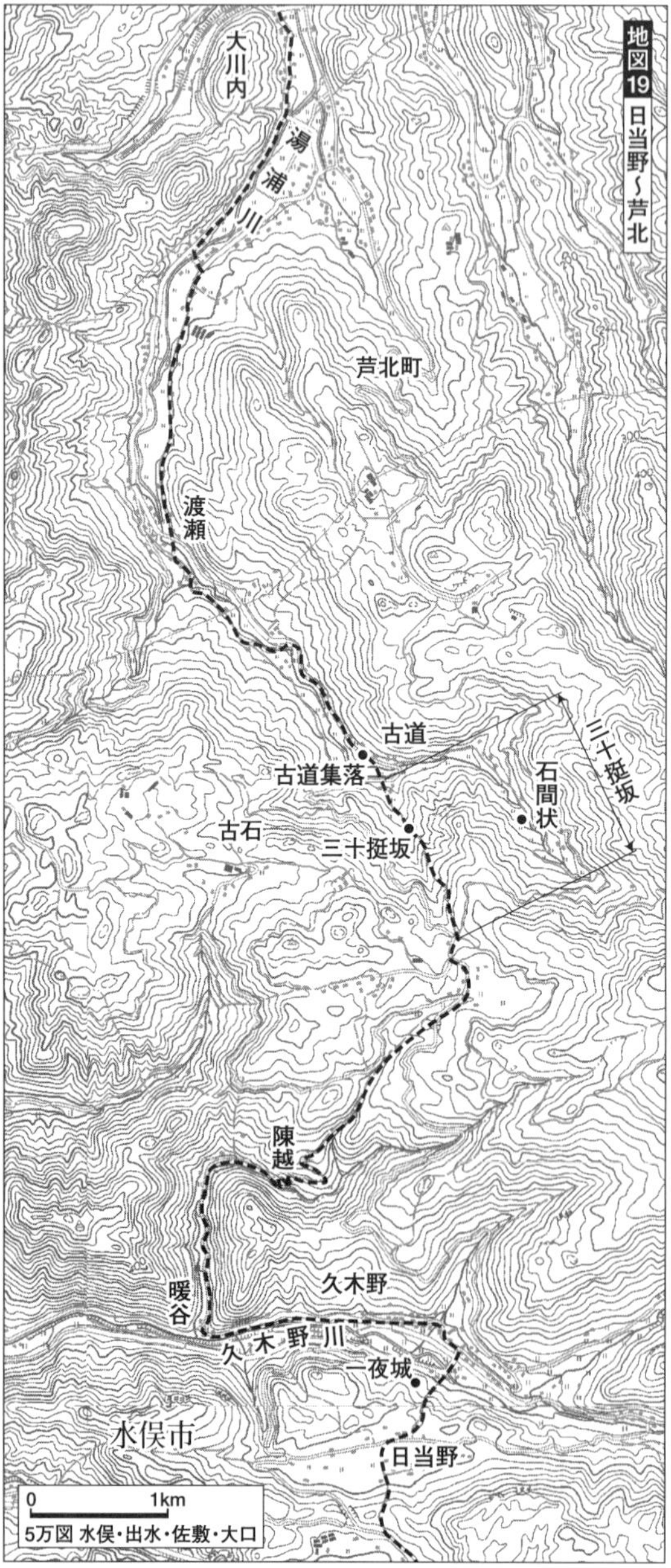

あったから、当時の諸隊もそれぞれの道をたどったと思われる（地図19）。

亀嶺峠を過ぎ、石飛集落から北に進んで石坂川の谷沿いに下れば、水俣川との合流点手前に石坂川地区（水俣市）。『葦北沿革史』は「石坂川は、征西の日に開いた所と伝へ」といい、『新水俣市史・上巻』には「石坂川村の石坂から峠まで、およそ四キロの路面に巨石を敷きつめ、文字どおりの石坂を築いて」おり、これは秀吉が曽木から水俣に越すときに急造したものという。

「石坂」の名はここから起ったかと思われる話だが、この種の話を多くのせる『肥後国誌』には該当する記事は見あたらない。石を敷きつめたという道を地区の古老に尋ねたが、いずれもそのような道は知らないとのこと。水俣市教育委員会の担当者も把握していないというから、はたして「石坂」が実在したか疑問だ。

もっとも、近世にこの地区を通る往還のあったことは事実で、集落内には「石坂川口番所跡」の碑があり、旧道

写真38. 石坂川から石飛への旧道（水俣市）

は石飛からこの番所をへて水俣に続いている（写真38）。

佐敷への復路

佐敷への道はどうか。文禄元年（一五九二）、新納忠増が鹿児島から肥前名護屋に出陣したおりの記録『新納忠増朝鮮渡海日記』によれば、その経路は大口を出て山野→小川内→五本松→肥後の久木野《くぎの》（泊）→桜川を渡る→三十挺坂くだる→湯の浦（芦北町）→佐敷（同）とある。具体的な道筋は断続的にのこるだけだが、これによっておおまかな道筋は推定できる。

「五本木」の位置は不明だが、小川内から無田（水俣市）をへて久木野にいたる旧道があったとの伝えがあり、これは亀嶺峠を経由しないようだ。道は途中越小場で国道二六八号線を横切るが、その上手、山小場《やまこば》の「かぶと岩」は秀吉が休息のおり、兜を脱いで置いたとの伝承があるという。

『新水俣市史・民俗人物編』はその場所を「山小場の旧道の道端」の中島輝夫氏宅裏山とするが、当の中島氏はその存在を知らないといい、確認はできなかった。ただし、中島氏は自宅南方の尾根を越える道は「薩摩への旧道」であるといい、事実、鹿児島側に通じる山道がある。主要な往還跡ではないようだが、薩肥間のいくつかの道の参考としたい。

越小場《こしこば》から久木野川南岸の日当野《ひとの》（水俣市）までは、標高三〇〇㍍ほどの高原状の道となる。日当野には、秀吉が野営したという「一夜城」の伝承が残る。

日当野は山間の小盆地で、久木野川から比高差七〇㍍ほどを登りつめたところにある。「一夜城」は小盆地の東端ちかくに位置し、山腹の一部平坦になったところというが、現在では雑木が密生して確認できない。聞き取りした限りでは現地は堀や石垣など城跡をうかがわせるものはなく、明確な城跡ではない（写真39）。

日当野は、湯出川沿いの国道二六八号線から本井本で分岐して久木野にいたる県道の途中に位置する。久木野や

写真39．日当野の一夜城の遠景（水俣市）

上流の古里有木《ふさとあるき》から湯出川沿いに到るにはここを通過する必要があるから、当地はかつて交通の結節点であった。「一夜城」一帯の山頂に、地元で言う「（明治）十年の戦争の台場」、すなわち西南の役の陣跡が残るのも、ここが肥薩間の要衝であることを示している。このような歴史地理的な条件が、一夜城という秀吉宿泊地の伝説を生んだのではなかろうか。

日当野の対岸、久木野（水俣市）は水俣川の上流にあり、大関山・国見山南麓の山間に位置する。水俣から山越えして薩摩に通じる旧大口往還が通過し、同時に日向・薩摩・大隅の三国から肥後に向かう要地にあたる。戦国時代には相良・島津両氏が争奪をくりかえす地でもあった。

『国誌』久木野村の項には、「将軍山　秀吉公御陣営アリシヨリ地名トス」とあり、薩摩からの帰路、秀吉が野営をしたところという。同じ久木野の域内であるから「一夜城」と同一場所かとも思われるが、はっきりしない。

芦北町の伝承

久木野の先、『新納忠増朝鮮渡海日記』がしめす道筋は、近世の街道にも引き継がれている。現在の山越えの道は久木野集落の東だが、旧道は西側の暖谷《ゆるだに》を桜川沿いにさかのぼり、標高約三〇〇メートルの陣越（芦北町）に登りつく。ここから高原状の道を進み、上小場をすぎれば急な下り坂となる。

坂の下、芦北町古石地区は、山間の旧「古道村」「石間伏村《いしまぶし》」が合併した地名である。『国誌』古道村の項には、「薩州小川内通りの街道は、今や當村谷向の草径にて、一騎越の険路なり。天正年間秀吉公二十四万余の軍勢を三手に分ち、自身は大軍を分けて湯の浦橋本より此道を中路として薩州に責入り給ふ。此時までは當村床は薩州筋への往還なりしを、其後農村となして地名とし、道を谷の向に改めると云』（原文カナ）という、興味深い記述がある。

写真40．三十挺坂の登り口（芦北町）

この道筋が薩摩侵攻の往路であったというのは措くとして、秀吉の時代の道は村を通過していたが、その後谷向うに付替えたという。古道村の名もこれに由来するというから、街道付替えは事実らしい。肥後南関にも、秀吉による街道付替えの話があり、あるいはこれもその類例かも知れないが、『国誌』の記述では付替えの時期や主体が今ひとつ明確でないのが残念だ。

また同書は、秀吉がここで鹿狩りをおこなったともいう。今日水田中にある岩を「石間伏《いしまぶし》」と呼ぶが、秀吉がここで獲物を待ち受けたという。ちなみに間伏とは「狩して獣を待つ所を云う」（『国誌』）とあり、村の名もこれによるという。またこのとき、近くの坂道に鉄砲三十挺を立てた。以来、この坂を三十挺坂《さじっちょうざか》と呼ぶという。

三十挺坂は上小場から芦北にいたる近世の街道にあたり、上小場をやや下ったところでいったん県道と分岐し、直線的に谷筋を下る。今日分岐点は身の丈を越す草に覆われ、途中の坂道も廃道にちかいが、古道集落で県道と合流する付近では旧態をしのぶことができる（写真40）。

今日の県道は、三十挺坂との合流点からおおきくカーブし、古道・古田集落をへて谷筋を下るが、「谷向こう」の左岸にも道筋がある。両者は下流の一渡瀬付近で合流するが、この左岸の道が近世初頭に付替えられた道の可能性がたかい。

この先、川ぞいに下れば湯浦をへて佐敷（芦北町）にいたる。個々の事実関係は別として、久木野から湯浦にいたる秀吉伝承は、この道筋が当時の肥薩間の主要幹線であったことの反映と言えよう。

《コラム・大宰府の清水井と秀吉》

天正十五年六月六日、秀吉は薩摩からの帰路、筑前大宰府（太宰府市）に立ち寄った。

大宰府は博多平野の最奥にあり、内陸部との通廊にあたる。古代律令制のもとでは「遠《とお》の朝廷《みかど》」として九州を統括する官衙がおかれ、中世以降は菅原道真をまつる太宰府天満宮の門前町として栄えた。

このとき秀吉は、大宰府の東北、竈門《かまど》神社が鎮座する若杉山に登り、二カ所に三層の櫓を建てさせたという。また天満宮をはじめ、都府楼跡・観世音寺などを遊覧した。天満宮は九年前に焼失し、わずかに仮殿のみであったので、秀吉は前もって仮の御殿を造らせ、ここに宿陣した。このとき島津義久はべつに新しく茶屋を建て、茶を献じたという（『黒田家譜』）。

秀吉宿陣の場所は寺の北側、山王社（日吉神社）が鎮座する丘と伝える。同社はもと観世音寺の鎮守であり、史料の初見ははやく平安時代の大治三年（一一二八）である。

現地は丘陵突端に日吉社の社殿があるだけで、御殿の跡らしい地形は見あたらない。背後の尾根は稜線がせまく、社殿のほかに規模の大きな建物が建つ余地はない。「仮の御殿」が造られたとすれば、現在の社殿と重複するあたりだろうか。福岡県による発掘調査で、尾根は今より南に延びていたことが知られているから、社殿周辺は現状よりは広かったらしい。

島津義久が建てたという茶屋の位置については、伝えがない。ただ日吉社の東北二〇〇メートルほどの谷あいにある「清水井」（弘法水とも）は注目される（図10）。『拾遺』に「清冽にして味甘美なり」とあり、今でいう名水である。観世音寺の山号「清水山」はこの泉に由来するという。

観世音寺は古くは「清水寺」の名でも知られていた。『源氏物語』玉葛の巻に「大弐の御館《みたち》の上の、しみづの御寺の観世音寺に詣で」とあり、平安末期の俗謡をあつめた『梁塵秘抄』には「筑紫の霊験所は、大山・四王寺・清水寺」と謡われている。

井泉の信仰や、清浄な水が寺院創建にむすびつく事例については「高瀬の太閤遺跡」でもふれた。観世音寺の寺地の選定にこの清水井がかかわることは、じゅうぶんに考えられる。

したがって島津氏が茶を献じたとすれば、この名泉抜きには考えられない。茶屋の位置も清水井からほど遠くないところと思われる。一歩すすめて、大宰府の「旧跡を遊覧」した秀吉の宿舎が山王社の丘に設けられたことも、清水井の存在が深くかかわるようだ。

今日、現地には「池淵弘法水」の小堂が建ち、その裏手が清水井である。畳一枚ほどの広さで、エノキの巨木の根方には、石彫の観音菩薩と弘法大師像がある。水は鉄分をふくむが、澄んで冷たい。

翌六月七日、秀吉は大宰府を出発、箱崎に帰着した。

図 10．山王社と観世音寺の清水井（『筑前名所図会』）

第二章　文禄太閤道　北路

1　八幡の「古道」と太閤道（福岡県）

文禄太閤道について

前章までは、天正十五年の九州平定の道をたどった。いうところの「天正太閤道」である。これからは天下統一ののち、秀吉が朝鮮に出兵した文禄・慶長の役にともなう太閤道をたどりたい。

はじめに書いたように、この時には前後ふたつの経路があり、おのおのを「文禄太閤道・北路」と「同・南路」と呼ぶことにする。いずれもその終着点は肥前名護屋城である。まず前者、北路をたどるが、博多・小倉間は天正太閤道のうち、秀吉の大坂帰還の道と重複する。

天正二十年（一五九二・十二月に文禄と改元）三月二十六日に京を出発した秀吉は、四月十九日に赤間ヶ関から渡海して小倉へ上陸、翌二十日には赤間（宗像市）に進んだ。「赤間」と「赤間ヶ関」はよく似ているが、前者は宗像市の、後者は山口県下関市の地名。当時の人も両者をしばしば取り違えているので、史料を読むときには注意が必要だ。

小倉から陸路を西に進むには、どの経路が考えられるだろうか。近世の街道は、遠賀川以西には宗像郡を通過する唐津街道、以東では遠賀・鞍手郡を南下する長崎街道がある。とくに長崎街道は北部九州の幹線であり、小倉の紫川にかかる常盤橋がその起点であった。筑前領域の全面開通は慶長十六〜七年とされるが、それ以前のようすを示す『慶長筑前国絵図』などをみると、実態は従来の街道を整備統合したもののようだ。

あとで述べるように、旧遠賀郡の八幡西区馬場山一帯には秀吉軍通過にかんする信頼性のたかい史料や伝承があり、このころすでに小倉・馬場山間には一定規模の街道が推定される。この間は近世の長崎街道が通過する地域でもあるが、両者はどのような関係にあっただろうか。

花尾山麓の「古道《ふるみち》」

近世以前の街道に関して、文政三年（一八二〇）の『熊手村書上帳』には「古往還は尾倉村の小伊藤と申す所より前田村の上、鳴水村の下、熊手村山の手、茶屋の原と申す所に通じ」「往還跡、今村々とも古道とこれを唱う」とある。また『全誌』藤田村の項には「古官道址」として「村の東南五六町に、隈崎と云う所あり。古は小倉村の小伊藤より前田村の中宿《なかどまり》を通り、隈崎に来り、夫より鳴水村を経て上上津役《かみこうじゃく》に到る。今此道を古道と云う」（原文カナ）といい、『拾遺』黒崎駅の項にも同様の記述のあとに「文禄年中までもなお然り」とある。これらはいずれも、尾倉（八幡西区）から山寄りに黒崎の南を通過するルートである。

また文禄元年に石州津和野から肥前名護屋に旅した下瀬七兵衛の日記では、小倉から「御牧《みまき》郡の内上津（役）と申所」をへて芦屋に着いている（『毛利家文書』一四）。「上津（役）」は八幡西区の上津役《こうじゃく》と思われるから、「古道」からいったん南下してここから西に転じ、遠賀川を渡ったことになる。

「小伊藤」はかつての小伊藤山付近。ＪＲ八幡駅ちかくの小独立丘だったが、戦後都市計画のために削平された。現在の尾倉二丁目にあたり、小伊藤山公園のある一街区がその跡地である。「中宿《なかどまり》」は祇園二丁目の仲宿八幡宮にその名がのこる。

「隈崎」の地名は今日失われているが、昭和十三年の「下関要塞司令部検査済」印のある『八幡市土地宝典』では花ノ尾高等小学校の西、今池という溜池の堤下にある。道路をはさんだ北側一帯は「藤田区画整理地」とあるから、この頃の区画整理で消滅したらしい。現在の地名では紅梅四丁目であり、黒崎中学校の北側一帯にあたる。

以上を通り、さらに鳴水村から上上津役にいたる道を「古道《ふるみち》」と呼んだという。

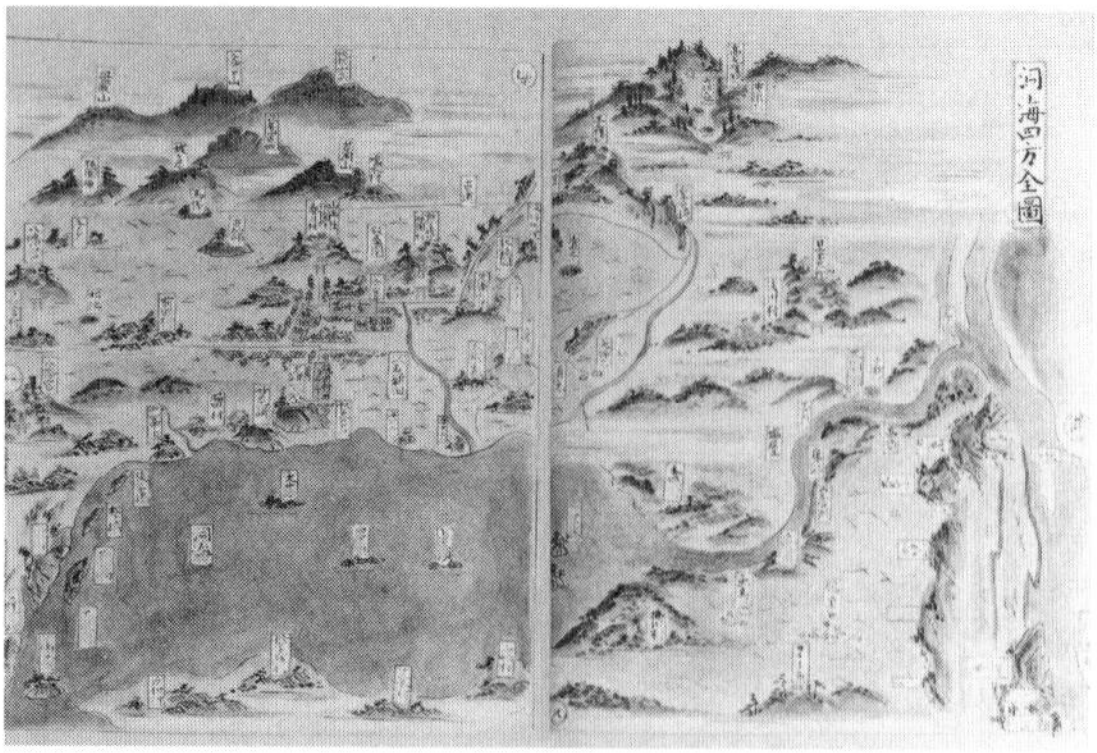

図 11．洞海四方全図

絵図にみる「古道」

この「古道」を具体的にしめす二枚の絵図がある。ひとつは『附録』の付図、他の一枚は仮称『黒崎古図』（『宇都宮文書』）である。

『附録』には多数の付図が掲載されており、いずれも本文を補足する意図が明確な信頼度のたかい絵画資料である。このなかに『洞海四方全図』（以下『四方全図』）と題して、洞海湾周辺を描いた図がある。洞海湾の手前に若松、右手に遠賀川河口がある。中央の黒崎宿の描写は詳細で、長崎街道も明確に描かれている（図11）。

黒崎宿の背後に東西方向の直線道があり、「古道」と注記ある。道は「馬塚」から「岩洞山」のふもと「鳴水村」をへて、黒崎の南方で長崎街道につながる。『附録』の成立は十八世紀末であるから、「古道」はこれより以前に正規の供用を廃された道ということになる。

『黒崎古図』は製作年代は不明だが、図の右端に「筑前黒崎宿元和寛文年中之古図」とあり、すでに宿場は整備され、黒崎城は「古城跡」と書かれている（図12）。対象

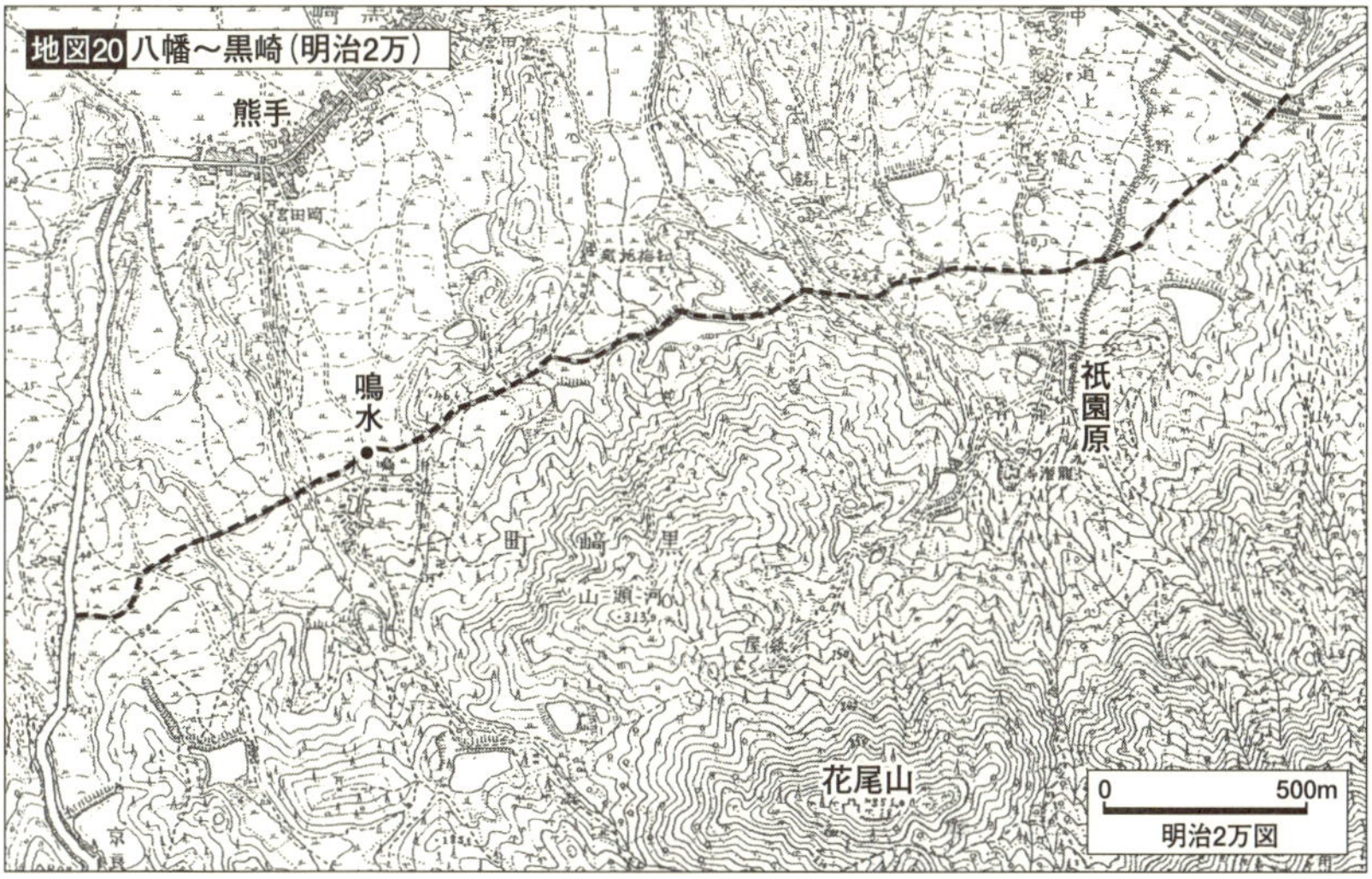

図 12．黒崎古図

は黒崎宿とその周辺の交通路を主とし、長崎街道を太線で、他を細く描く。一方で山地・海岸の表現も写実的である。

この図にも、花尾山の麓を東西に横切る道がある。朱線で描かれた経路は地形に応じて屈曲し、より写実的である。途中、「鳴水《なるみず》」の集落を通過する。道の東西は長崎街道につながるが、その部分におのおの「東ヨリ入古道」「東ヨリ入古道」の注記がある。地形からみて、東はさきの「小伊藤」付近、西は今日の「幸の神」付近と思われる。

該当する地域を明治三十二年測二万分の一地形図（以下「明治二万」地図）でみると、河頭《ごうとう》山（岩洞山）の山裾をぬって、破線で標示された東西方向の道路がある（地図20）。

『四方全図』の「古道」は黒崎宿の南方で長崎街道との合流して終わるが、「明治二万」地図での道はさらに西にのび、今日の永犬丸《えいのまる》にあたる里中の集落付近までたどることができる。

黒崎築城と街道の付替え

長崎街道が黒崎宿を経由するようになったのは、慶長九年（一六〇四）以後とされる。この年、福岡藩の六端城《ろくはじょう》のひとつとして、豊前国境に近い洞海湾南岸に黒崎城が築かれ、その山下町として藤田・熊手村からなる黒崎の町が成立した。『全誌』には黒崎築城のとき、隈崎・山寺から民家を移住させ、藤田・熊手村を立てたという。

黒崎東方の豊山八幡宮からのびてきた街道が、市立八幡病院裏でとつぜん方向転換するのは、黒崎の町建てにともなう街道付替えの結果と考えられる。またこのことは、直進して「古道」につながる上記の道こそ、慶長九年以前の幹線であることを示している。

一方、山すその鳴水村は、天正年間すでに熊手村の内に名がみえる（『指出前之帳』）。慶長年間に熊手村から分村したというから、この間に発展した集落である。ここを開墾したのは古海彦左衛門という人物で、父親は国人の麻生氏の家臣という。

同家の伝えでは、慶長の中ごろ薩摩の島津氏が古海彦左衛門宅に来泊し、弟の仁兵衛が英彦山参拝の案内をした。黒崎宿成立のあと、仁兵衛は黒崎に別家したが、このときの縁で薩摩藩から扶持を与えられたという。

その後、安政六年（一八五九）に当主の薩摩屋仁右衛門が島津氏に差出した書状には「先祖古海彦左衛門は鳴水村に住居する農民に御座候。此頃までは別紙図面の通りに鳴水村は往還筋に御座候」とある。「別紙図面」は伝わらないが、慶長の中ごろすでに鳴水が「往還筋」にあり、島津藩主が宿泊できる宿駅であったことが推定できる。

鳴水は台地上にあり、水田耕作には不向きだが、東西を高低差のある谷に限られた。要害の地である。集落の背後、標高三五一㍍の山頂にある花尾城跡は、秀吉の九州平定まで麻生氏の拠点であった。

今日、山頂から南の谷ぞいに鳴水集落に下る道があり、「明治二万」地図では、幅広の道路と標示されている。地図をみるかぎり、集落は「古道」ではなくこの道に沿って発達している。宿駅としての鳴水は文禄・慶長期の比較的短期間であったと思われるから、鳴水集落はほんらい花尾城の山下町として成立した可能性もある。

写真41．古道と「古官道址」碑（八幡西区）

八幡の「古道」をたどる

以上、慶長のころの八幡の街道を、古図や文献を手がかりに考えてきた。図にある「古道」を現地にたどれば、JR八幡駅付近から黒崎の幸の神まで、近世の長崎街道とは別の経路が復元できる。

実際に現地を歩けば、道はいくつかの尾根に直交し、地形を無視して延びる。途中あまりの急勾配のため、車輌は通行できず、階段道となる。河頭《ごうとう》町には「古道」の名残があり、市教育委員会による「史跡　古官道址」の石碑が立つ（写真41）。ただし用語は『全誌』のいうそれであり、今日用いられている「古代官道」をさすものではない。

またこの道筋は、宿駅の鳴水以外は途中の集落をむすぶものではなく、一般の生活道路ではない。このことから、「古道」は自然発生的ではなく、ある時期に明確な目的をもって開かれた道路と考えられる。その下限は慶長九年の街道付替え以前であり、古代官道とのかかわりも考慮すべきかと思われる。

また、秀吉軍も当然このルートを通過したと思われ、そのときにあらためて整備された軍用道路すなわち「文禄太閤道」の可能性もある。現段階でその伝承は見い出せないが、宿駅的な鳴水村が慶長期に急発展したことを思えば、ここに見てきた「古道」が秀吉の時代の幹線であったことは確実であろう。

では「幸の神」から先の地域と「古道」はどのようにつながるだろうか。八幡西区馬場山付近には秀吉軍通過にかんする信頼性の高い史料や伝承があり、「古道」からこの地にいたる道の存在が考えられる。『慶長筑前国絵図』には、すでに熊手・藤田村から下上津役《しもこうじゃく》村（八幡西区）・香月町（同）をへて木屋《こやの》瀬《せ》村にいたる幹線が描かれており、なかでも香月が「町」であるのに注意したい。

香月の名は勝木荘として『吾妻鏡』にも見え、源（香月）氏が代々地頭職を受け継いできた地である。域内には香月氏館伝承地や白岩中世墓跡などがのこる。文明十二年（一四八〇）六月にこの地を旅した連歌師飯尾宗祇は、十四日は「こやの関（木屋瀬）」で「草の枕を結」び、翌十五日は守護代館の「傍の禅院」に宿泊している（『筑紫道記』）。

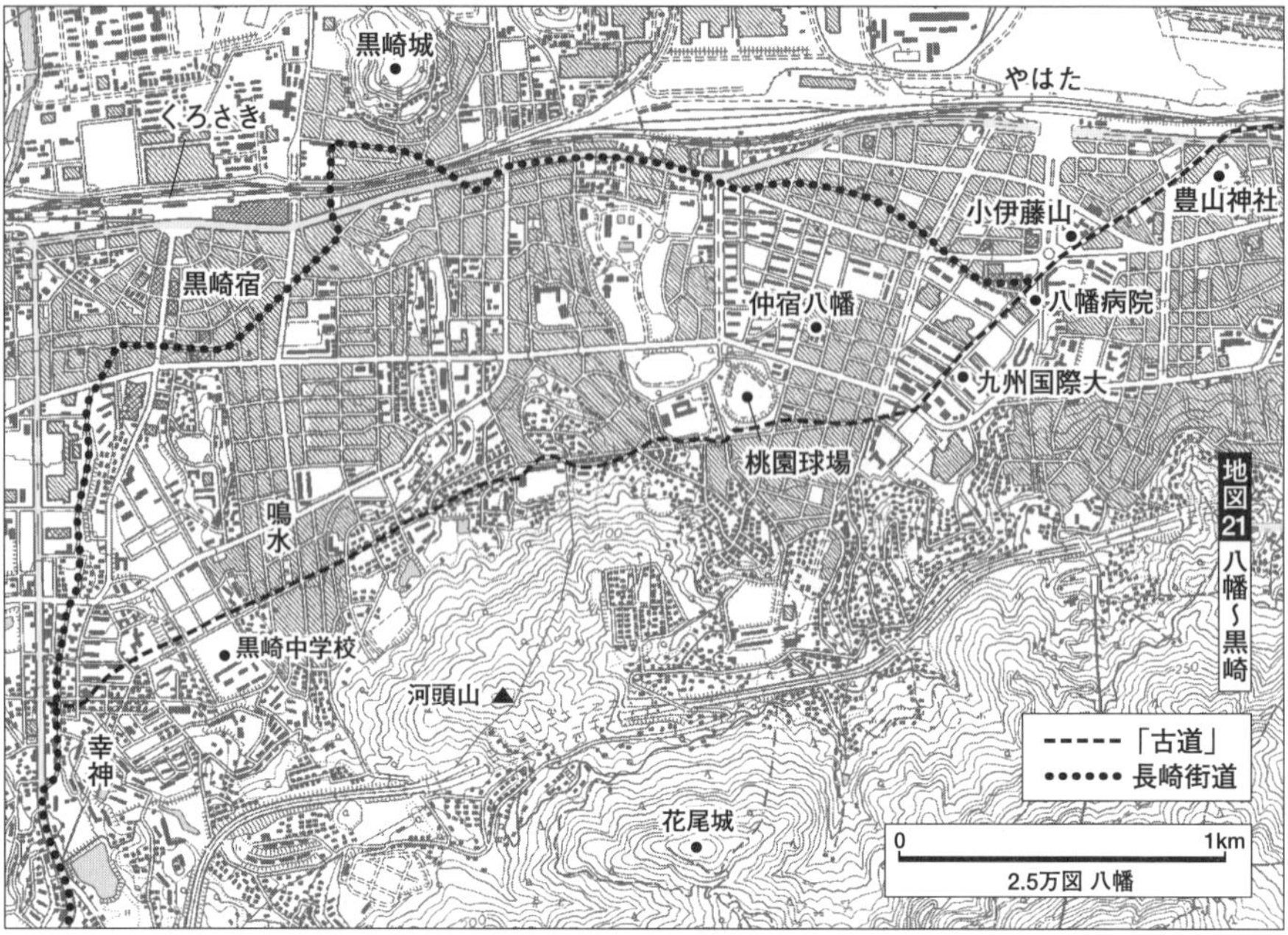

地図21 八幡〜黒崎

このときの守護代館と禅院は香月地区に比定されるが、その後街道の付替えがあったらしく、近世長崎街道は地区の東方を迂回して通過する。別項でもふれるが、馬場山の香徳寺は、名護屋城にむかう途次の徳川家康にかかわる伝承をもつ。同寺の山号は「古道院」であり、もとは長崎街道ちかくにあった。近世初頭、この一帯も街道の改変がおこなわれたことが推測され、興味ふかい。

また、この地域の交通路については、郷土史にくわしい竹中岩夫氏の考察がある。氏によれば、中世の幹線は幸の神付近まではほぼ「古道」と同じとする。これより先は京良城《きょうらぎ》集落・陣屋池付近を通過、上の原の菅原神社（涼天満宮）前から西に転じて下上津役集落に入る。その先は金山川《きんざんがわ》にそって南下、茶屋の原・木屋瀬に到るのでは、という。

この想定では、幸の神付近から長崎街道ぞいに二・五キロほど南下し、西に折れて丘陵地を尾根づたいに金山川流域の平地に降り、下上津役集落から木屋瀬へ南下する。下上津役を東西に縦断する道は「内宿通り」または「底井野往還」などと呼ばれ、福岡藩主が参勤交代に通行した近世の街道でもある。

以上のことがらをふまえ、竹中説も勘案すると、幸の神から馬場山までの近世以前の道はⒶ西進して里中付近に出る。ここから南下、上津役をへて馬場山にいたるⒷのちの長崎街道を南下、上の原から西に転じて上津役へ。ここから南下、の二経路が考えられるが、現段階ではいずれとも決めがたい（地図21）。候補の提示にとどめ、結論は留保したい。

2　遠賀郡の太閤道（福岡県）

洞海湾と遠賀川河口

遠賀川下流域とその東の洞海湾沿岸は、古代から遠賀郡（中世には御牧郡）というひとつの地域を形成していた。ここでは旧遠賀郡に属する若松（北九州市若松区）と、馬場山地区（八幡西区）にのこる秀吉の伝承を見てゆく。

九州の北端、東西に長く湾入する洞海湾は、その形から古くは「洞《くき》の海《うみ》」あるいは「大渡（済）川」と呼ばれた入り海である。近世以降の干拓がすすみ、現在ではせまい水路状だが、かってはいくつかの島を浮かべた広大な水域であった。

江戸時代初期には、今日では四キロほど内陸の蜑住《あまずみ》（北九州市若松区）付近まで、水面の幅が半里ほどもあった。蜑住は古くは「海士住」と書いたというから、文字どおり海士《あま》が住む海辺の地名である。

蜑住から西は江川と呼ばれる細い水路となり、水は丘陵地をぬって流れ、西の三頭《みつがしら》で遠賀川につながる。この水路もかっては幅の広い水道であり、その北は若松島あるいは山鹿島としてひとつの島嶼であった。これが近世初頭の福岡藩による遠賀川改修で、水道の西口が遠賀川本流と切り離された。その結果、海水の流通が阻害されて水路がやせ細ったと考えられている。

いま江川にかかる「汐分橋」があり、近くには「汐分地蔵」もあるが、これは干潮時にはここを境に川水が遠賀川と洞海湾にわかれて引いたことに由来する。水路は響灘の難所を通らずに遠賀河口にいたる安全な近道であり、

写真42．汐分橋付近の江川（若松区）

歴代の幕府巡見使もここを通って芦屋に出た。また近世の街道も、若松の洲口から小敷経由で芦屋（遠賀郡芦屋町）につながっている（写真42）。

芦屋は古代から岡の水門として、河川交通と海上交通の結節点であった。仲哀天皇八年、天皇が筑紫に行幸したとき、神功皇后は洞海湾から岡の水門に至ったという。伝説の信憑性はおくとしても、江川を経由するコースが格好の水路であったことをしめす説話である。

また縄文時代以来、遠賀川の河口が広大な入り海だったことは周辺の貝塚の分布からも知られ、「古遠賀潟」の名もある。そのなごりは文禄・慶長のころまでもあったらしく、『続風土記』には「文禄元年、秀吉公朝鮮に軍勢を渡し玉ひける時、此港に船をあつめて渡海させらる。（中略）此港近き世まで三頭の上、猪熊（水巻町）の辺まで入海ふかくして、大船滞りなく上下せしといふ」とある。当時ここが大型船も出入りする入江であり、朝鮮渡海軍が集結する戦略上の要地だったことがわかる。

小敷の太閤水

このような環境のなかで、若松区小敷の「字太閤水」には秀吉が掘らせたという井戸がある（地図22）。小敷はもと遠賀郡にぞくし、井戸は江川にそった地峡にある。『続風土記』には「小敷村の西四五町、洞の海の南側海辺にあり。道のほとりなり。小敷村の境内也。豊臣秀吉公筑紫に下り給ひし時、此所にて人をして地を掘らしめて水を得たり。頃刻に則石を畳て井とし玉ふ。後人是に依りて太閤水と号す」とあり、『拾遺』では「朝鮮征伐の時、神功皇后の佳例」にならって洞海湾から芦屋に至った折に秀吉が掘らせたという。

水は美味で、明治のころまでは酒造の用水にしたり、旱天には付近の四、五反歩の田畑をうるおしていた。また、地震の前には水に麺のようなものができて、震度の軽重まで予知できたと伝える。ある種の神聖視された井戸であったようだ。

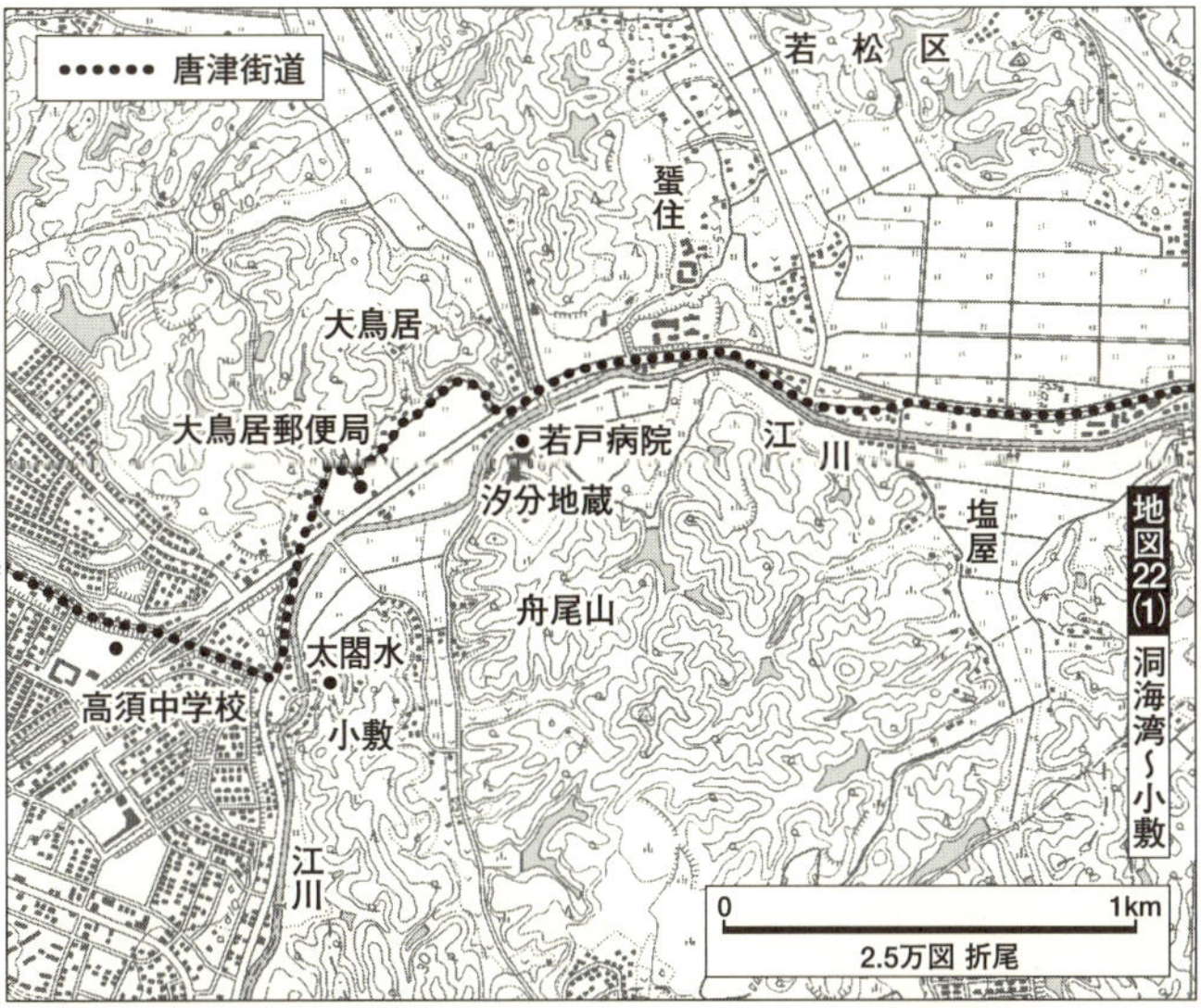

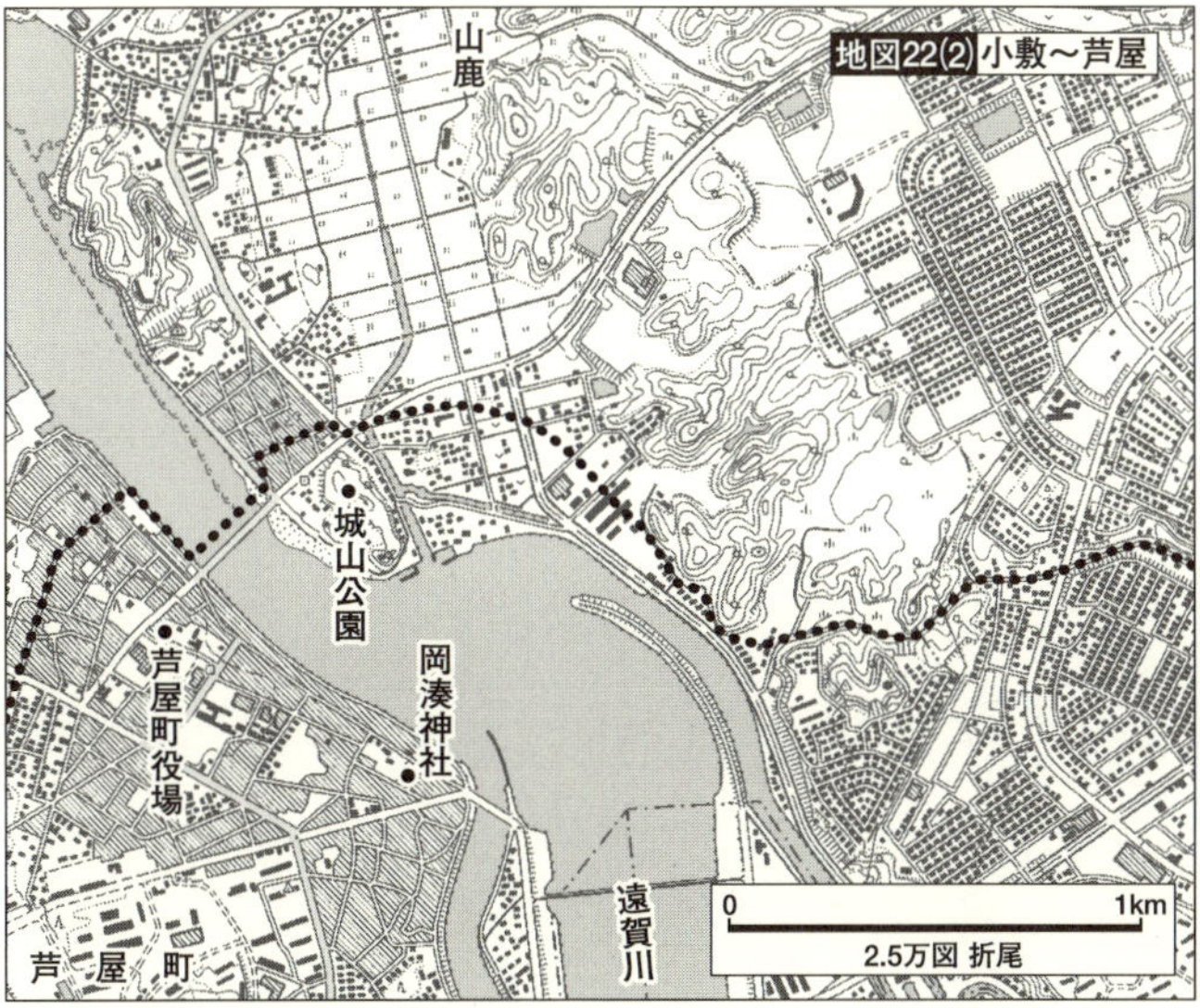

奥村玉蘭著『筑前名所図会』には、秀吉が僧形の人物に水を汲ませている挿図があるが（図13）、太閤水は小川のように描かれており、実地にそくした情景ではない。また、同書芦屋の図にも、遠景に「太閤水」が示されている。このほか『附録』の「洞海四方全図」には「太閤水」として井戸と石祠が描かれるなど、当時から著名な井戸であった。

この太閤水も、今日では鉱害のために昔日の面影を失っているが、江川に面した藤棚の下に切石を組んだ井戸が現存する。道路から井戸までは石敷きの通路であり、さかんに利用された往時がしのばれる。井戸の背後には大日

写真43．小敷の太閤水（若松区）

図13．『筑前名所図会』の太閤水

如来をまつる石祠がある（写真43）。

秀吉が掘った、あるいは飲んだと伝える井戸や泉は九州各地あり、いずれも「太閤水」の名がある。福岡県下の水にかんする伝説では弘法大師についで多いが、そのほとんどは口碑としてのみ伝わり、記録のともなう例は少ない。なかには明治期に太閤水と名をかえた福岡市長垂の「薬水」の例もあり、無批判に秀吉に結びつけることはできない。

そのなかにあって、小敷例は糟屋郡三代《みしろ》の太閤水とともに寛永五年（一六二八）の『飯胴水《はんどうすい》記碑』にみえ、江戸初期から存在したことの確実な例である。これによれば、秀吉は三代で飯胴水（太閤水）を得たあと、小敷におもむいて井戸を掘らせた。これが今日の太閤水という。

先にもふれたように、小敷は小倉から芦屋への近道にある。秀吉が洞海湾から芦屋に至ったとすれば、江川経由で遠賀川に出るか、あるいは小敷から北上する近世の若松街道経由で芦屋の対岸山鹿に到るかのいずれかである。当時広大だった遠賀川河口を大軍が通過できたかという疑問があるが、ここでは小倉・芦屋間の要地に太閤水があること、その伝承が確実に江戸時代初期にさかのぼることを指摘しておきたい。

茶屋の原の秀吉宿泊地

芦屋から約一四キロさかのぼった茶屋の原（八幡西区馬場山）は、秀吉が朝鮮出兵のおり立てた町であり、町の名はここに秀吉が休息した茶屋に由来すると伝える（地図23）。もっとも、この場合の「茶屋」とは大名などが休泊する施設をいう。

『続風土記』遠賀郡の項には「茶屋の原　馬場山の境内也。秀吉公朝鮮征伐の時、通

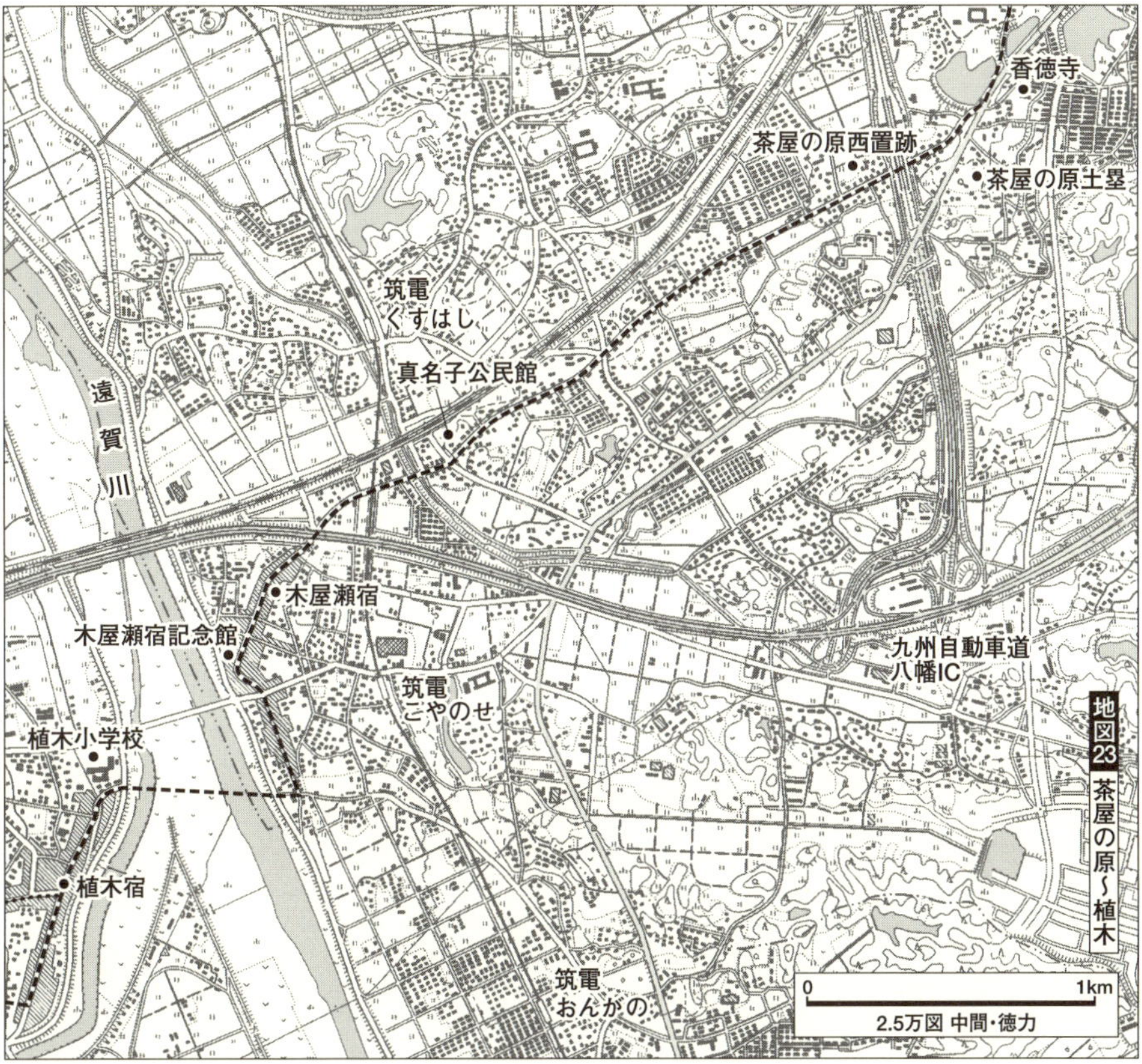

地図23 茶屋の原～植木

り玉ひしより立し町也。此時　秀吉公の休み給ひし茶屋址あり。其所は三十間四方ばかり土手を築廻せり。是よりして町の名を茶屋の原と云。(下略)」とあり、その後の『附録』や『全誌』から、茶屋跡に熊野神社が鎮座したことがわかる。

熊野神社は今日も同所に鎮座し、国道二〇〇号線が参道を横断している。現在は宅地化がすすんで土塁は残っていないが、古い字図と現地を参照することで復元ができる。馬場山村の旧字図では、熊野神社の位置にあたる「官有神地四二五番」と「神地四二六番」が一辺ほぼ五〇メートルの方形であり、これは「三十間四方」に相当する。

茶屋の原土塁の立地をみると、それが土塁前を通過する近世の長崎街道と密接な関係にあるのがわかる。木屋瀬宿から北東方向に直進してきた街道は、土塁の北西角の直前で急角度に折れ曲がり、北に方向を変えている(図14)。

いいかえれば、土塁は街道がコースを変える扇のかなめに位置し、街道を左右に見通せる立

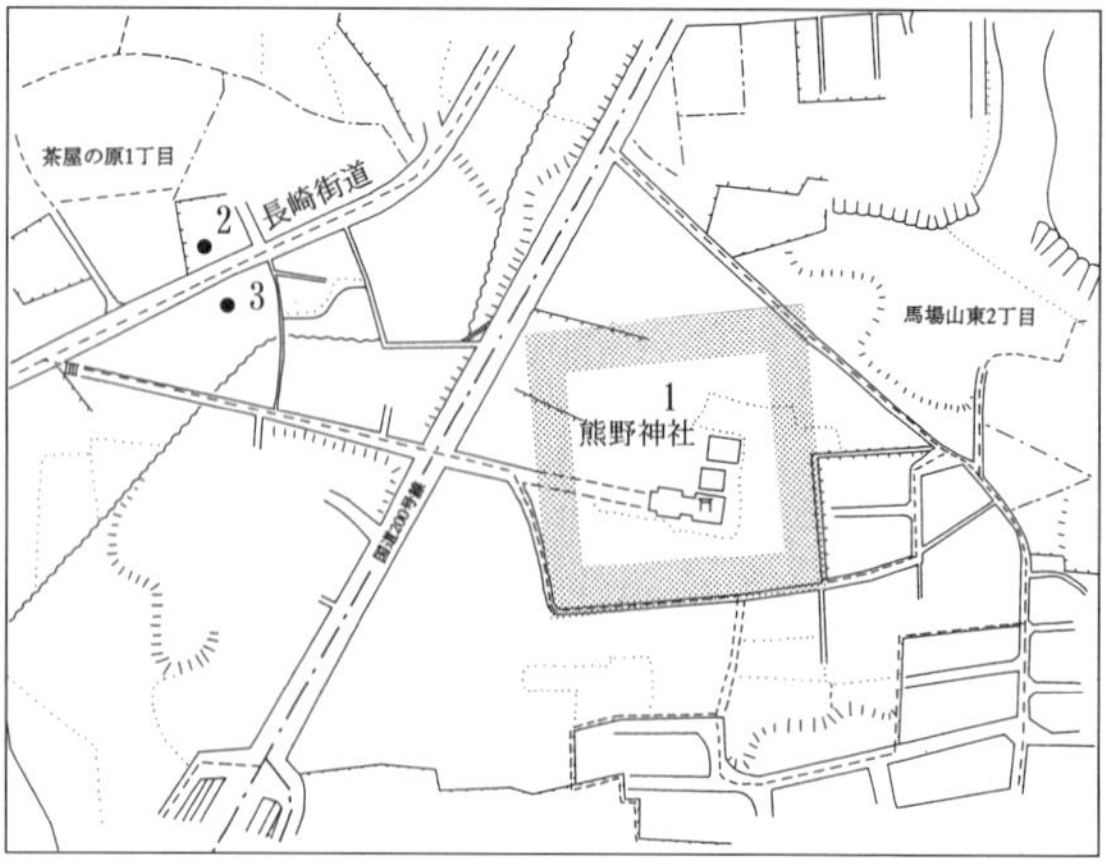

図 14．茶屋の原土塁と旧街道
1．茶屋原土塁　2．大日堂　3．島津天神跡

地にある。おのおのの道路はほぼ直線であり、自然発生的な道ではなく、あるとき計画的に新設または整備された道である。土塁の築造後、これを意識して、あるいは両者が同時に作られた可能性が高い。とすれば、道路と土塁は秀吉軍の通過にともなって作られたとも考えうる。

もっとも、方形の土塁は引野土塁（八幡西区）・光福寺土塁（直方市）など付近に類例があり、これらの築造年代と性格については、さきに論じたことがある（『地域相研究』26）。いずれの方形土塁も中世以前にさかのぼるようであり、茶屋の原土塁も秀吉のときに新築されたのではなく、以前からあったものを整備・再利用した可能性ものこる。

また『続風土記』が、茶屋の原を「（秀吉公の）通り玉ひしより立し町也」というくだりには注目したい。文字どおりに読めば「通過によって町建てされた」の意味だが、その具体的内容や契機はどのようなものだったろうか。

茶屋の原土塁の南西三キロには、近世長崎街道の木屋瀬宿がある。文明十二年（一四八〇）には連歌師の飯尾宗祇がここに宿泊しており、このころすでに宿駅およびそれにつながる街道が成立していたとの見方もある。とすれば、秀吉軍はなぜすでにある宿駅に入らなかったのか。あるいはこの時期、木屋瀬宿はまだ未成立だったのか。大いに疑問がもたれるところだ。

茶屋の原町立ての参考となる事例は『信長公記』にある。天正十年四月、武田勝頼を討伐した信長が帰還するとき、徳川家康は信長の宿泊地に「御陣屋丈夫に御普請申付け、二重・三重に柵を付置き、（中略）諸卒の木屋小屋千間（軒）余り、御先々御泊々々、御屋形の四方に作り置」いたという。茶屋の原「町立て」とは、このような宿営地がのちに補給地として恒久化した可能性もある。木屋瀬宿の成立と茶屋の原との関係については、つぎの「鞍手郡の太閤道」で再考したい。

徳川家康、馬場山に宿陣

土塁の北二〇〇㍍には、街道に面して、徳川家康ゆかりの浄土宗香徳寺がある。『香徳寺縁起』によると、本尊の阿弥陀仏は、はじめ前嶽山にあって雲取城主麻生氏の菩提寺だったが、雲取落城後は荒廃、草堂に祀られていた。文禄元年にいたり、肥前名護屋城におもむく徳川家康が「しばらくこの地に仮陣したまふ事ありしに、この尊像を拝して深く帰依」したという。

出発のとき、家康は黒崎弘善寺の信誉在道上人を招き、上人は路傍の石に立って十念を授けた。家康は馬上で片方の鐙《あぶみ》から足を外して礼に替え、短刀を下賜したという。ちなみに十念とは、南無阿弥陀仏を十回唱える行為である。短刀はその後福岡の円応寺の什宝となったが、現存しない。

また香徳寺境内には、かつて東照宮の小祠があったが、これも今日所在が不明である。同寺は昭和十年に現在地のやや南、字金剛坂から移転しており、それ以前の小祠については不明という。ただ庫裏の庭に石祠の屋根材とそれを利用した小祠風の石組みがあり、これが東照宮の遺材の可能性がある。

上記の縁で、香徳寺には家康の戎服騎馬図と衣冠の肖像おのおの一軸が伝わる。享和三年（一八〇三）に円応寺に伝わる画像を写したといい、保存もよい優品である。このとき上人が立った石は今日「十念石」として長崎街道沿いの大日堂に祀られている。この故事のあと、草堂は信誉上人によって香徳寺となった。同寺の山号が「馬場山古道院」であり、創建が文禄年間というのは、おなじ時期の茶屋の原の町立てなど、街道の整備と考えあわせて示唆的である。

島津氏、秀吉を供応

また十念石のある大日堂の正面には、かつて「島津天神」という祠があった。これは文禄の役のとき「仮館を島津家より調進して太閤を待請し」たところという（『香徳寺縁起』ほか）。

社は寛永年間に茶屋の原土塁内に移され、跡地は住宅地になっている。その位置は旧馬場山村字宮之脇（茶屋の原二丁目一八・一九一帯）にあたる。これは熊野神社の参道と旧長崎街道にはさまれた三角形の土地である。また参道は茶屋の原土塁の西辺中央から延びて街道につながっている。したがって、参道はほんらい土塁と街道を結ぶ通路であった可能性がたかい。

また島津天神社跡地の西方四〇〇㍍の「茶屋原西遺跡」からは、近世初頭の大型家屋遺構が出土している。屋内には作業場と、埋甕として使用された多数の備前焼大甕があり、本格的な商家のあったことが推定されている。文禄・慶長のころ、木屋瀬に隣接して別の町場があったわけで、茶屋の原の町立てが秀吉の朝鮮出兵の折という伝承も根拠をもつこととなる。

二経路の太閤道

以上みてきたところから、想定される秀吉の行程には二経路があることがわかる。ひとつは小倉から洞海湾をへて小敷・芦屋にぬける水辺の道、他のひとつは近世の長崎・赤間街道と重複して茶屋の原を通過する内陸の道である。

いっぱんに筑前の長崎街道の開通は慶長十七年（一六一二）ころとされているが、これは冷水《ひやみず》峠の開削により、御笠・穂波の両郡がつながったことをさす。これに先立って域内の道路網が成立していたことは、木屋瀬から長尾（嘉穂郡筑穂町）をへて大宰府に旅した宗祇の『筑紫道記』からも知ることができる。

したがって、これより百年のちの文禄・慶長のころには、小倉から木屋瀬にいたる街道の整備は一定段階にあったと推定できよう。とすれば、肥前名護屋城に向かった秀吉や、諸大名の軍勢が茶屋の原を通過したという伝承は、あながち無視できないことになる。これについては、次節で再考したい。

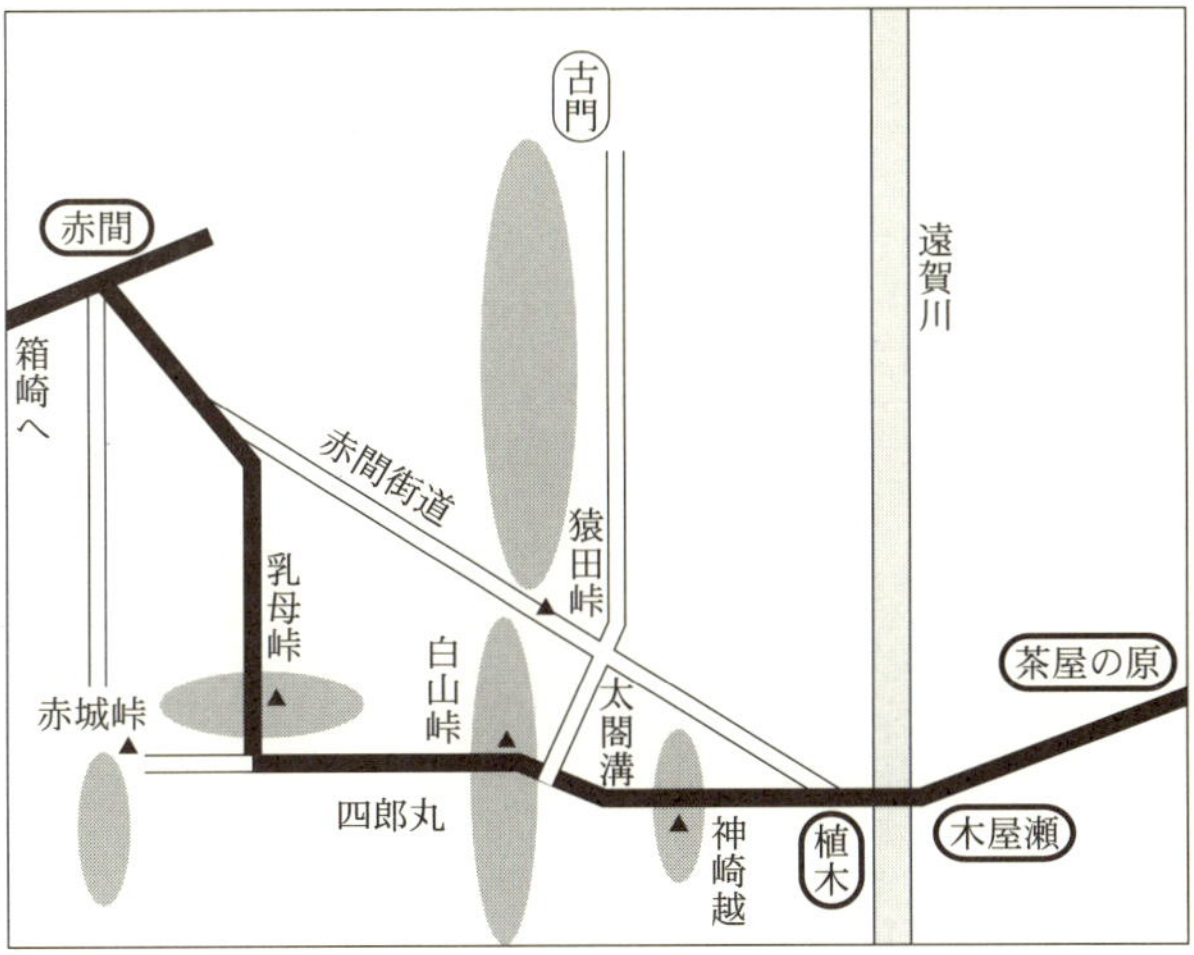

図 15.　鞍手の太閤道概念図

3　鞍手郡の太閤道（福岡県）

鞍手郡の太閤伝承

鞍手郡は筑前の東部、遠賀川中流にあり、北は遠賀郡、西は宗像・糟屋の両郡に接する。遠賀川支流の西川・犬鳴川ぞいの小平野に位置する鞍手・宮田町にかけて、太閤道の伝承がある。南に接する直方市も旧鞍手郡域であり、おなじく秀吉通過の伝承が残るから、ここではあわせて取り扱う。

『続風土記』には「太閤道　四郎丸村、倉久村の境なる道を太閤道という。秀吉公、朝鮮征伐のため肥前名護屋に下りたまふ時、通りたまひし故、この名あり。昔の道筋は芦屋より鞍手郡古門《ふるもん》へ行、それより南の嶺を越へて四郎丸、倉久へ下り、四郎丸村の枝村満願寺の辺よりまた西の方の高き山に上り、下りて赤間の駅の東に出つ。これ秀吉公の通りたまひし古道なり」とある。

これを現在の地形にあてはめると、遠賀川河口の芦屋から南下して、鞍手町北部の古門に入る。さらに「南の嶺を越へて」宮田町の四郎丸・倉久に下る。「南の嶺」とは鞍手・宮田町の境をなす標高一二〇㍍の白山峠と考えられ、近世以前の主要な古道である。『続風土記』によれば、太閤道は鞍手町を西川ぞいに南下し、八尋から西に折れ、宮田町に抜けたことになる（図15）。

一方、これとは別の経路を示す史料もある。鞍手町八尋の『田代文書』

には、「豊臣太閤秀吉公、朝鮮征伐肥前名護屋城に進発したまふ時、この時植木赤間の両駅の間、並方連道の先駆となる。八尋邑の内、白山越えこれなり」とある。

並方は、当時の龍ヶ岳城主杉権頭連並の被官日高並方で、のち田代氏に改称した。これによると、秀吉が名護屋城にむかったおり、土豪の日高並方が先導をつとめた。その道筋は『続風土記』のいう古門経由とはことなり、植木（直方市）から八尋の白山峠を越え、赤間（宗像市）に至ったという。

近世以前、植木・赤間間の街道が白山を経由していたことは、べつの史料からもうかがえる。宝永二年（一七〇五）の『弁財天縁起』には「この道（筆者註・鞍手・赤間間の道）博多に通じ、昔は白山峠より赤木を経て赤間に通じたり。近代黒田の君、其の道の遠近をはかり、この道を作りしとなり」とある。

『弁財天縁起』にその年代の記述はないが、『慶長筑前国絵図』では、猿田峠経由の近世赤間街道のルートが示されている。したがって、白山峠経由の道はそれ以前の幹線である。街道付替えの時期を具体的にしめす史料はないが、福岡藩は慶長六年に福岡城を築き、同時に黒崎城（八幡西区）鷹取城（直方市）など、いわゆる筑前六端城《ろくはじょう》の修築をおこなった。福岡と筑前東部をむすぶ街道の整備は、このころであった可能性がたかい。

したがって、文禄・慶長期の日高並方も白山越えを通ったことになるが、史料には白山峠とあっても赤木峠の記述はない。始点と終点は明確だが、途中を欠くといえる。これについては後でふれることとし、ここでは秀吉行軍路の起点を植木とする点に留意したい。ではこの時代の植木とはどんなところであったか、以下にこれを見よう。

植木というところ

この時代の博多・小倉間の幹線は、宗像郡赤間から遠賀郡芦屋を経由すると考えられており、事実、秀吉もこの道筋を往来したと伝える。ところが一方で、赤間から鞍手郡の植木を通過する道もあったことが知られる。

植木は遠賀川の中流、犬鳴川との合流点に位置する。十世紀末の正暦年間には大宰府観世音寺領「植木荘」の名が見え、十二世紀以降は左大臣藤原頼長など、中央権門の所領となっていた。くだって永享十一年（一四三九）の

『大内氏掟書』には植木庄百姓の逃散に関する記述があり、この時期植木は大内氏の支配下にあったことがわかる。

植木はまた遠賀川水運の川港であり、河口の芦屋とともに空也上人の念仏踊りに由来するという「植木役者」の根拠地でもあった。近世では対岸の木屋瀬につながる赤間街道の宿駅であったから、古くから東西の水陸交通の結節点である。

秀吉が九州に下向する直前のころを見れば、永禄十一年（一五六八）九月、毛利輝元・元就が連名で家臣の佐藤元実に「植木庄其外闕所」の諸年貢取り立てを厳命しており、植木は大内氏から毛利氏の支配下に移っていた（『萩藩閥閲録』巻九七）。

永禄十二年から翌年十月にかけては、毛利氏が筑前立花城（糟屋郡）を攻めた時期にあたる。十二年三月に小早川隆景が秋月氏に書状を遣わしたときには、使者に「植木之者一人」をつき添わせ、五月に毛利元春が山鹿（遠賀郡芦屋町）から荷物を取り寄せたときには「植木の馬拾疋申しつけられ候」とある。

そのほか同書には「植木人質之事」「植木別当之儀」など、興味ふかい文言が散見する。これら一連の史料については阿部秀明氏による考証があり、同氏は植木を毛利軍の兵站基地と位置づけている。

いずれにせよ、当時の植木がたんなる集落ではなく、流通や行政の一端をになう、拠点的な町場であったことが推測される。

文禄・慶長期の宿駅・植木

朝鮮出兵の最中の文禄二年秋、常陸佐竹氏の家臣らが肥前名護屋から立ちもどった時の記録『大和田近江重清日記』には、その経路が書かれていて参考になる。名護屋を明七つに出発した大和田重清ら一行は、唐津をへてその日は浜窪（糸島郡二丈町）に宿泊した。翌日は博多を通過、その先八里の「上木」に泊まり、翌日六里の距離にある小倉に到着している。位置と距離の関係からみて、「上木」は植木と思われる。

また、さきに「遠賀郡の太閤道」で、馬場山香徳寺に伝わる徳川家康の逸話を紹介したが、じつはこのとき、家

写真44. 植木・真如寺の縁起書（直方市）

康は植木真如寺に宿陣、法話を聞いたと伝える。延宝七年（一六七九）に書かれた『高尾山真如寺縁起』に見えるもので（写真44）、その時の住職、弾誉上人は筑前席田郡月隈村（福岡市博多区）の生まれ、永禄年間に三河国の大樹寺（愛知県岡崎市）で修学した。大樹寺は松平宗家（徳川将軍家）の菩提寺で、とりわけ家康との縁が深い。

永禄三年の桶狭間合戦で今川義元が討たれたとき、今川方の部将として出陣していた家康はわずかの近臣とともに大高城から大樹寺に逃げ込んだ。野武士にかこまれ自害しようとした家康は、住職の登誉上人に諭されてこれを思いとどまったというから、弾誉上人との接点も、すでに大樹寺にあった可能性がたかい。

そういえば、馬場山香徳寺の『戎衣騎馬図』にもある「厭離穢土　欣求浄土」の旗は、大樹寺登誉上人の筆跡という。年代的にみて、桶狭間合戦のおり、弾誉上人は大樹寺で修行中であったようだ。想像をたくましくすれば、真如寺で再会した二人は、堅苦しい法話などではなく、青年時代の昔話に花が咲いたのではなかろうか。あるいは桶狭間合戦の苦労話に及んだのかもしれない。

また植木の南、下新入《しもしんにゅう》長田原（直方市）は、朝鮮出兵のとき秀吉が陣を張ったところと伝える。（『真照寺記録』）真照寺の開基喜多村浄心はもと肥後の武士だったが、長田原に宿陣したとき「ある動機から」出家し、ここに庵室を結んだという。秀吉自身の宿陣はともかく、朝鮮出兵の軍勢がこの地を通過したことを示す逸話ではなかろうか。同寺には、浄心かと思われる肖像一幅が伝わる。

以上いくつかの例を見てきた。いずれの記事も文禄・慶長のころの植木が交通の要衝にあり、武士や大名の宿泊地であったことを示している。

新興の宿駅・木屋瀬

そこで問題となるのは、古くからの宿駅とされている対岸の木屋瀬との関係である。遠賀川をはさんで、二つの宿駅が併存してきたのだろうか。文献では文安五年（一四四八）の麻生文書に「木屋瀬津」が見え、すでにこの時期から麻生氏の水上交通の拠点であったことが推測されている。

また、九州中世の交通でしばしば引用される宗祇の『筑紫道記』にも、木屋瀬が見える。文明十二年（一四八〇）に大内氏支配下の筑前を旅した宗祇は、六月十三日に若松の浦（北九州市）に上陸、十四日に「こやの関」で「草の枕を結」び、翌日は守護代館の「傍の禅院」に宿泊した。

この守護代館を今日の木屋瀬の町なかにあったとし、木屋瀬宿の成立を漠然と古くとらえる見かたもある。しかし最近の木屋瀬宿本陣・脇本陣跡の発掘調査では、中世以前の遺物の出土はきわめて少ないことが知られた。むしろ守護代館や禅院の候補地としては、木屋瀬に隣接し、中世寺院や墓地が多く存在する香月地区に求めたほうがよさそうだ。

また鞍手郡若宮町の『有吉系譜』によれば、一族の瓜生氏は慶長前に木屋瀬に移り住んだが、当時の木屋瀬は「其時家居も少く、もとより宿にあらず」という状態であったという。

今日、木屋瀬宿記念館には備前焼大甕の完品が展示されている。酒や醤油を醸造した木屋瀬の旧家梅本家に伝わるもので、高さ一〇五㌢、肩の部分に「慶長三年」のヘラ書きがある。慶長年間、木屋瀬に一定規模の商家があったとする資料かとも思われるが、梅本家の屋号は「香月屋」という。名のとおり、ある時期に香月から木屋瀬に移転して来たようだ。したがって、この記年銘をもって木屋瀬宿成立を古く考えることはできない。

事実、宗祇自身も、木屋瀬で「草の枕を結ぶ」と記している。草枕とは旅寝あるいは野宿の雅語であるから、文字どおりに読めば、ここで野宿したことになる。『筑紫道記』はこの種の旅行記の常として宿泊先の人名や寺社名を丹念に書き留めているから、木屋瀬での「草の枕」のみが文学的修辞とは思えない。かりに野宿でなかったとしても、当時の木屋瀬はささやかな宿泊地にすぎなかったのではなかろうか。

「遠賀郡の太閤道」でも見たように、この地の秀吉通過にかんするエピソードは木屋瀬ではなく、その東方の茶屋

図16. 江戸時代の植木と木屋瀬（『筑前名所図会』）

の原一帯に集中する。この事実は、当時木屋瀬が宿駅としていまだ未確立だったことを示すと考えられる。宿駅としての木屋瀬の発展は、長崎街道が開通した慶長十七年（一六一二）ころ以降であり、元和九年に東連寺支藩領であった木屋瀬がのちに福岡本藩領に組み込まれたのも、長崎街道の発展にともなう木屋瀬宿の重要性の増大による結果と考えられている。

その意味で、宿駅としての植木と木屋瀬は、併存というよりむしろ幕藩体制の成立にともなう街道整備を境とした、新旧交代の関係にあったといえる（図16）。

鞍手町の太閤道と「太閤溝」

鞍手町内には秀吉に関するいくつかの伝承がある。まず鞍手町南部を横断する「太閤堂」(道)があり、これは秀吉が肥前名護屋城に行った時の道筋であるという(『西川村誌』)。その径路は直方市新入の神崎から鞍手町長谷・八尋を通り、白山峠を越える道という。また同書は、新入村神崎峠を越えるこの道筋は往古からの幹線であったともいう。

秀吉が白山峠を通ったとの伝承は、元禄二年（一六八九）の貝原好古『八幡宮本紀』に見える。近道ではないのだが、往古三韓を征伐した神功皇后の吉例にならって白山峠を通った、という。

また、同町南部の長谷地区には、「太閤溝」または「太閤堀」とよぶ遺構がある。丘陵頂部から裾にかけて斜面を溝状に掘りこんでおり、尾根から蛇行して下る道のように見える。頂部では溝底部の幅一・八メートル、深さ二メートルたらずだが、下るにしたがって深くなり、丘陵裾付近では切通しの深さ四メートル、最大幅約一〇メートルほどの大規模なものである。

しかし水田におりてからは、これにつづく道路状の遺構はなく、明治時代の字図でもそのような地割りは見られない。水路跡でもなく性格不明の遺構だが、地元では秀吉行軍の跡としてこの名で呼びならわしている。

長谷の太閤溝を登って尾根を越せば、ただちに神崎（直方市新入）をへて植木に下る谷筋の道に出る。同様の遺構は小規模ながら西方の西の原地区にもあるというが、現在では所在を確認できない。

これとよく似た溝状の通路は、糸島郡二丈町の「太閤道」にもみられる。この方には秀吉通過の伝承が伝わり、秀吉宿泊地の深江町への経路上にある。今後は両者の比較検討が必要だが、これを見れば長谷の太閤溝も「山中の切通し道」と判断できるようだ。

また、一里塚の伝承もある。『西川村誌』には「長谷本村の東北の田間」に秀吉の朝鮮出兵のおりの一里塚があるといい、「鞍手郡誌」もこれを引用した後に続けて「古は村の東北の山下に道路ありて、これより八尋村の白山に越えたり」とのべる。一里塚の位置は今日不明だが、このような伝承があったことに留意したい。

鞍手町内の複数の経路

以上、口碑をふくめて、地元に伝わるところを見てきた。これらをふまえると、秀吉が通ったという道について以下の複数の経路が想定される。

Ⓐ『続風土記』のいう道。鞍手町古門から南下して西に折れ、「南の嶺」（白山峠）を越えて宮田町四郎丸に出る。

Ⓑ『田代文書』『西川村誌』にいう道。直方市神崎から西進し、鞍手町長谷を通り白山峠を越える。遠賀郡の太閤道を考えあわせると、

Ⓑ1　芦屋（水路）→茶屋原→木屋瀬→植木→神崎→長谷→白山峠

Ⓑ2　黒崎方面（陸路）→茶屋原→木屋瀬→植木→神崎→長谷→白山峠

の二経路が想定される。

まず、近世以前の遠賀川の流路を考えると、古門の地名が現れるのにはそれなりの理由がある。現在の遠賀川の

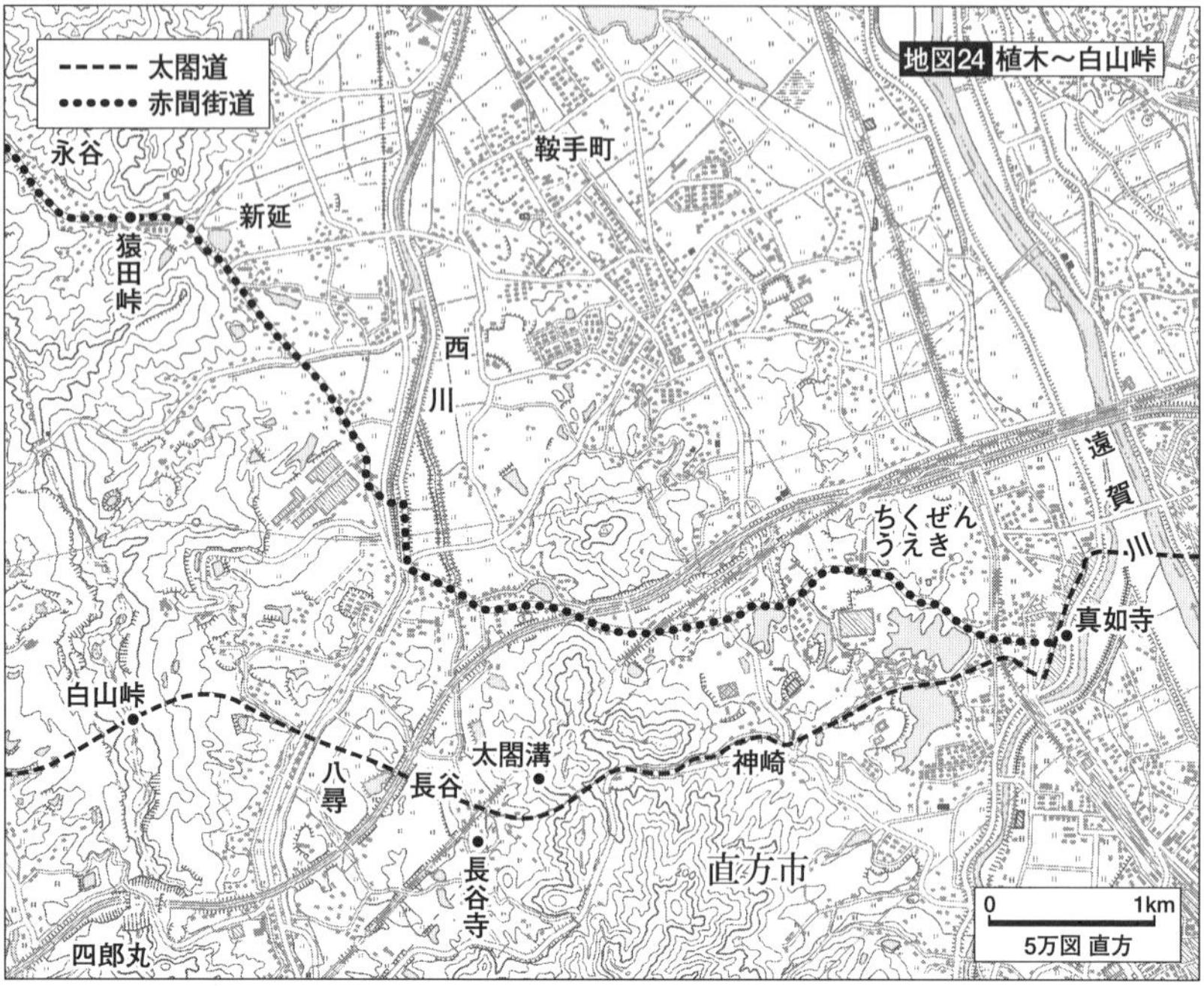

流路は福岡藩による数度の大改修の結果であり、それ以前は古門地区から虫生津《むしょうず》（遠賀郡遠賀町）にかけて流れていた。また、先にものべたように、当時、河口は広大な入江であった。秀吉が洞海湾から若松・小敷をへて芦屋に出たとすれば、この入江を通り、古門あたりに上陸したとしても不自然ではない。この場合、「続風土記」のいうⒶルートである。

『鞍手町誌』はⒷ1ルートをとる。「古門を通ったというのは神功皇后伝説」として否定し、芦屋ー木屋瀬間は遠賀川を溯行したとする。木屋瀬から対岸の植木に渡り、神崎から長谷へ出、白山峠を越えて笠松へぬけた、とする。当時、白山神社は近郷五ヵ村の信仰を集めており、白山越えは交通の要路でもあったことも傍証としている。近世以降の交通と宿駅をふまえた見解といえる。

一方、神崎から鞍手郡以東の太閤道との接続を考えれば、Ⓑ2ルートも可能性がたかい。茶屋の原（八幡西区）周辺に秀吉通過の伝承が多いことは、先にものべた。植木の重要性は上記の通りである。茶屋の原から西にのびた道は、木屋瀬で遠賀川を渡り、対岸の植木にいたる。植木をへて神崎の谷筋を西に進み、谷奥の神崎越え（神崎峠とも）を越えて鞍手町長谷に下り、八尋から白山峠を越えて宮田町四郎丸に入ったと考えうる（地図24）。

このように複数のルートが想定されるが、往路・復路など、ことなった時期のルートが重複して伝えられたことも考えられ、にわかに結論は出し難い。つぎの宮田町の太閤道をふまえて再考したい。

宮田町の太閤道

白山峠を越えた太閤道は、旧四郎丸・倉久村の境の道を下る。満願寺をへて「西の方の高き山に上り、下りて赤間の駅の東に出」るというが（『続風土記』）、「西の方の高き山」がどこをさすのか不明である。

従来は西方の赤木峠を通ったとされてきたが、ここは標高一三七㍍の鞍部にすぎず、標高四〇㍍の四郎丸からみて、とうてい「高き山」とはいえない。また『続風土記』は太閤道のつぎの項で赤木峠を記述しているから、「西の方の高き山」はあきらかに別の場所である。西南には神功皇后伝説のある靡山（二九六㍍）があるが、旧道もなく、方角もことなる。

そこであらためて『続風土記』を読みなおすと、「南の嶺」に相当する白山峠は古門から見れば南だが、登り口である八尋側からは西であることに気づく。つまり、しめされた方位は、実際とは時計廻りに九十度ずれている。このことをふまえて、西を北に修正すれば、「高き山」とは満願寺北方、標高三二五㍍の権現山（新立山）をさすことになる（写真45）。

山の鞍部には宗像に通じる旧道「乳母《ほば》峠」があり、峠には名の由来の乳母地蔵が祀られている。天文年間の宗像大宮司後継者をめぐる内紛「宗像騒動」のとき、主君の乳飲み子を抱いた乳母がこの峠で追っ手に殺害されたと伝える。これをあわれんだ村人は幼児を抱いた石地蔵を刻んで祀った。乳のでない母親が詣ると霊験があるという。峠が宗像・鞍手をつなぐ道であったことをしめす伝説である。峠を下れば平山・吉留をへて「赤間の駅の東」に出る。したがって、このルートが最も太閤道の可能性が高いといえる。今日ではまったくの山道だが、戦前まで往来

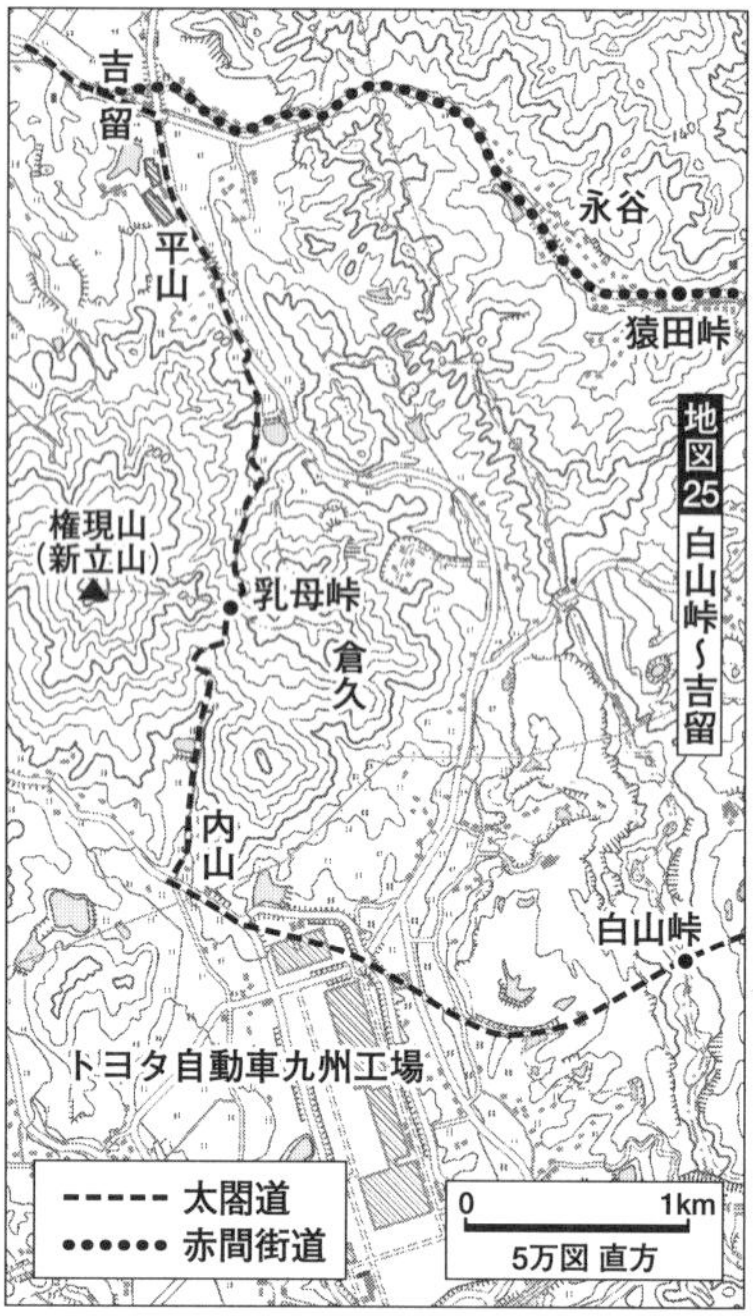

写真45．権現山の遠景・鞍部が乳母峠（宮田町）

はひんぱんであったといい、明治三三年測の五万分一地図では、峠道は赤城峠とおなじ道幅に表現されている。

このようにみると、『続風土記』のいうⒶルート、すなわち古門から南下してきた道はここでふたたび北にUターンすることとなり、きわめて不自然である。したがってこれらの道筋を勘案すると、鞍手郡の太閤道は古門から南下する道ではなく、植木から神埼→長谷→白山峠→四郎丸→乳母峠のルートと思われる（地図25）。

《コラム・歴史をくりかえす話》

秀吉が肥前名護屋に向かったとき、「神功皇后の吉例にならって」白山峠を通ったとの伝承を紹介した。元禄二年（一六八九）に貝原好古が書いた『八幡宮本紀』に見えるものだが、その行動にはたんに伝説と見過ごせない問題がありそうだ。

過去の歴史的行動をなぞることで、自らの行動を正当化しようとしたことには前例がある。そのひとつは秀吉が討ち果した明智光秀にある。よく知られているように、光秀は天正十年六月二日の早暁、本能寺の織田信長を襲撃した。このとき光秀は領地の丹波亀山から桑田郡篠村（亀岡市）をへて桂川を渡り、京へ侵入している。ところがこれには先例があり、元弘三年（一三三三）に後醍醐天皇を討伐にむかった足利尊氏は、おなじ篠村の篠八幡宮で幕府に反旗をひるがえし、京に乱入して六波羅探題を攻め滅ぼした。

小和田哲男氏によれば、明智光秀が信長を討ったときの行動パターンは尊氏のそれと酷似するという。地元の伝承では、光秀が重臣たちにはじめて謀反の企てを打ち明けたのが篠八幡宮であるといい、これはさきの尊氏の行動とおなじである。光秀はここから一気に京へ向かうが、これも尊氏とおなじコースだったという。尊氏・光秀は源氏、六波羅探題・織田信長が平氏であることを見れば、これは光秀が自分自身を足利尊氏になぞらえようとした行動にほかならないことが理解できる。

そこで小和田氏は、光秀が尊氏の挙兵の歴史に精通しており、自己の行動を正当化するために歴史をくりかえそうとしたのだ、と結論する。

ふり返って秀吉の白山越えをみる。後節の「箱崎の太閤道」でもふれるが、秀吉は朝鮮出兵の正当化のために、当時西国武士のあいだに浸透していた八幡神信仰を最大限に利用し、朝鮮出兵を「三韓征伐」という先例のあるものとして宣伝した。神功皇后伝説と重ねあわせることで海外派兵の正当性を強化しようとした秀吉にとって、その道筋をなぞって見せるくらいのパフォーマンスは案外ありえたのではなかろうか。

蛇足だが、光秀が本能寺を攻めた時のコースは、通説では「老ノ坂」を越える丹波街道とされる。しかし一万もの大軍がひそかに京へせまれたかとの疑問をもった足利健亮氏は、北側の山地を並行する「唐櫃《からびつ》越」に注目する。この山道は『太平記』に京都急襲や夜陰にまぎれての敗走路として描かれ、隠密裏の行動のときの隠れ道であったという。さらに「唐櫃越」の西に続いて、その名も「明智越」の山道がある。光秀だけでなく、尊氏が通ったのもこの「唐櫃越」ではなかったかとの指摘は興味深い。

4　宗像の太閤道（福岡県）

宗像の街道と古官道

文禄元年四月、肥前名護屋城にむかう秀吉は、十九日に小倉に上陸、翌二十日には筑前赤間（宗像市）に進み、二十一日には名島（福岡市東区）に着陣した。この時に遠賀・鞍手郡を通過したという伝承は別項に述べたが、同様の伝承は宗像市郡にも多く残る。

宗像をふくむ箱崎・芦屋間の経路は、天正度の九州平定の帰路でもあり、伝承には慶長度と重複して伝わるところもある。このことを念頭に、まず宗像の古道を概観してみよう。

近世以降、宗像地域を横断する幹線は唐津街道である。江戸時代なかばの明和年間以降は、長崎街道の木屋瀬宿から分岐して赤間宿・畦町（宗像郡福間町）・青柳宿（古賀市）を通り、福岡城下をへて唐津にいたった。しかしそれ以前の幹線は、豊前小倉から西にすすんで筑前若松（北九州市若松区）にはいり、芦屋（遠賀郡芦屋町）から赤間へ通じる道であった。

その間の経路は、芦屋幸町の西構え口を出て南下し、航空自衛隊芦屋基地を縦断、粟屋で国道四九五号線と合流する。糠塚で分岐し、県道岡垣・宗像線を岡垣町山田まで下り、ふたたび分岐して海老津（遠賀郡岡垣町）にいたる。この先、JR海老津駅付近で旧国道三号線と合流。鉄道線路を左手に見ながら城山峠を越えると、宗像市に入る。現在の国道三号線はこれより平地に下るが、旧道は城山のふもとを八〇から九〇㍍の等高線にそって進む。古賀原溜池より先は福岡教育大学の敷地となって失われているが、旧道はこの付近から大学敷地を斜めに下り、赤間の町に入っていた。

一方、中世以前の幹線としては、大宰府から都に通じる古代官道が知られている。延喜式など、文献にもとづく

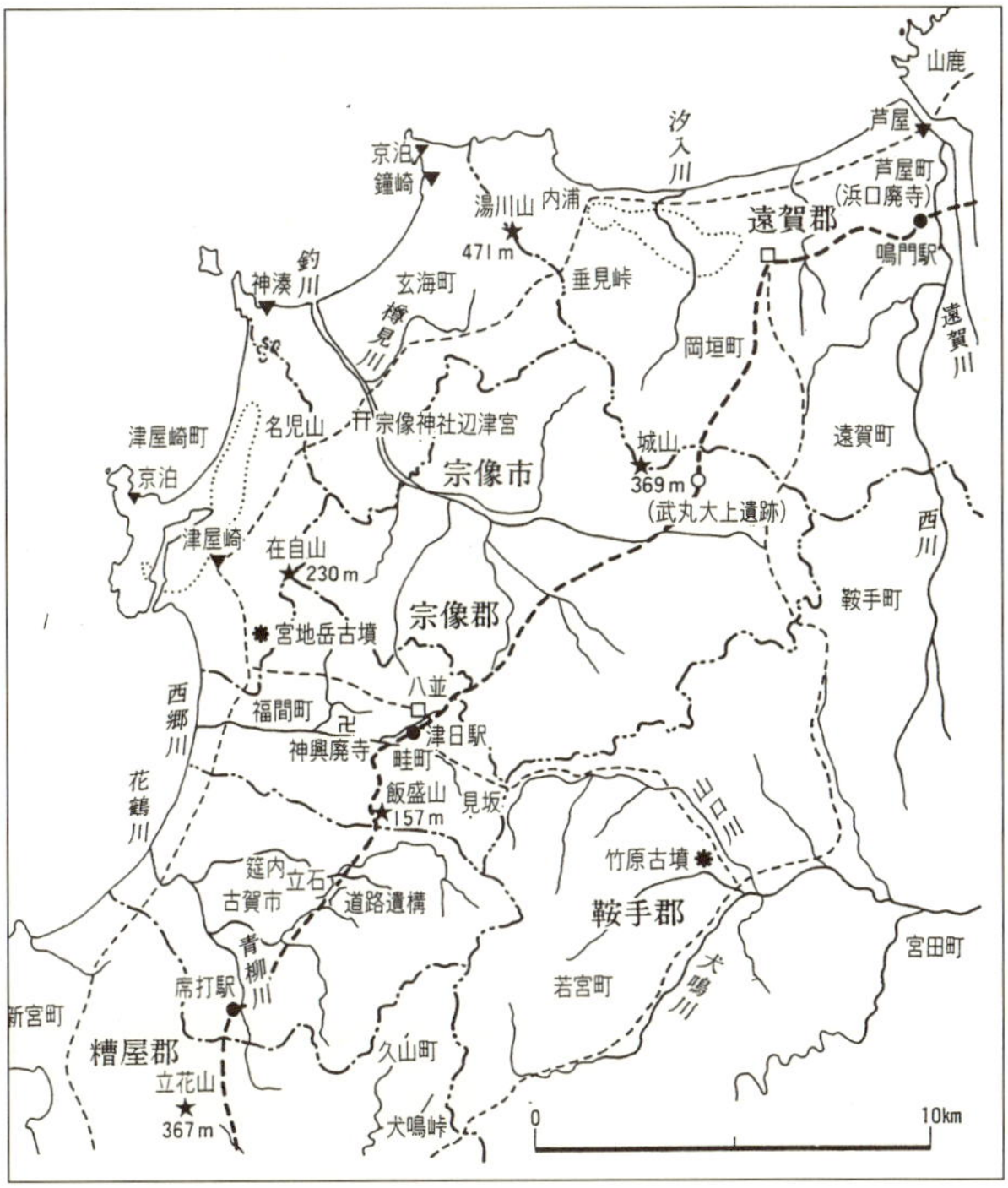

図 17．宗像地方の古代交通（『宗像市史』一部改変）

従来の研究では、その経路は島門駅（遠賀町島津）から垂水峠を越えて吉田・池田（玄海町）→名児山→福間（福間町）にいたり、海岸を南下して千鳥町（古賀市）→飛山越え（糟屋郡新宮町）から博多にいたる。いわば海ぞいの道である。近世初頭まではこの道が幹線であり、これが内陸に変更されたのは、秀吉の九州仕置の結果とされてきた。

これに対し、最近の研究では、地域を斜めに横切る内陸の道こそ古代官道との見解が示されている。近年の発掘調査によって、内陸部で瓦を出土する遺跡がいくつか発見されているが、木下良氏はこれを官衙的施設と想定し、駅跡に比定している。また、行政界や大字界のありかたなどの検証から、宗像地域の古代官道は多く旧唐津街道と重なる路線であったと推定、従来説かれていた海岸の道は官道とはべつの古道であるとしている（『宗像市史・通史編』）（図17）。

この古代官道が近世初頭にどのような状態であったかはよくわからないが、秀吉が箱崎・赤間を往来していることや、秀吉にちなむ伝承がこの道筋に残ることを見ると、のちの唐津街道の経路が当時においても主要な幹線であったことが推定できる。

正木喜三郎氏は、赤間宿から原町（宗像市）・畦町（宗像郡福間町）のあたりを「太閤道」とよぶとされており、このことを裏づけるようだが、とくに伝承の根拠を示されていないので、ここでは参考として掲げておく。

いずれにせよ、宗像地区の秀吉にちなむ伝承は、唐津街道ぞいに多く分布する。古代の官道が秀吉の九州進出・

写真 46. 赤間の城山（蔦ケ城跡）（宗像市）

朝鮮出兵のさいに大幅に整備拡張され、さらに近世の唐津街道にひきつがれたことは十分に考えられよう。

小倉から赤間への道

『菊亭記録二』には、文禄元年（一五九二）に秀吉みずからが朝鮮に渡ろうとして肥前名護屋に下向したときの記録がある。行程の前半が欠け、記述は簡略だが、「文禄太閤道・北路」を示す貴重な史料である。文献名『豊臣秀吉九州下向記』は新城常三校訂『近世初頭九州紀行記集』の仮題にならった。

『豊臣秀吉九州下向記』（以下『下向記』）では、同年四月二十日、秀吉は小倉を発し、宗像郡赤間に進んだ。赤間までの行程は「小倉ヨリ十里。小倉ヨリ五里来テ川（二）舟橋カカル、馬ハ乗渡也」と述べるが、経路の記述はない。

この時の一里は、同書に「川辺ヨリ名護屋マデ毎一里塚ヲ築、一里ハ三十六町也」とあるように、三六町（約三九〇〇メートル）である。『下向記』では小倉・赤間間の行程は三十九キロ強、その半ばの二〇キロ付近で渡河したこととなる。

一方、小倉・赤間間は直線距離で二七キロ強ある。その場合、小倉から一九キロ強の底井野（中間市）付近で遠賀川を渡り、その先七・五キロで赤間にいたる。これは単純に地図上に直線を引いた場合だが、旧地形や行程記事・計測値を案配しても、『下向記』の渡河地点は西（赤間側）に寄りすぎの感がある。

いずれにせよ、遠賀川をどのあたりで渡河したかは不明である。私見では、下流では当時の河口湖の末端ちかくの立屋敷（水巻町）・広渡（遠賀町）間、最も上流では「八幡の古道」とのつながりで中間（中間市）・底井野（同）間かとも思われるが、明確な根拠があるわけではない。

舟橋と馬の渡河の関係では、「乗馬ハ川ヲ渡ス」場合と「乗馬ハ乗渡ス」場合とがあった。前者は川を徒渉、後者は橋を通過と解釈でき、その川の深浅と関係するようだ。遠賀川の場合は後者であり、徒渉できないほどの深さであったようだ。

九州平定と宗像氏の衰亡

赤間は福岡・北九州両市の中間にあり、近年急速にベッドタウン化がすすんでいる。町の北には標高三六九㍍の城山がそびえ、山頂には大宮司家宗像氏貞の居城、蔦ヶ城跡がある（写真46）。

宗像氏は宇多天皇の子清氏親王の後裔と称し、筑紫に下っては宗像大社の大宮司として中世以来勢力をふるってきた名族である。今日のこる城跡は、永禄四年（一五六一）に氏貞が旧城を大修築したもので、東の遠賀川流域から宗像地域への門戸を扼する要害の地にある。山頂には東西五五㍍、南北二二㍍ほどの本丸をかまえ、東にのびる尾根上には多数の曲輪と堀切、山すその南に大手口、東に門司口をひらく大規模な山城である。

『宗像記』によれば、七十九代氏貞は天正十四年三月に病没したが、後嗣がなかった。喪をふせて家老以下による領内経営を行ったが、翌十五年三月、秀吉が赤間ヶ関に下向すると、これに下った。

秀吉の薩摩からの帰路には、総勢三十人あまりで筑後国の境まで出向いて迎えた。箱崎着陣の折には重臣の占部賢安と吉田重致（宗全）が拝謁し、呉服一重ずつを拝領したという。しかしその後の九州仕置の結果、宗像氏旧領はすべて召しあげられ、小早川隆景の所領となった。

秀吉は七月一日、箱崎を出発し大坂に向かったが、この折、赤間で一泊するので急ぎ城の掃除などをするようにとの申し渡しがあった。占部賢安らは城内を清掃し、打ち水をして秀吉一行を迎えた。出立に際し、秀吉は小早川隆景に蔦ヶ城の破却を命じ、翌十六年春、城の櫓や石垣は取り壊された。

三郎丸の太閤水

これらの史実を背景に、蔦ヶ城の麓、今日の赤間周辺には秀吉にちなむ伝承が多く残る（地図26）。

城山の西麓、宗像市三郎丸地区には「太閤水」と呼ばれる井戸がある。地区はもと三郎丸村であり、東に隣接する陵厳寺村とおなじく、旧唐津街道の赤間宿から分かれた鐘崎往還の道筋にあたる。

『続風土記』には、蔦ヶ城について「赤間山古城」とあり、「秀吉公天正十五年筑紫征伐の帰りに、此城に入り玉ふ

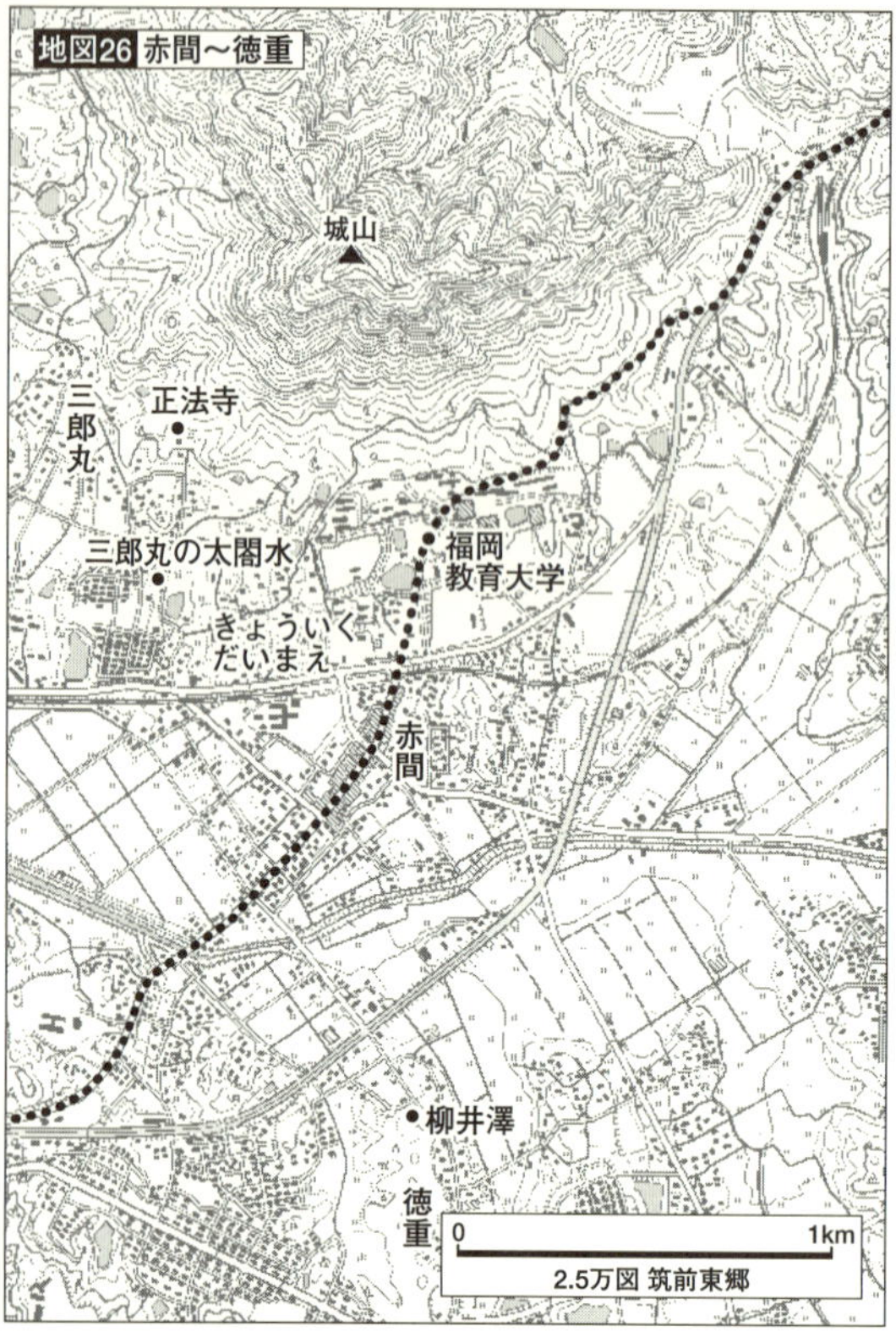

と云。一説楞（陵）厳寺村の正法寺と云浄土寺に一宿し玉ふ」とあり『拾遺』には三郎丸村の「太閤水」として、「高樹観音の下道の側に在。秀吉公、正法寺に一宿し給ひし時、点茶の水に汲み給ひし井といふ。清泉なり」とある。

城山西麓に現存する浄土宗正法寺は、建久三年（一一九二）の開基で、現在地には天文四年（一五三五）に移ったと伝える（異説もある）。寺伝では、秀吉が「朝鮮発向ノ砌《みぎ》リ、当寺エ滞在。建山田及当郡赤間駅迄横貳間ノ道路寄付」という（『寺院帳』）。

また高樹山観音堂は正法寺にぞくし、寛文十一年（一六七一）の開基と伝える。山号は福岡藩主黒田忠之の法号「高樹院殿」にちなむもので、忠之の持仏という千手観音像を本尊としていた。現在、観音像は正法寺に安置されている。

高樹山観音堂は今も三郎丸にあるが、もとは現在地より二〇〇メートルほど南の、現在のキリスト教会付近にあった。一帯はもと「高樹山」という丘陵地だったが、一九七〇年代のなかばころ宅地化され、この時、観音堂も現在地に移築された。教会の裏手、丘の斜面には今でも旧観音堂への参道石段が残っており、井戸はその石段の左手下にある（写真47）。

写真47. 三郎丸の太閤水（宗像市）

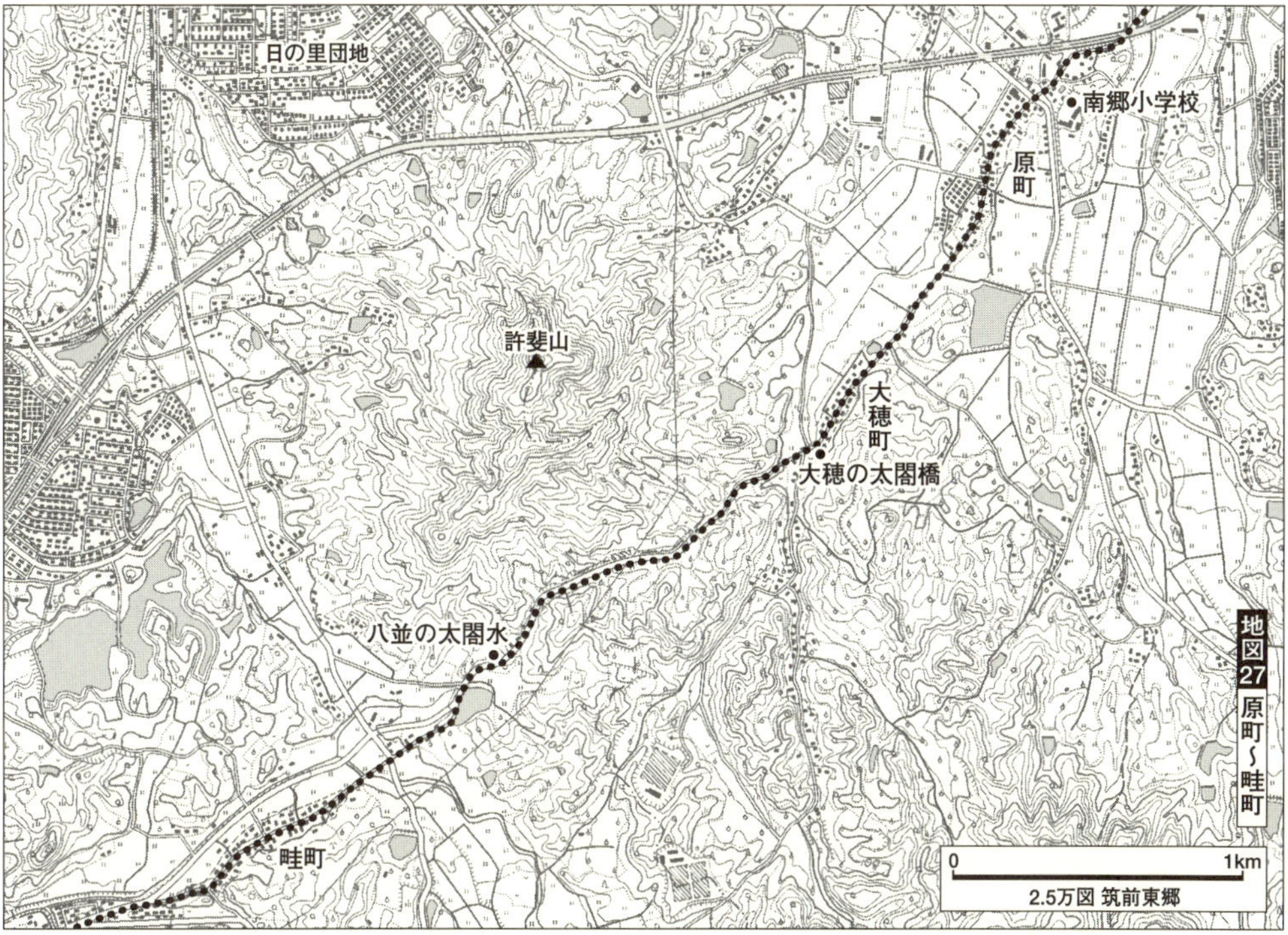

明治生まれの土地の古老山本敏美氏の話では、昔は井戸枠と覆いの小屋があり、「太閤水」としてよく知られていたという。参道は「高樹観音の下道」に相当する旧鐘崎往還に面しており、往来する人々ののどをうるおした井戸であったようだ。

現在、井戸は民家の敷地になり、家屋の裏手にかろうじて残る。地上部は密閉され、水は電動ポンプで汲み上げている。かたわらには以前用いられていた井戸枠の石が平積みされたままであり、「今も清泉なり」（『全誌』）という昔の面影がないのは残念だ。

徳重の太閤水

三郎丸の太閤水の南方一・五キロ、宗像市徳重には「太閤水」または「柳井澤《やないじゃく》」という清水がある（地図27）。『附録』にはじめてあらわれる記事で、「柳井澤といへる所に清水あり。太閤水といへり。昔、柳の大木の下より湧出せし故、ヤナ井ジャクと名付といふ。柳今はなし」とある。柳の根元からの湧水なのでこの名があるというが、これを太閤水とよぶ由来については記述がない。また『全誌』徳重村の項には、「柳井澤清水　柳井澤にあり。周一丈五尺、深四尺。水至て清冽なり。昔は大なる柳木の下より湧出せし故に柳井澤の名あり。其柳今は枯朽て根株のみ井の底にあり。水其空隙より出ず」とある。周囲一丈五尺は直径約二・五メートルであるから、井戸ではなく湧水の泉だったようだ。

現地は国道三号線宗像バイパスのすぐ南、徳重集落がある低い丘陵の裾で、小字名も柳井澤である。一帯は水質のよいことで知られ、柳井澤清水は墓地に上る坂道の脇、道端の草むらの中にある。現状は直径一二〇センチほどのコンクリート製の円筒形の井戸枠に、おなじコンクリートの無粋な蓋がかぶさっている。蓋にある円孔から小石を落とすと、すぐに水音が聞こえ、水位は高い。地元の話では、朝鮮の役の折にこの水で秀吉にお茶を献上したと伝えるが、「太閤水」の名は知らないとのこと。地元ではもっぱら「ヤナイジャク」で通っている。

写真 48．八並の太閤水（福間町）

八並の太閤水

赤間から旧街道を西に四キロほど進むと、大穂町（宗像市）がある。近世唐津街道にそった当時の町場で、いまも町なみに面影がのこる。町の西をかぎる高瀬川に架かる橋を大穂橋というが、現在のコンクリートの橋に架けかわる以前、地元ではこれを「太閤橋」と呼んでいた。橋下の川底と両側壁には、旧橋の石積みがよく残る。太閤橋の由来は、往時秀吉がここを通ったことにちなむという。栗石の石積みも近世のものらしく、太閤橋の名も口碑にあるだけだが、秀吉が通ったという伝承のなごりといえよう。

大穂をすぎると、八並地区（福間町）にはいる。近世の唐津街道は、県道町川原・赤間線とほぼ重複して、起伏の多い丘陵地を進む。右手には許斐山（二七一メートル）がそびえる。許斐山は宗像地区のほぼ中央に屹立する要衝で、山頂には大友・宗像氏が争奪した許斐岳城跡がある。

山下の鞍部、山ノ口峠を越えると、ゆるやかな下り道となり、その途中に「太閤水」の井戸がある。

『拾遺』普恩寺の項に「寺内に清泉有。太閤水と云。秀吉公下向し給ひし時、茶の湯に汲給へる水と云。因て此名あり」といい、秀吉下向のおり、この水で茶を立てたことからこの名があるという。その年代についての記述はないが、『附録』では天正年間のこととする。これに従えば、秀吉が九州平定を終え、箱崎から大坂に帰還した天正十五年七月のこととなる。また、ここにいう寺とは、かつてこの一帯にあった金魚山普恩寺という禅宗寺院であり、井戸もその境内であったものと伝える。

井戸は近年修復され、真新しい花崗岩切石の井戸枠に「太閤水」と大書する（写真48）。その横手に古い井戸枠の石が放置されているが、むしろこれを組み直した方が風情がありそうだ。

水は澄んでいるが井戸は浅く、底部はコンクリートで固められて飲用には適しないようだ。宗像土木事務所に勤務していた森山武八氏の話では、昭和五十三年ころ付近の道路工事にともなって側溝も改修したが、それまでは道にそって自然の水路があり、太閤水の井戸枠は水底に没した状態で見えていたという。そういえば、地元ではこの井戸を「太閤池」の名で言い伝えている。八並の太閤水の旧状は、現在の精美な深井戸とはかなり様子が違っていたようだ。

写真49．筵内の茶屋山遠景（古賀市）

5　糟屋郡の太閤道（福岡県）

筵内《むしろうち》の太閤茶屋跡

福間町八並の太閤水をすぎて古賀市に入る。唐津街道を西に進むとゆるやかな下り道となり、やがて海岸の平野部にいたる。道の左手には薬王寺方面からのびた丘陵が平野に突き出ている。丘陵の先端、古賀市学校給食センターの西側一帯を「チャイヤマ」とよぶが、これは「茶屋山」の意である。地元では、秀吉がこの地を通過のおりに休憩した茶

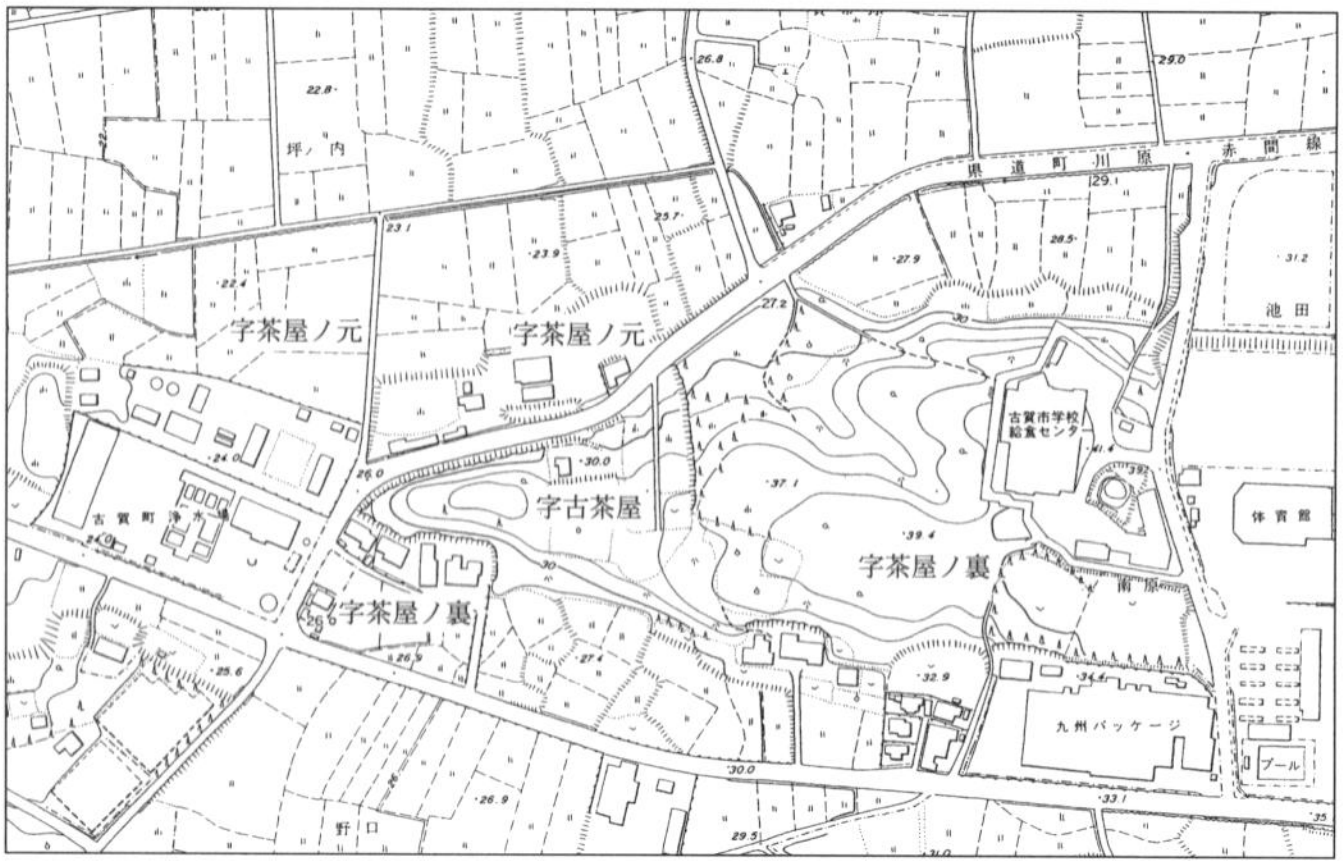

図 18. 茶屋山周辺の小字

屋の跡と伝えている(写真49)。

『続風土記』には「茶屋山　席内村大道の端にあり。秀吉公朝鮮征伐のため、肥前名護屋に下り玉ふ。其時此道を通り玉ひしかは、此所に茶店をかまへける故、其所を茶屋の原といひ、山を茶山と云」とあり、ここを秀吉宿陣の跡という。さきの「遠賀郡の太閤道」でみた八幡西区茶屋の原の伝承に似た話である。九州平定に先立ち、秀吉が毛利家に九州までの道路と宿舎の整備を命じたことは、毛利家文書の秀吉朱印状にみることができる。この時の宿舎は「茶屋」と記され、旅人に湯茶を給した「茶店」と混同されやすいが、実際は後世の本陣というべき休憩や宿泊の施設である。

各地で秀吉が宿泊したと伝えるのは、城郭以外では大別して寺院と茶屋である。秀吉にかぎらず、当時の大名は寺院に宿泊することが多かった。これは寺院が築地塀や瓦葺屋根をもつ堅牢な建築であり、多人数が宿泊飲食できる施設であったことによる。

秀吉は適当な寺院のないところでは、「城造り」すなわち防御機能をもつ宿泊所を設けさせており、これが秀吉の茶屋跡として各地に伝承が残る。古賀市筵内《むしろうち》の茶屋山も、そのひとつといえる。

通称チャイヤマには、「古茶屋」「茶屋ノ裏」の二つの字《あざ》があり、唐津街道をはさんだ北側の平地に字「茶屋ノ元」がある。これらのうち、地形や名称から字「古茶屋」が茶屋の跡地と思われる(図18)。

ここは丘陵の西端に位置する三角形の字で、底辺にあたる北側の二五〇㍍ほどが旧街道に面している。一部宅地化しているが、大部分は山林で旧地形をとどめている。地籍図に土塁や濠などを推定させる地割りは見いだせないが、東からのびてきた尾根筋と字「古茶屋」とを区画する谷状の地形がある。この谷によって「茶屋山」はこれよ

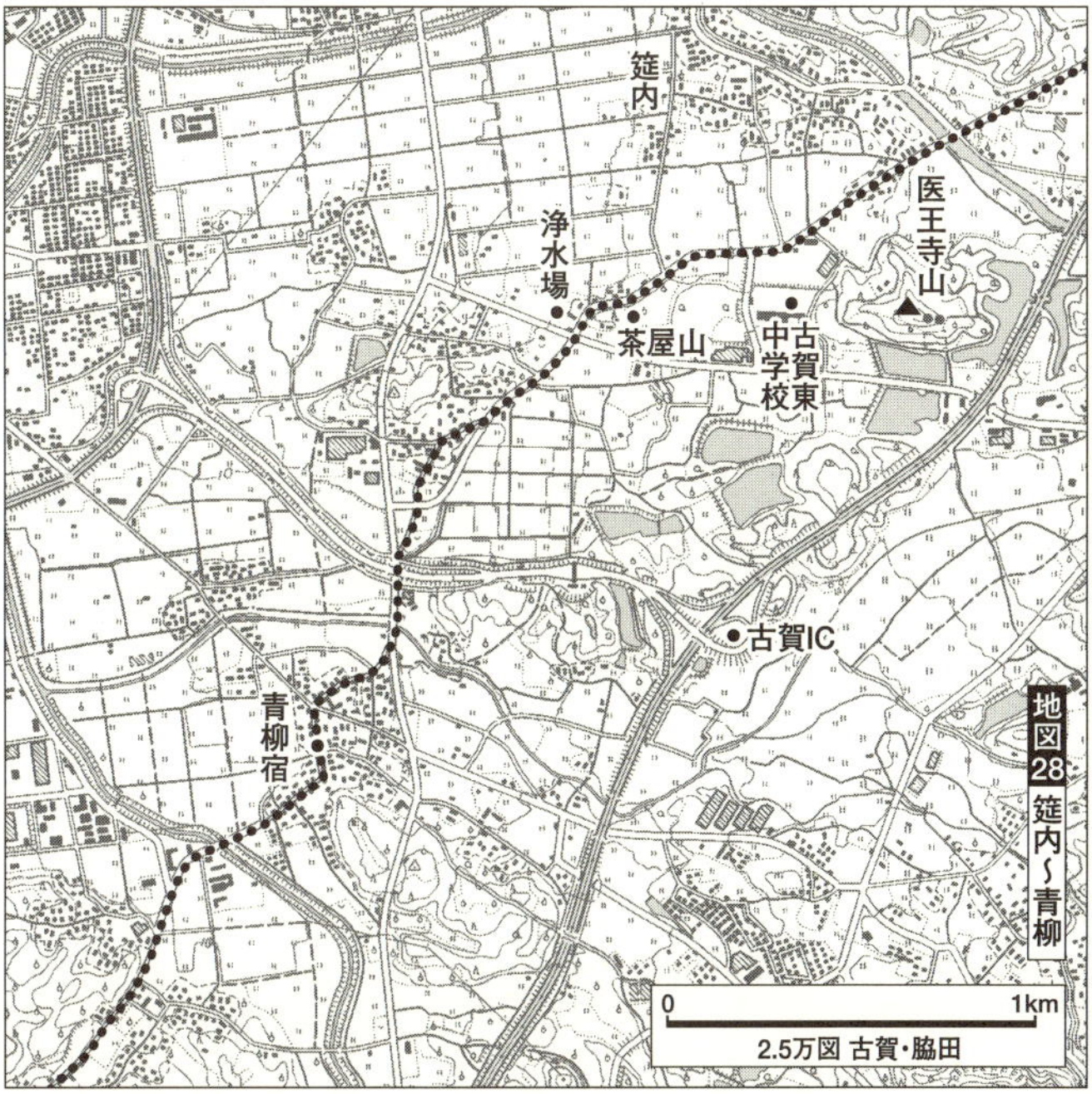

地図28 筵内～青柳

り山側と切り離されている。

この谷の字「古茶屋」側は、最大高三㍍ほどの切岸状の急斜面である。同様の崖状地形は南辺にもみられ、その最大高は四㍍ちかい。いずれもこれが字の境界線となっている。

北辺では切岸状地形は確認できないが、これは県道の道路拡張で削られたためであり、本来は三辺を巡っていたと思われる。これらは茶屋の周囲を区画した防御の施設と推定されるが、雑木が生い茂って現状では詳しくはわからない。

茶屋山の頂部一帯は比高一一～一四㍍の平坦地だが、多くが山林で遺構などは確認できない。一部畑となっている部分でも、陶磁器・瓦など遺物の散布はみられない。しかし後世の地形の改変も少ないようなので、地下に遺構が埋もれている可能性は大きい。今後の学術調査が待たれる。現地は西方三㌔に玄界灘を望む、見晴らしのよいところだ。宗像市の正法寺から約一五㌔、箱崎まで約一四㌔と、両者のほぼ中間に位置する（地図28）。

「青柳茶屋」はどこか

『豊前覚書』には、秀吉が天正十五年六月二十六日（『黒田家譜』『甫庵太閤記』では七月一日）に箱崎を発して帰洛の途についた時のこととして、「青柳の御茶や、赤間ヶ関の御茶や、両御茶やに一夜づつ御留り成され候。惣御人数、芦屋にて船に乗り仕廻ひ申され候てより、御馬廻りばかりにて御上国成され候」（傍点筆者）とあり、秀吉一行は青柳、赤間ヶ関に各一泊し、芦屋から海路をとったという。一部に錯誤があるが、興味ある記述である。

「青柳御茶や」については、同十九年八月中旬のくだりにも見られ、この時期、箱崎・赤間ヶ関のあいだに秀吉が宿泊した「青柳御茶屋」があったことになる。文禄四年(一五九五)十一月には博多津衆が小早川隆景を青柳まで見送っており(『宗湛日記』)、この頃ある程度の町場があったらしい。

青柳村(古賀市)は茶屋山の西南一・五キロにあり、枝郷の青柳町は近世唐津街道の宿駅である。しかし宿駅の成立は慶長十年(一六〇五)ころであり、秀吉の時代に一定規模の宿泊施設があったことには疑問がある。この時期の休泊地としては、むしろさきに述べた筵内の茶屋山がふさわしい。

また、青柳の次の宿泊地が、関門海峡を越えた赤間ヶ関では、距離が不均等にすぎる。初日の行程が箱崎から青柳までのわずか一二キロに対し、翌日は海峡を越えての強行軍である。不可能ではないが、不自然で無理な行程といえる。さらに、一行が乗船したという芦屋は遠賀川河口の港であり、赤間ヶ関の西南約四〇キロに位置する。『豊前覚書』の後段の読み方にもよるが、順路の記述とみて赤間ヶ関から芦屋に向かったとすれば、これは帰洛とは逆のコースである。したがって「赤間ヶ関」は宗像の「赤間」の誤記と判断できる。

この経路について『黒田家譜』では一日宗像泊、二日小倉城、三日赤間ヶ関で朱印状を発給とし、『甫庵太閤記』では一日宗像泊、三日小倉城着、ここで朱印状発給とある。細部では一致しないが、先に「宗像の太閤道」でみた『宗像記』の秀吉宿泊の記事を勘案すれば、史実は以下のようになろう。

すなわち、箱崎を発った秀吉と馬廻りの一行は、古賀の茶屋山・赤間(の正法寺または蔦ヶ岳城)におのおの一泊。翌日芦屋から乗船し、小敷の太閤水のある江川を経由して洞海湾に出、小倉をへて赤間ヶ関に渡った。

このように見てくると、『豊前覚書』のいう文禄元年の「青柳茶や」は筵内の茶屋山をさすと理解できる。これを「青柳」としたのは、後年『豊前覚書』が書かれたとき、すでに青柳宿が成立していた当時の状況にそくして述べたためであろう。

津田宗及と飯胴《はんどう》水

筵内の茶屋山から唐津街道の青柳宿をすぎると、道は小竹《おだけ》をへて三代《みしろ》（糟屋郡新宮町）に入る。この一帯は南方の立花山からつづく丘陵地の末端であり、街道に面して今日「太閤水」とよばれる井戸がある。天正年間に茶人の津田宗及が掘ったと伝え、後述するように寛永五年（一六二八）以前の存在が確実な例である（写真50）。

立花山には九州屈指の大規模な山城、立花城跡がある。建武年間に大友貞載が築城して立花氏を名乗り、以後筑前における大友氏の拠点として、また貿易都市博多の守りとして重きをなした城である。

飯胴水を寺地とする祥雲寺住職阿部隆宏氏によれば、三代地区は今日も立花山の伏流水が湧き出すところで、良質の水に恵まれているという。当地の太閤水はエピソードが豊富であり、これを江月宗玩和尚の『飯銅水記』によって見ていこう。

写真50．三代の太閤水（新宮町）

宗玩は後水尾天皇・豊臣秀吉・黒田長政・徳川家光など、多くの公家・武家の帰依を受けた高僧で、黒田氏の招きで博多崇福寺・興徳寺などを歴住した。天正十五年、秀吉の九州下向には上方から多くの茶人も従ったが、そのひとり津田宗及は、天王寺屋の屋号をもつ堺の豪商である。宗及は父宗達から紹鴎《じょうおう》流の茶をまなび、はじめ織田信長の茶頭として奉仕し、信長没後は秀吉の茶頭となった。

天正十三年の大徳寺茶会や同十五年十月の北野大茶湯には、千利休とともに重要な役割をはたした。その一方で九州平定や小田原征伐に同道し、秀吉の茶事に奉仕している。九州、とりわけ豊後地方は天王寺屋の商圏でもあったため、宗及は博多の豪商島井宗室や神屋宗湛とも交流が深かった。

『飯銅水記』によれば、あるとき宗及が三代の里で点茶の水を求めたことがあった。秀吉の九州下向のころ、博多の町はあいつぐ戦禍で衰退しており、このため宗及は博多から三里ほどのこの地に逗留していたとは、筑紫豊氏の推測である（『博多と茶湯』）。

このとき里人が教えたのが「飯銅水《はんどうすい》」という井戸であった。これは井戸枠のかわりに「飯銅」を埋めたところからこの名があったという。ちなみに飯胴とは、口がひろい水甕のことで、慶長八年（一六〇三）刊の『日葡辞書』には「Ｆａｎｄｏ　水の入っている金属製の器で、茶の湯やその他のために用いるもの。陶器であってもハンドウということがある」とある。この種の陶製甕は、昭和三十年代まで北部九州の台所の水甕としてひろく使われており、今日でも「ハンドウガメ」とよぶ。

さて宗及が飲んでみたが、水質はよくなかった。そこで近くの崖下に別の井戸を掘ったところ、良水が湧き出したという。その後、島津氏を下した秀吉が凱旋の帰路この地を通ったとき、宗及が掘った井戸水を飲んだ。秀吉は、先日までここにこれほどの良水のあるのを知らなかったといい、誰が掘ったのかと訊ねると、従者は津田宗及であると答えた。秀吉は大いに喜び、この井戸を「宗及水」と名づけた。天正十五年六月末のことという。『飯銅水記』は続けて「然して後、（秀吉）公もまた同州芦屋河頭（遠賀川河口）において人をして地を掘らしめ、水を得たり。頃刻《さきごろ》石を畳みて井となす」とある。これは小敷の太閤水と思われる。

江月宗玩と飯胴水碑

この故事から四十一年たった寛永五年（一六二八）十月、京都大徳寺の持寺、江月宗玩がここを通りかかった。宗玩は津田宗及の二男にあたる。渇きを覚えてたまたまこの水を飲んだところ、里人が宗及水の由来を語った。宗玩は初めてこれを知り、「（藩主）三代の治世に三代の里でこれを知る」と感激、由来を『飯銅水記』の一文にしたため、石碑に刻んで井戸の側に建てたという。『続風土記』にも「大徳寺の僧江月和尚、飯銅水の記を書て石碑に刻み、此側に立置り」とある。

十八世紀末に書かれた『続風土記附録』には「飯銅水　径六尺三寸、断石の井幹、瓦屋あり（中略）側に地蔵堂あり」として、この時期すでに切石の井戸枠、瓦屋根をもつ整備された井戸であった。石碑についての記述がないが、後出する『続風土記拾遺』には「碑の文字いま摩滅して読めず。（中略）今は此石碑を誤りて地蔵と号し、礼拝祈願する者おほし」とあり、はやい時期に石碑は地蔵尊として信仰の対象に転化していたようだ。

一方、この時代の情景がよくわかる史料に、奥村玉蘭著『筑前名所図会』がある（図19）。『拾遺』にややおくれて成立した地誌だが、文化・文政ころの飯銅水が活写されている。これをみると、井戸は往来に面し、四注造りの瓦屋根がかかる。良家の子女風の女性ふたりが井戸に向かっており、道端にはその供の者らしい男が両掛の担い棒に腰を掛け、きせるで一服している。荷箱にわざわざ桐紋を描くのを、秀吉の故事と結びつけるのは深読みだろうか。左手、井戸の裏には小川があり、子を背負い手篭をさげた女と、手拭いをもつ男たちが川水を使おうとしている。当時から人々に親しまれた場所のようだ。

図19.『筑前名所図会』の飯胴水

ここで問題となるのは、井戸の右手に立つ石碑である。碑の前には小僧をつれた僧侶がなにやら筆を運び、碑文を書写しているようにみえる。碑石は長方形で身の丈より高く、上部に横一行、その下に縦に数行の文字列を表現している。これが江月宗玩が『飯銅水記』を刻んだ石碑と思われるが、『名所図会』よりさきに書かれた『附録』では井戸のかたわらに地蔵堂があるといい、すでに石碑が地蔵尊へ転化している。とすれば、『名所図会』の図はかならずしも当時の実景ではなく、むしろ伝承の絵解きといえよう。

現在、この井戸は「太閤水」として知られ、かたわらには「太閤水」バス停がある。井戸は蓋をされているが、井戸脇にはポンプによる水の汲み出し口がある。水をふくむと、刺激のないやわらかい口当たりで、最近は点茶の水として人気があるという。

右手の地蔵堂には幅一・三㍍ほどの花崗岩の自然石が地蔵尊として祀られている。位置や大きさから、これが江月宗玩の「飯銅水記碑」かと思われるが、とくに加工のあともなく、表面の風化もはげしい。はたして本当に碑石であったかも不明である。

「飯銅水記碑」の碑文は地蔵堂の本尊には一字も残らないが、『福岡県碑誌』に全文が記載されている。これは崇福寺所蔵の文稿によるもので、『続風土記』掲載の文とは細部に異同がある。江月宗玩による飯銅水記文末の「偈」を次にかかげる。

三代村辺　岩下の流
行人口をすすぎ　味窮まりなし
淡々水を貯う　恩沢多し
旧名を改めず　飯銅と称す

以上、粕屋地区の秀吉に関する伝承をみてきた。「太閤道」に関する直接の伝承は確認できていないが、秀吉とその軍勢の往来が、のちの唐津街道にそったものであることは推測できるようだ。

6　相島　海の太閤道（福岡県）

海の太閤道

これまで、もっぱら太閤道の伝承を陸上に追ってきた。「道」の性格から当然のことだが、じつは秀吉とその軍勢がたどった道は、陸路のみにかぎらない。前線への兵站物資の補給には水軍の掌握が必須であり、海外出兵ともなると、海上の道の確保が不可欠であった。陸路と海路は、お互いに補いあう関係にあったといえよう。

九州についてこれをみれば、九州平定や文禄・慶長の役における九鬼水軍の活動が知られている。ルイス・フロイスの記録には「関白の一大艦隊が海路を進んだ」「関白配下の艦隊が長崎に着いた」などの記述が見える。また『続風土記』には、朝鮮渡海軍が当時入江だった遠賀川の河口に集結した記述がある。

秀吉が九州路を進んだとき、これに対応しておびただしい軍勢や物資が海路をたどったのであり、そこにはいわば「海の太閤道」が現出したといえる。

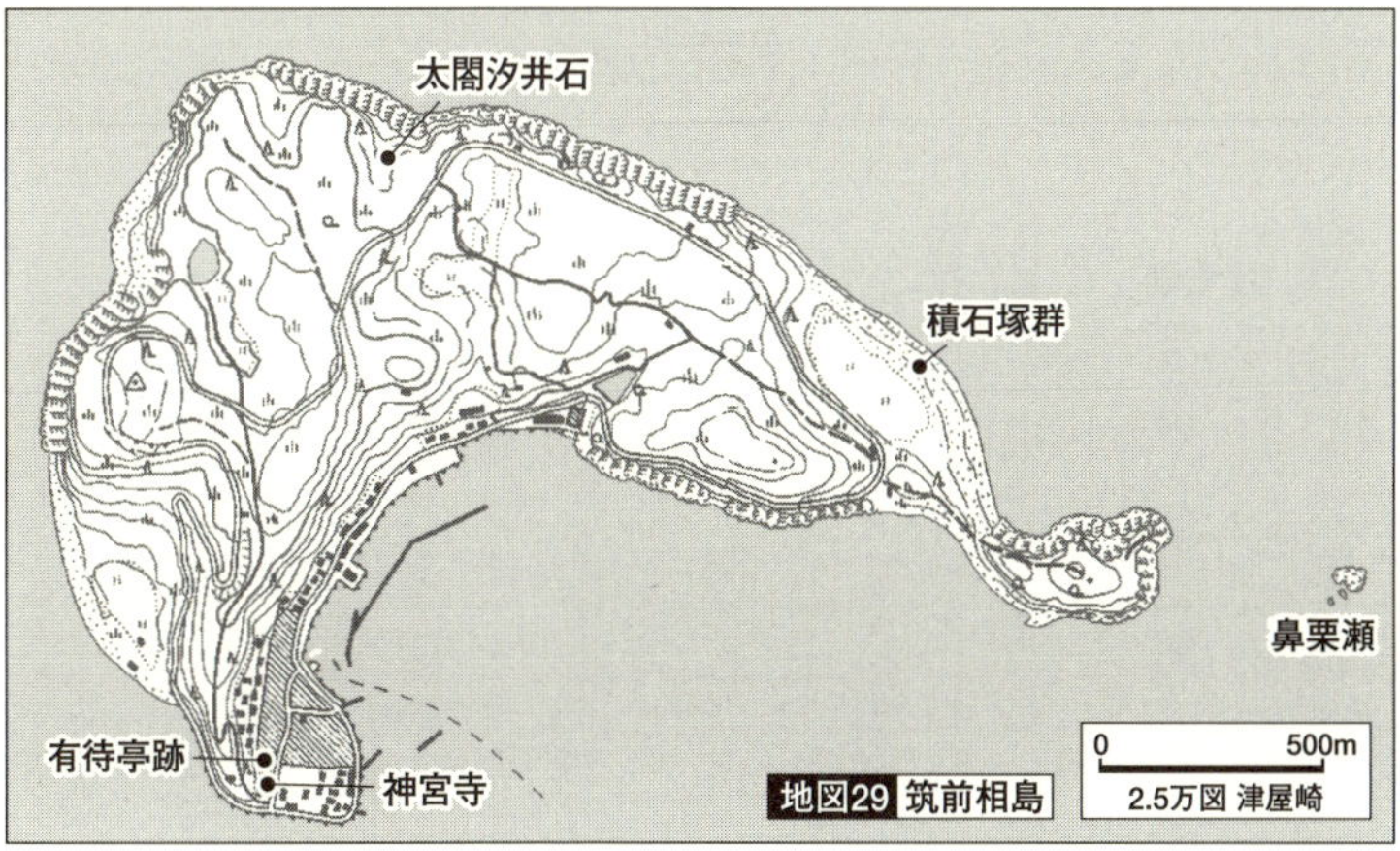

地図29 筑前相島

歴史の島・相島

相島《あいのしま》（糟屋郡新宮町）は、新宮港の沖合い七・三キロに浮かぶ周囲六キロほどの小島である（地図29）。かっては相之島・藍島とも書いた。博多・赤間ヶ関の間に位置し、西に志賀島をのぞむ玄界灘の交通の要衝にある。島は東西に長い三日月形をなし、北側は標高七〇～四〇メートルの海食崖が発達し、南側に相島湾がある。このため、北西の季節風をさける天然の良港であり、古来、玄界灘をゆきかう船舶の風待ちや避難の場所として利用され、万葉集にも歌われた。

島の東部の長井浜には、二五三基からなる古墳時代の大規模な墳墓群「相島積石塚群」がある。国内でも有数の規模であり、平成十三年に国指定の史跡となった。積石塚は朝鮮半島にその源流をもつとされ、相島積石塚群では半島南部の伽耶系の土器も出土している。海を生活の場とし、半島と往来した「海民」とのかかわりが想定される遺跡である。

また、島の東の沖合い三〇〇メートルには、鼻栗瀬《はなぐりせ》という周囲一〇〇メートルほどの岩礁がある。『拾遺』はこの周辺の海中からしばしば古代の瓦が漁網にかかるという。その形は大宰府の都府楼跡の古瓦に似ており、むかし外国から瓦を積んできた船が沈んだものという。もっとも、平安時代には遠賀川流域の鞍手町で生産された瓦が、大宰府や遠く平安京まで運ばれたことが知られている。したがって、海底の瓦は外国からの船載というより、むしろ国内の古代物流をしめすものだろうが、古くから海外とつながりの深いこの島らしい伝承といえる。

このような環境から、島には古くから対外的な遣使らが着船することも多かった。遣明使節の廈屋和尚や、文禄の役に従軍した宿蘆俊岳もその帰路に泊船し、江戸時代の朝鮮通信使も前後一一回この島で止宿した。福岡藩は島に豪華な客館を建てて使節を饗応し、『続風土記』には「其そなへ甚《はなはだ》盛美をきはむ」とある。

このときには対馬藩の儒学者雨森芳州をはじめ、福岡藩の貝原益軒・亀井南冥など、一流の学者・文人らが島をおとずれて使節と交流した。このころの島の様子は、通信使が描いた『槎路勝区図画集』(韓国国立中央博物館蔵)の「藍島」図に見ることができる。

従来、客館の位置は山手にある通称「有待亭跡」とされ、現地にはこれを示す石碑も立つ。ところが平成六年度からおこなわれた発掘調査の結果、客館の位置は海岸ちかくの浄土宗神宮寺の北側一帯と確認された。跡地からは敷石遺構や井戸跡をはじめ、漆器椀・青白磁片などが出土している。「有待亭」は近くにある「有待亭某居士」銘の近世墓に由来し、客館とは無関係らしい。

神宮寺の「伝・太閤大銚子」

神宮寺は島内唯一の寺院であり、島の南西端、客館跡地に隣接する。同寺には、豊臣秀吉の遺品という大型の銚子が伝わる(写真51)。これをおさめた木箱には「慶長年間豊臣太閤遺品・宝物太銚子・海宝山神宮寺」との墨書がある。

銚子は取手をふくめた高さ約三五㌢、胴部の径約二八㌢、高さ約二〇㌢の大型品である。取手は中空の鍛造であり、前部が二叉となって二カ所で胴部と接続する。前後三ヶ所の接合部分には五弁の花の表現があり、花芯部分を銅の釘状金具で固定する。胴部は鋳鉄製で、胴上部には霰《あられ》文、下部の両面には菊と思われる草花文様がある。草花文の図柄は左右でことなる。胴の中央に湯口がつき、底部の三ヶ所に小さな脚がある。蓋のつまみは上部が欠失して基部のみが残る。全体にうすく錆がでているが、保存状態はよい。

この大銚子について、寺伝では秀吉に由来する品というが、この寺に伝来する具体的ないきさつについての伝えはない。後に紹介する神宮寺の縁起書や、相島についてくわしく述べている『拾遺』にも、銚子の記述はない。また銚子をおさめる木箱とその箱書きも比較的近年のものとみられる。したがって、現段階ではただちに秀吉由来の品とは判断することはむずかしい。

銚子の制作については、中世に鋳物を多く産した芦屋鋳物師（遠賀郡芦屋町）のものかとも想定したが、現在の芦屋鋳物関係者からは、むしろ上方方面の製作では、との感想を得た。大銚子の来歴は神宮寺の環境からみて、秀吉よりもむしろ通信使の客館との関係ではないかと考えられるが、確証はない。したがって、ここでは秀吉由来との伝承ある品として紹介するにとどめたい。

写真51．神宮寺の太閤大銚子
（新宮町相島）

崖上の「太閤汐井石」

島の北岸の崖上にある字「日の丸」には、「太閤汐井石」とよぶ積石遺構がある。海を見おろす標高四五㍍ほどの崖上に石が長く積みあげられ、幅約一〇㍍、長さ約三〇㍍ほどある。あたかも古墳時代の積石塚を思わせるが、大きさや形からみて、あきらかに古墳とはべつの積石遺構である（写真52）。用いられた石は島の海岸にひろく見られる丸石であり、大きさは両こぶし大から人頭大以上のものまである。

地元では、これを文禄・慶長の役のおりに築かれたと伝えている。神宮寺に伝わる明和七年（一七七〇）奥付の縁起書『阿部嶋窟観音濫觴《あべのしまあなかんのんらんしょう》』（以下『窟観音濫觴』）によれば、かってこの場所に千手観音をまつる観音堂があった。朝鮮出兵のおり、諸国の軍船は島に立ち寄り、観音堂に参詣した。このとき軍兵は手向けとして石をひとつづつ山上に運びあげ、これが積み重なって今見る石山になった、という。

写真52．太閤汐井石（新宮町相島）

同様の記事は『拾遺』相島の項にもみえ、「日の丸といふ所に、潮石とて石多く集たる所あり。是は秀吉公朝鮮に事有し時、諸国の軍船此島に依り、窟の観音に利運を祈るとて参詣する毎に一石を置て其度数を計へしとそ」とある。文中の「潮石」とは汐井石をさすと思われる。

ちなみに『拾遺』草稿の完成は文政十一年（一八二八）であるから、『窟観音濫觴』が書かれた五八年後である。したがって、『拾遺』編纂の巡見のおりに縁起書も調査された可能性があり、これを踏まえた記事かと思われる。『拾遺』は積石をたんに「潮石」とよび、「太閤」の名は冠しないが、秀吉の朝鮮出兵にちなむとの伝承はすでにこのころからあったことが知られる。

「太閤汐井石」はこれまでに発掘調査などはおこなわれておらず、築かれた時代はもとより、その性格なども不明である。『拾遺』『窟観音濫觴』のほかに「太閤汐井石」の成立ちをしめす史料は知られていないが、観音堂の跡は現地に残る。今後の調査が望まれる「遺跡」といえる。

秀吉の朱印状

また『窟観音濫觴』には、二通の「定書」の写しが記されている。発給者はそれぞれ豊臣秀吉と石田三成とある。今日その所在は不明だが、『拾遺』には「天正廿年秀吉公より出したる法度書、又慶長三年石田三成出せる定書等、今に此浦人蔵めもてり」とあり、このころまで伝存していたことがわかる。

「定」の内容は、いずれも相島を経由する船と島民との紛争防止を指示したものである。書かれている内容は江戸時代の相島での利権・利害に直接かかわるものではないから、何らかの目的をもった後世の偽作の可能性は少ないといえる。

一通は「定　筑前あいの嶋」として発給された天正二十年（文禄元年）十二月付の秀吉朱印状であり、三条からなる。以下に読み下して示した。文末に日付の記入がないが、これは「某月吉日」と同様に、日を特定しない書き方である。

一、当嶋にかかりし船共、地下人に対し非分申し懸るにおいてハ、一銭たるべき事
一、薪の事は、其船人として嶋中において逗留候間、たき程仕るべく候事
一、つかし以下、少しもとるべからず。但し、うりかひの儀は格別たるべきの事
右の条々、相背く族これあるに於ては、地下人としてとめ置き言上すべし、忽ち御成敗加えらるべき者也
天正二十年十二月日　御朱印

第一条では島を発着する船が島民に迷惑をかけないように定め、二条は島に停泊中の薪の採取制限である。三条の「つかし」の意味は不明だが、これを勝手にとることを禁じ、ただし売買であればよいとしている。文末には違反者があれば島民がこれを留置せよとし、報告をうけ次第処罰を加えるとしている。

「定」が発給された天正二十年の世情をみると、この年十二月八日に改元して文禄元年となった。秀吉は一月に諸大名に朝鮮への出兵を告げ、三月には渡海を命じている。四月にはみずからも肥前名護屋城に着陣したが、母大政所が危篤との報をうけ、いったん大坂にもどった。葬儀を終えて十月一日に大坂を発し、肥前名護屋に下向した。

その間、十月三十日には博多の神屋宗湛宅を訪れ、盛大な茶会にのぞんでいる。帰路には宗湛に筑前国のようすなどを尋ね、銀子は必要なだけ貸すから名護屋で商いをしないかと、朝鮮出兵を踏まえた生臭い話をしている。

翌十一月十日には、使いを朝鮮に派遣してみずからの来春の渡海を告げ、十二月五日には毛利秀元に命じて安芸広島で大船を建造させた。

相島の「定」が発給された天正二十年十二月は、まさにこの時期にあたる。緊迫した戦時下で、海上交通を円滑

に確保するための措置といえる。

石田三成の定書

もう一通は、六年後の慶長三年（一五九八）六月に「条々　筑前国あいの嶋」として治部少輔（石田三成）の名で発給されたもので、おなじく三条からなる。

一、上下の船たれたれ（誰々）によらず、当嶋にかかる時これありて、彼乗衆宿ちん（賃）を出さず、理不尽に滞り申す族あらば、一切とほすまじき事
一、田畠さた（沙汰）し買申さずうりし輩これあらハ、地下人たる共、其者押置して名嶋へ申し来るべく候事
一、上下の船に対し、地下人慮外仕り候ハ、曲事たるべき事
　右の条々　堅く相守るべき者也
慶長三年六月廿五日　　治部少輔　　判

第一条は島民保護の定めである。島に停泊する船人の宿賃不払いや、不当な逗留を禁止している。第二条は島の田畑の不法な売買の禁止であり、違反者はそれが島民であっても「名嶋」に申し出よと命じている。第三条は島への来港者の保護である。島に立寄る船に対し、島民が不法を働かないように命じている。

文中の「名嶋」は今日の福岡市名島であり、当時は小早川氏の居城があった。文禄三年（一五九四）には養子秀秋が城主となっていたが、慶長三年（一五九八）六月、朝鮮での軽率な行動を理由に一時越前国北庄に転封されていた。その間、治部少輔石田三成が筑前一国を領していたから、「定」はまさにこの時のものである。また、この年は秀吉の最晩年にあたる。五月に発病した秀吉は摂津有馬での湯治も中止し、死期の近いことを知った七月には諸大名に秀頼への忠誠を誓わせ、八月に伏見城で没している。

島は重要な中継地

いずれにせよ上記の二つの史料によって、天正二十（文禄元）年から慶長三年のあいだ、相島は諸国の船舶のあいつぐ来港で薪の採取までを制限する混雑となり、島民と来港者との間で紛争が頻発していたことがわかる。この場合の船舶とは、いうまでもなく朝鮮への渡海軍である。

二つの「定書」は、海路の要衝上の相島が文禄・慶長の役で重要な中継・補給地であったことを示す格好の史料といえる。まさにこの時期、相島は「海の太閤道」のただなかにあったことが知られる。そして後年、おなじ島に朝鮮からの通信使を歓待する客館が設けられ、ここで「誠信の交わり」を交すことになったのは歴史の皮肉である。通信使は「太閤汐井石」を見たのだろうか。

7　名島・多々良の長大橋（福岡県）

ふたつの長大橋

文禄元年正月、名島城主小早川隆景は、筥崎宮座主に「箱崎の前」と「多々良川」の二カ所に架橋を命じている（『豊前覚書』）。このことから、福岡市東区の名島・箱崎間にはふたつの幹線があったと推定できる。

多々良川河口に位置する名島城は、天正十五年にあらたな領主として入国した小早川隆景によって築かれた。築城工事は翌十六年二月。本丸・二の丸・三の丸で構成され、三方を海で囲まれた大規模な「海城」であった。瀬戸内の水軍と深いかかわりをもつ小早川氏らしい城といえる（写真53）。

同書によれば、満潮時に縄を張って計ると、川幅は二一〇間（三七八メートル）もあった。そこで両岸から五〇間ずつ土堤をつき出し、その間に長さ一〇〇間（一八〇メートル）の橋をかけた。これが「箱崎の前」の橋（以下「箱崎前の橋」）

である。
このときは御笠郡一円から人夫が動員され、筥崎宮の社領である箱崎村からも人足が出て材木を調達した。橋はわずか一カ月後の二月十二日に完成、ついで長さ五三間の「多々良川」の橋も二月中には完成したというから、相当の突貫工事である。

「多々良川」の橋（以下「多々良川の橋」）の幅は不明だが、箱崎前の橋は幅四間とある。この時代の大規模な橋としては、天正三年に織田信長が近江瀬田川にかけた「勢多の橋」があり、幅は四間、長さ一八〇間あまりというが（『信長公記』）、川中に中島があったので、実際の橋長はこれより短い。

下って、豊臣秀吉は小田原征伐に先立つ天正十八年一月、増田長盛に命じ、京の鴨川に長さ五六間の三条大橋をかけている。江戸時代の例では、大坂の日本橋は幅四間、長さ二八間、江戸の両国橋ははじめ長さ九四間あったという。東海道中で最も規模の大きかった矢作橋でも、江戸後期の天保年間で長さ一五六間、幅四間であったから、総長二〇〇間余の「箱崎前の橋」は当時卓越した長大橋であった。

写真53．名島城跡（東区）

橋の幅員と道幅との関係を見ると、天正三年に織田信長が安土から京までの道を改修したときの道幅は「三間間中《まなか》」（『信長公記』）、途中に架かる「勢多の橋」は四間幅であるから、箱崎周辺でもこれに近い大道と推定される。

二橋が完成すると、翌三月には秀吉軍は名島城からこの橋を通って肥前名護屋にむかったという。

竣工まもない橋を渡って出陣することは、天正十八年の小田原征伐に先例がある。同年の三月一日、秀吉軍は一月に完成したばかりの三条大橋を渡って出陣した。さかのぼって、天正十五年に九州にむけて大坂を出発したのも三月一日であった。『豊前覚書』に日付は書かれていないが、名島城から新築の橋を渡っての出陣は、これらの吉例を踏んだ同じ三月一日と思われる。このことからも二つの橋が朝鮮出兵の軍用道路であったことがわかる。

あえて言えば、後世東海道の起点が江戸日本橋と京三条大橋であったように、「箱崎前の橋」は名島城から箱崎をへて名護屋城に向かう道、すなわち文禄太閤道北路の起点と意識されていたのではなかろうか。

「箱崎前の橋」はどこか

それでは、二つの長大橋はそれぞれどこに架かっていただろうか。

満潮時に二一〇間（三七八メートル）もの川幅とはいかにも広いが、多々良潟の入り口、砂嘴《さし》の先とその対岸であれば、ありうる広さである。事実『続風土記』は、橋のその後ついて「今わたし口と云所、則橋きはの跡也。むかひの地蔵松原のみきはにも、橋のありし所に石あり」といい、大橋の跡が地蔵松原と対岸の「わたし口」にあったという。

地蔵松原は箱崎の東、今日の九州大学一帯にあたる。慶長十六年に黒田長政が博多の町中に命じ、それまで砂原であった一帯に松を植えさせたものである。「わたし口」はのちの渡船場、今日の名島四丁目にあたる。したがって、橋の位置は国道三号線にかかる名島橋の七〇メートルほど上流、JR鹿児島本線と西鉄宮地岳線鉄橋の東詰から、その対岸の市立東箱崎会館付近にかけてと考えられる（写真54）。

写真 54.「箱崎前の橋」推定地（東区）

ちなみに今日の名島橋は昭和八年に完成した鉄筋コンクリートのアーチ橋で、全長二〇四・一メートル、幅二四メートルである。「箱崎前の橋」は橋幅はともかく、長さにおいては現代の名島橋をしのぐ長大橋であった。

「多々良川の橋」はどこか

もう一方の長さ五三間の「多々良川の橋」も京の三条大橋に匹敵するものだが、その記録は少ない。『慶長筑前国絵図』では、南下する唐津街道は浜男村（東区香椎）から多々良潟北岸の松崎村（東区松崎）のすぐ東にいたり、ここで潟を渡って対岸の箱崎村に続いている（図20）。ここに架橋したとすれば問題はないのだが、多々良潟は上流にむかって袋状に広くなる。図の位置では二〇〇間を越える長大橋となり、史実とことなる。

　そこで明治三十三年測の二万分一地図を見ると、松崎の東、多々良川に面してその名も「大橋」の集落があり、川には橋がかかる。橋名は『続風土記』には「多々良大橋」ともあるが、今日ではたんに「大橋」の名で通る。集落の名はこの橋に由来すると思われる（地図30）。地名通りここは近世唐津街道の渡河点であり、『筑前名所図会』にも描かれている。

　これらを考えあわせると、「多々良川の橋」は現在の「大橋」付近と推定できる。主往還でありながらそれまで橋がなかった渡河地点に、この年文禄元年にはじめて橋を架けたと思われる。多々良川には今日いくつもの橋があるが、いずれも近世以降の架橋である。これに対し、「大橋」の名は他の橋の存在を前提としない名である。今日風にいえば、「ザ・大橋」とでも言えようか。

　地名を冠するいわば相対的な橋名に対し、絶対的ともいえる「大橋」の名は、この橋がつぎに述べる「箱崎前の橋」の移設後、唯一の「大橋」であったことを示している。このことは同時に、香椎から原田（福岡市東区）をへて

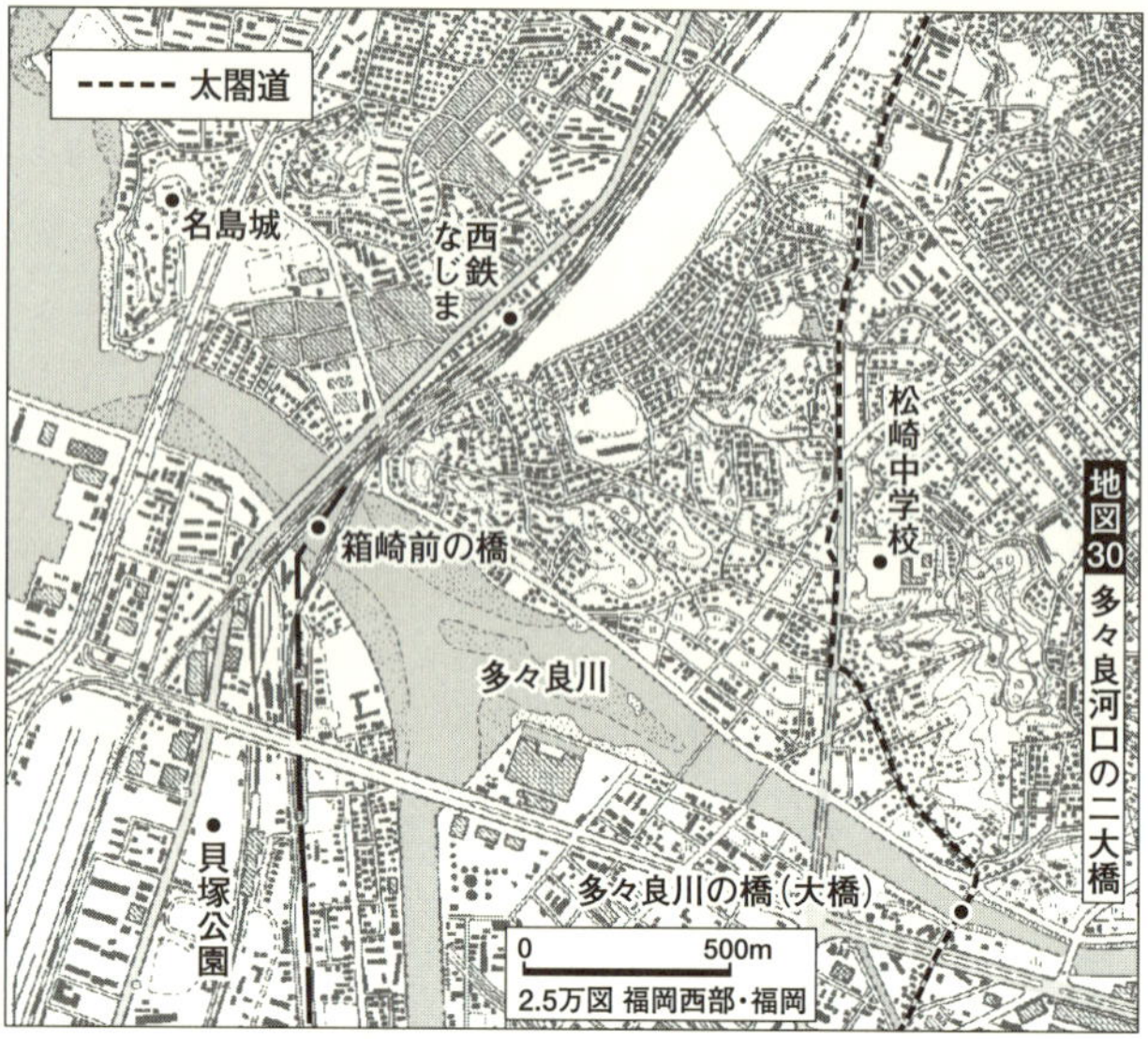

地図30 多々良河口の二大橋

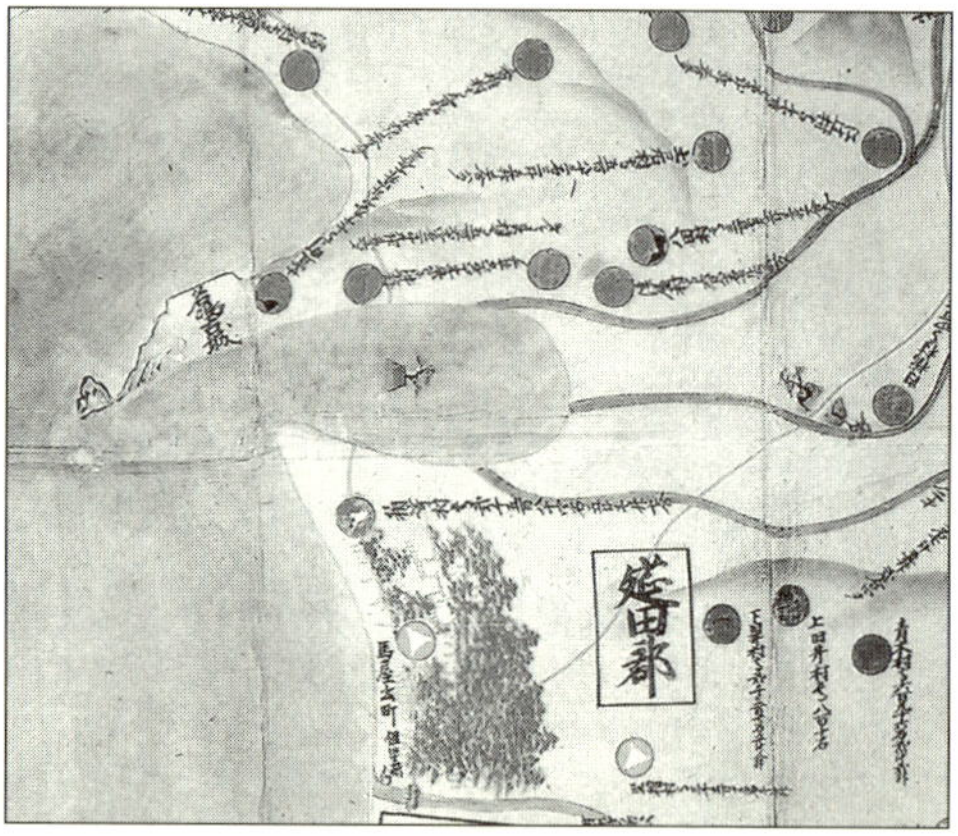

図 20.『慶長筑前国絵図』の多々良潟

箱崎にいたるのちの唐津街道が、秀吉の時代すでに主往還であったことをしめす。

すなわち、糟屋郡から箱崎にいたる当時の街道には二経路があった。ひとつは浜男（東区香椎）の南、前松原付近で西に分岐して名島城にいたり、その先「箱崎前の橋」を渡ってのちの「地蔵松原」を縦断して箱崎に入る道。もうひとつは、大橋で「多々良川の橋」を渡り、原田をへて東から箱崎に入る道である。主街道は後者であり、前者は街道から名島城にアクセスする道といえよう。

移設された長大橋

長大橋のその後だが、『慶長筑前国絵図』では、多々良川河口にはすでに橋はなく、両岸にいたる道を描くのみである。同図の成立は慶長十年（一六〇五）とされているから、「箱崎前の橋」はこれ以前に失われていたことになる。

これについて、明和二年（一七六五）に成立した津田元顧の『石城誌』によれば、江戸時代、博多と城下町福岡の境の那珂川には中の島があった。今日の歓楽街「中洲」である。この島をはさんで東西二つの橋があり、長さはおのおの二十五間と四十五間あった。これはかつての名島城下の橋を、福岡築城のおりに移したものだ、という（図21）。

橋の長さにについては史料によって異同がある。宝永四年（一七〇五）成立の『筑陽記』には中島東橋を「北橋二十八間」、中島西橋を「南橋四十三間半」とする。

関ケ原合戦の功で筑前国主として名島城に入った黒田長政は、慶長六年春あらたに福岡城の建設に着工した。このときは「名島の城の石壁楼などことごとく崩して福岡に運漕せり」（『続風土記』）とあるように、多くの建築資材が名島城から福岡に移された。福岡城下の東西名島町の町屋もこのとき移ったというから、移転は城下町ぐるみの大規模なものであった。

今日、福岡市内には崇福寺の唐門や福岡城内の名島門など、移築の伝承がある建物が残り、これらをとくに「名島引き」または「名島引ケ」と呼んでいる。東西の中島橋もその一例であったことになる。

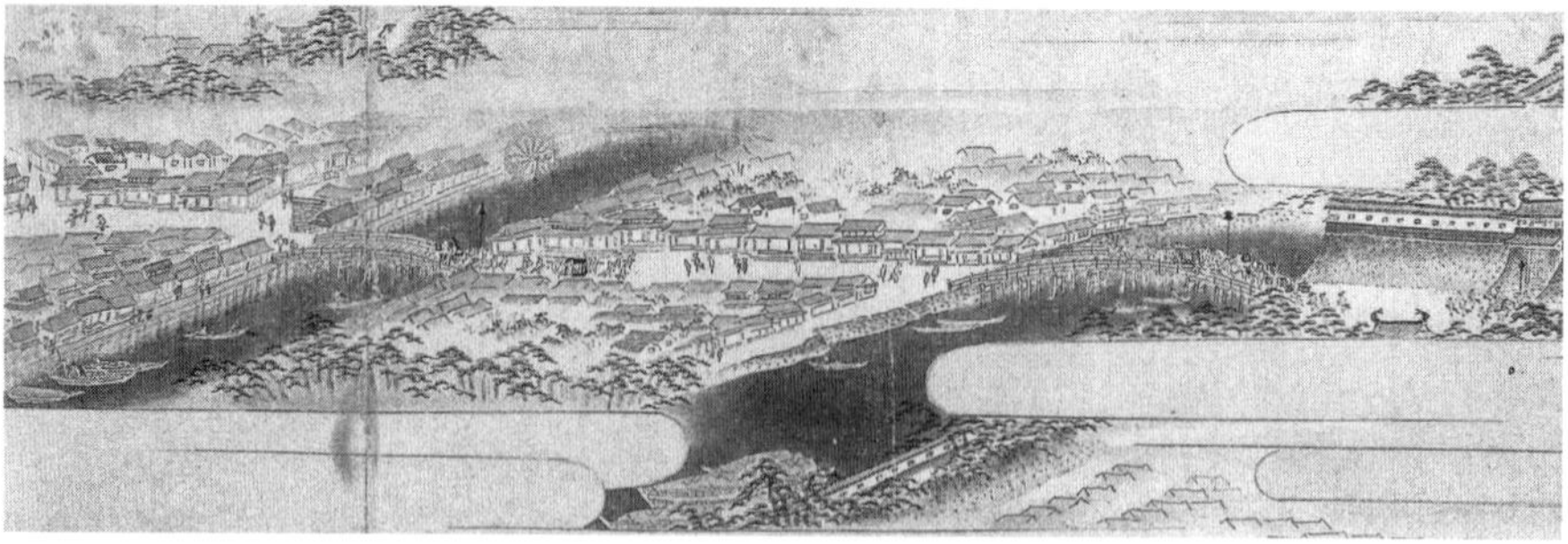

図21．江戸中期の東西中島橋（福岡市博物館蔵）

名島の城と城下が福岡へ移転し終えたとき、橋もまたその役目を終えたと思われるから、「箱崎の前」の長大橋の移設は福岡城着工の慶長六年以降、『慶長筑前国絵図』成立の慶長十年との間ということになる。また黒田長政が慶長十六年にそれまで砂原であった箱崎の東の海岸に松を植えたのも、橋の移設の結果、この先の幹線が廃されたためであろう。

もう一方の「多々良川の橋」は移設されずに残った。『全誌』によれば、宝永元年（一七〇四）の多々良潟の埋立て後、川北の「津屋」から対岸の「六田」にはこの橋を通行したというから、この時期の橋の存在が知られる。なによりも「大橋」の地名がしめすように、唐津街道の渡河地点として橋は維持されたらしい。

以上は唐津街道と重複する道だが、原田から先にはより古い時期の街道の痕跡がのこる。これについては次項であわせ見ることにする。

8　箱崎の太閤道（福岡県）

秀吉、「筥崎宮神殿」に宿陣

天正十五年六月七日、薩摩から帰陣した秀吉は、筥崎八幡宮（福岡市東区）に宿陣、二〇日あまり滞在した。このときの宿舎について、『豊前覚書』は肥前の幡（波多）氏、筑後の草野氏が宿舎の造営にあたったという。これによれば、秀吉の宿舎は既存の建物ではなく、あらたに建設したものであった。

一方、『黒田家譜』には「八幡宮本社の神殿をもって、秀吉公の御座所とし給ふ」という記述があり、秀吉は八幡宮神殿を宿舎としたという。同書はこれを解説して、当時は乱世のため八幡神は遷宮できずに別の仮殿に鎮座していた。そのため「本社は空殿」だったので、これを御座所としたのだ、という。さらに、これは今から思えばずいぶん無礼でありえないことのようだが、他人の意表をつく秀吉公の平生の行いからみれば、実際にありえたのだろう、と弁明している。

双方の言い分については、にわかに判断できない。『豊前覚書』の成立は『家譜』に先行する元和元年であるから、この方が信頼性がたかいとも思われる。しかし著者の城戸清種自身は筥崎宮の家臣の家筋であるから、神殿を宿舎とされたことを書き残すには抵抗感があったかと思われる。

『家譜』は神殿宿泊説について、「古来の云伝へ、また細川玄旨筑紫紀行、神屋宗湛が茶会記にも見え侍れば、うたがふべからず」と、くだくだしい。深読みすれば、当時から神殿宿舎説には異論があったのかもしれない。

いずれにせよ、秀吉はのちの文禄・慶長の役の折もこの地に宿陣しており、箱崎・博多と秀吉とは格別ゆかりが深い。またバテレン追放令など、重要な政策が発されたところでもあり、エピソードも多くのこる。秀吉の九州での拠点である箱崎について、くわしく見てゆこう。

箱崎というところ

箱崎・博多とも今はおなじ福岡市内だが、箱崎は筥崎宮の神社地、博多は商人の自治による貿易都市と、おのおの性格が異なる地域であった。

「ハコザキ」の表記だが、ほんらい神社は「筥崎」、地名は「箱崎」と書く。史料によっては厳密に書き分けられていないが、ここではこの原則によることにする。

箱崎浜に鎮座する筥崎宮は、大宰府の官人によって延長三年（九二五）に穂波郡大分《だいぶ》宮から遷座・創建した式内社である。内陸から海岸への遷座は八幡大菩薩の宣託によるというが、じっさいは外国貿易をもとめる大宰府官人の要求があり、その窓口としての創建だったようだ。

筥崎宮と大陸貿易については、『今昔物語集』に筑紫の豪族秦定重（貞重）の説話がある。定重は実在の人物で、筥崎宮の神主と府官（大宰府の役人）をかねていたらしい。説話には絹と交換に真珠や太刀を輸出する姿が描かれている。このことから、川添昭二氏は府官が太刀生産のルートに結びついていたと推測する。

中世の入江・多々良潟

筥崎宮周辺は近年の埋立てにより大きく変わったが、旧地形は博多湾にそって細長くのびた砂丘（砂嘴とも）である（地図31）。「名島・多々良の長大橋」でも見たように、『慶長筑前国絵図』では、その背後に多々良川と宇美川が注ぐ大きな入江「多々良潟」が描かれている。

時代はさかのぼるが、元寇防塁などから推定復元された中世の海岸線からも、同様のことが読みとれる（『古代乃博多』）。これによると、筥崎宮は海にそってのびた砂洲の付け根にあり、その背後に大きな入江をひかえているのがわかる。

このように砂丘背後に入江や潟が発達する地形は、本州の日本海岸にひろく分布しており、いずれも古代には良港として利用されてきた。青森県十三湖・京都府久美浜湾・鳥取県淀江潟などでは、入江の周辺に古墳や古代寺院が集中している。森浩一氏はこのような港を「潟港《せきこう》」と仮称し、港としての機能が古代において政治経済の拠点となりえたと指摘している。

「潟港」の地形は九州の西海岸でもみられ、入江（潟湖）には砂丘の内側にそった幅のせまい帯状のものと奥深く入江状の二種類がある。福岡県下では遠賀郡初浦、宗像郡勝浦（桂潟）は前者に、多々良潟や遠賀郡の古遠賀潟は後者にあたる。

いずれも周辺に有力な古墳群や官衙遺跡などが分布するとされ、多々良潟周辺では纏向型《まきむくがた》前方後円墳の名島古墳や内橋廃寺・夷守《ひなもり》駅推定地・官衙的性格のつよい多々良込田遺跡などがある。蛇足だが、古代からの港である「博多」の地名も、「ムナカタ」などと同様、潟に由来する「ハ・カタ」に好字をあてたものだろう。

筥崎宮東側の入江に「箱崎津」という港があったのも、砂丘背後の潟港である。筥崎宮の私港・対外貿易の基地としてもにぎわい、「箱崎千軒」の名もあった。

韓国の新安沖に沈没していた十四世紀前半の貿易船から「筥崎宮」銘のある木簡が見つかっているのも、対外貿易の基地としての箱崎の側面をうかがわせる。福岡市による最近の発掘調査では、筥崎宮の東南に接する地点で十世紀代の遺構が出土し、箱崎津がこの東側にあった可能性が示唆されている。

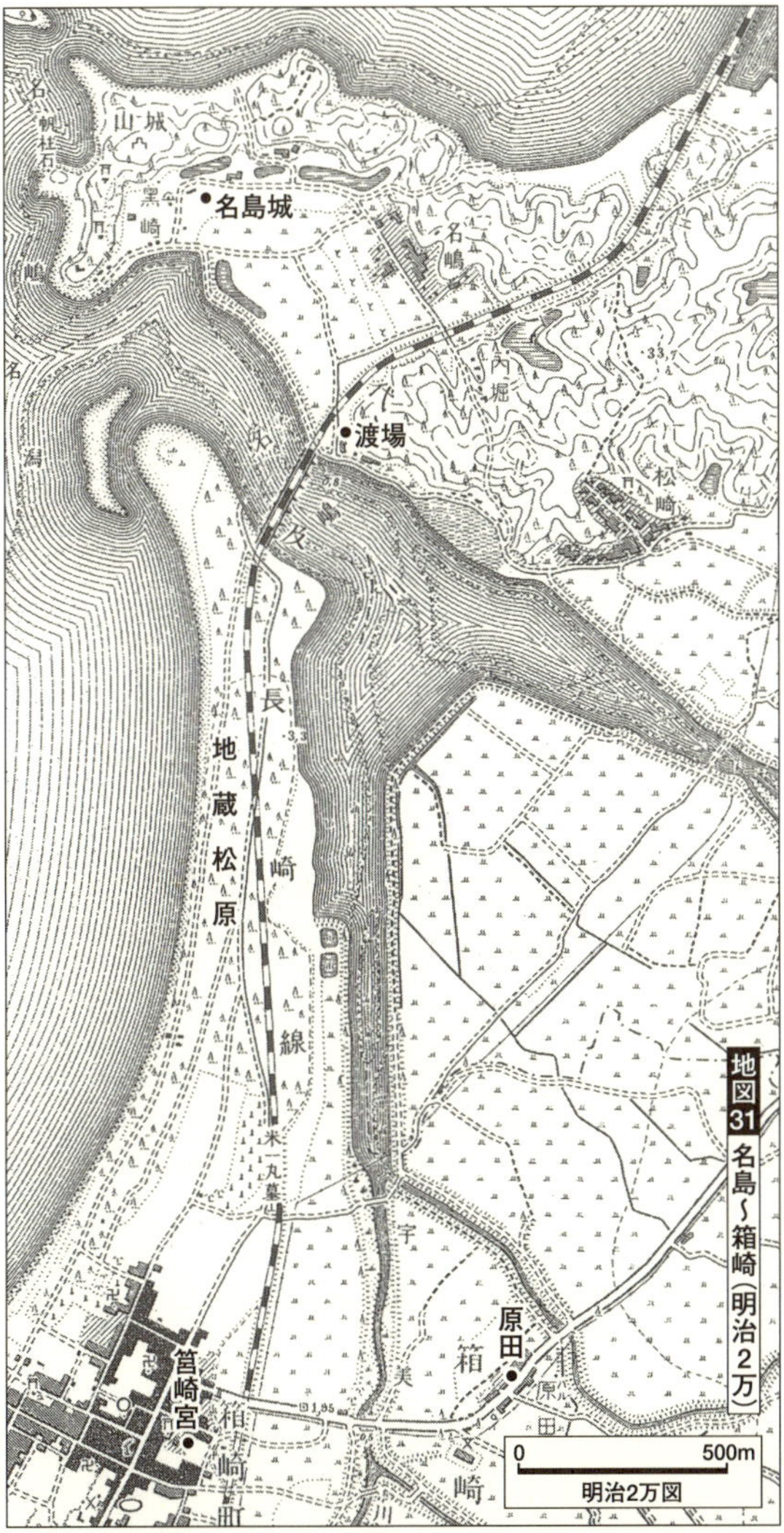

地図31 名島～箱崎（明治2万）

箱崎津は軍事拠点

「箱崎津」の名ははやく『平家物語』に見え、大宰府にいた安徳天皇以下の平氏一門が瀬戸内に逃れるときに「水城の戸を出でて、我れ先に先にと箱崎津へこそ落ち給へ」とある。また、鎌倉幕府滅亡前後の元弘・建武の戦乱では、北条氏関係者が博多津ではなく箱崎津を発着しており、九州に下った足利尊氏が南朝方と決戦した「多々良潟合戦」は箱崎津の隣接地である。

これらの史実をふまえ、佐伯弘次氏は、中世の箱崎津は合戦など緊急性をおびた場合に利用されるのが特色と指摘し、箱崎には何らかの軍事的拠点があったのでは、と想定している。

一方、『拾遺』表糟屋郡の項には、玄旨法印（細川幽斎）の歌

いにしへはここに鋳物師《いもじ》の址とめて今もふみ見るたたら浜かな

をひいて、「往古此所に踏鞴《たたら》ありて鋳物を製せし故の名ならむ」とある。ここでは鋳物師としているが、本来「タタラ」は足踏み式の大型フイゴ（踏鞴）または砂鉄を原料とする製鉄炉をさす。多々良川河口の砂鉄を用いて、鋳物生産や刀剣の原料となる和鉄の精錬があったことをふまえた歌である。さきの『今昔物語集』にみた、筥崎宮と太刀生産の結びつきの説話を重ねあわせると、「軍事的拠点」のひとつの側面が浮彫りとなる。

以上はいずれも古代・中世の例だが、このことは、のちに秀吉が箱崎に宿陣した伏線にもなりそうだ。箱崎宿陣について、従来は当時の博多が戦乱で荒廃していたからという、いわば消去法による説明が多かった。しかしこれまで見てきたように、天然の良港をもち、中世以来の軍事拠点としての立地を考慮すれば、秀吉の箱崎宿陣にはむしろ積極的な理由があったことになる。

筥崎宮と異国

また一方で、筥崎宮の軍神としての側面も見のがせない。川添昭二氏によれば、平安時代の筥崎宮の遷座・創建には、その背後に当時の日本人が強くもっていた新羅《しらぎ》来寇への危機感があるという。

八幡宮の祭神の神功皇后は、新羅をふくむ「三韓征伐」をおこなったとされる伝説上の人物であり、同社創建のときには醍醐天皇から「敵国降伏」の宸筆が下されている。朝鮮半島に向かって海辺に立つこの神社に「異賊降伏」への強い祈りが見てとれよう。

ちなみに、現在の筥崎宮の楼門は「敵国降伏」の扁額が掲げられているところから、「伏敵門」と呼ばれている。これは文禄三年に名島城主小早川隆景が朝鮮出陣に際し、武運長久を祈って寄進したものである。

朝鮮出兵のおり、出陣した武士のあいだに神功皇后伝説がひろく浸透してしたことは、すでにいくつかの指摘が

ある。北島万次氏によれば、神功皇后伝説にある「朝鮮は征服の対象」とする認識は、朝鮮渡海の陣立ての際、秀吉のもとに筑前志賀島吉祥寺の縁起が持ちこまれ、これが先例あるものとして出兵の正当性をうらづけたという（『歴史評論』四三八）。

またその認識は、政権側からの一方的な宣伝・注入によるのではなかったことも指摘されている。当時の起請文などを見れば、軍神八幡大菩薩への信仰は、九州を中心に武士団の土着信仰・精神的なよりどころとなっていた。松田博光氏によれば、肥前国内で戦国末期にかわされた起請文は、キリシタン関係をのぞくすべての神文部分に千栗《ちりく》八幡宮が記載されているという。千栗八幡は今日の佐賀県北茂安町に鎮座する肥前一の宮である。

八幡信仰はとうぜん神功皇后伝説をともなっていたから、「神功皇后の先例にならって」との政治的宣伝が受け入れられる下地は十分に育まれていたのである（コラム《歴史をくりかえす話》参照）。

秀吉は西国武士の八幡神信仰を最大限に利用するために、自己の行動を神功皇后伝説と重ねあわせ、これによって海外派兵の正当性を強化したと思われる。そのためにも箱崎での宿陣は必然であった。

そういえば、秀吉は文禄元年に肥前名護屋城へ向かう途中、深江八幡宮（糸島郡二丈町）に宿泊し、このとき社殿を大規模に修築している。伝承では、ここで側室の淀殿が捨丸（秀頼）を懐妊したためというが、淀殿が九州に下向したことはなく、史実とことなる。むしろ八幡信仰の政治的利用という、以上の文脈をふまえて考えた方がよさそうだ。

筥崎宮周辺の古道

さきに多々良川の二つの長大橋を見た。これにより、潟を渡って箱崎にいたる二経路があったことが知られた。「太閤道」の名こそ伝わらないが、『豊前覚書』の記述から、これが名護屋城に通じる軍用道路であるのは明白である。ではこの道がどのように箱崎を通過したのだろうか。

前項でふれたように、「多々良川の橋」から浜田・原田をへて箱崎に入るに道には、新旧の経路が見られる。

すなわち、須恵川にかかる「原田橋」を渡り西進する道は「原田」交差点の手前約で右斜めに曲がるが、あえて直進すれば、左手の細い路地につながる。その延長は、県道を横断して原田一丁目の「県職員アパート」敷地の西側を通過したところでいったん途切れ、綿打川の手前に現れる。「綿打橋」を渡り、「筥松第二ポンプ場」東側の道をすすめば筥松小学校正門。右折して宇美川にかかる「箱崎橋」を渡れば筥松二丁目。筥崎宮の裏手に到る。

これとは別に、筥松小学校正門でいったん途絶えた道は、その延長が四〇〇メートル先に現れ、宇美川に突き当たる。川を渡り、JR篠栗線と重なるように進んで鹿児島本線を横断すれば、馬出《まいだし》一丁目と吉塚本町との境界線につながる。地名の境界線は道路に沿うことが多いから、鹿児島本線と妙見通りの間にある北東〜南西の境界線は道路跡の可能性がたかい。

この線を延長すると、サンヒルズホテル前で妙見通りから西南に分岐する細い道につながる。この道は天理教「千代松原教会」横を通り、博多税務署の東にそって東公園の「元寇資料館」にいたる。以上をつなぎあわせると、「多々良の橋」から馬出までの直線的な道路が復元できる（地図32）。

この先、箱崎から博多への道だが、妙見通りに面するサンヒルズホテル前から博多税務署東側に通じる細い道は、周囲の地割りとは方向がことなる。こころみにこの道の延長線を地図上に南へ延ばせば、県庁前の通りを通過して石堂川にかかる「東大橋」付近にいたる。今日県庁がある東公園一帯は、かって「千代の松原」と呼ばれた広大な松原であった。地図上に引いた直線道は、松原を縦貫していた旧「松原道」にほぼ重なるようだ。

それでは、近世以前の原田からの古道は、この経路と断定できるだろうか。『附録』には博多の東口「石堂口」は慶長八年ころの新設とあり、秀吉の時代からはやや下る。それ以前の箱崎・博多間の道はすこし南に振れて、東大橋のすぐ上流にある「西門橋《さいもん》」につながっていたと考えられる。

西門橋については次節でふれるが、秀吉の時代にはこの橋こそ博多の東の入り口であったらしい。したがって、当時の幹線は「多々良川の橋」と西門橋をむすぶ、ほぼ一直線の道であった可能性がたかい。

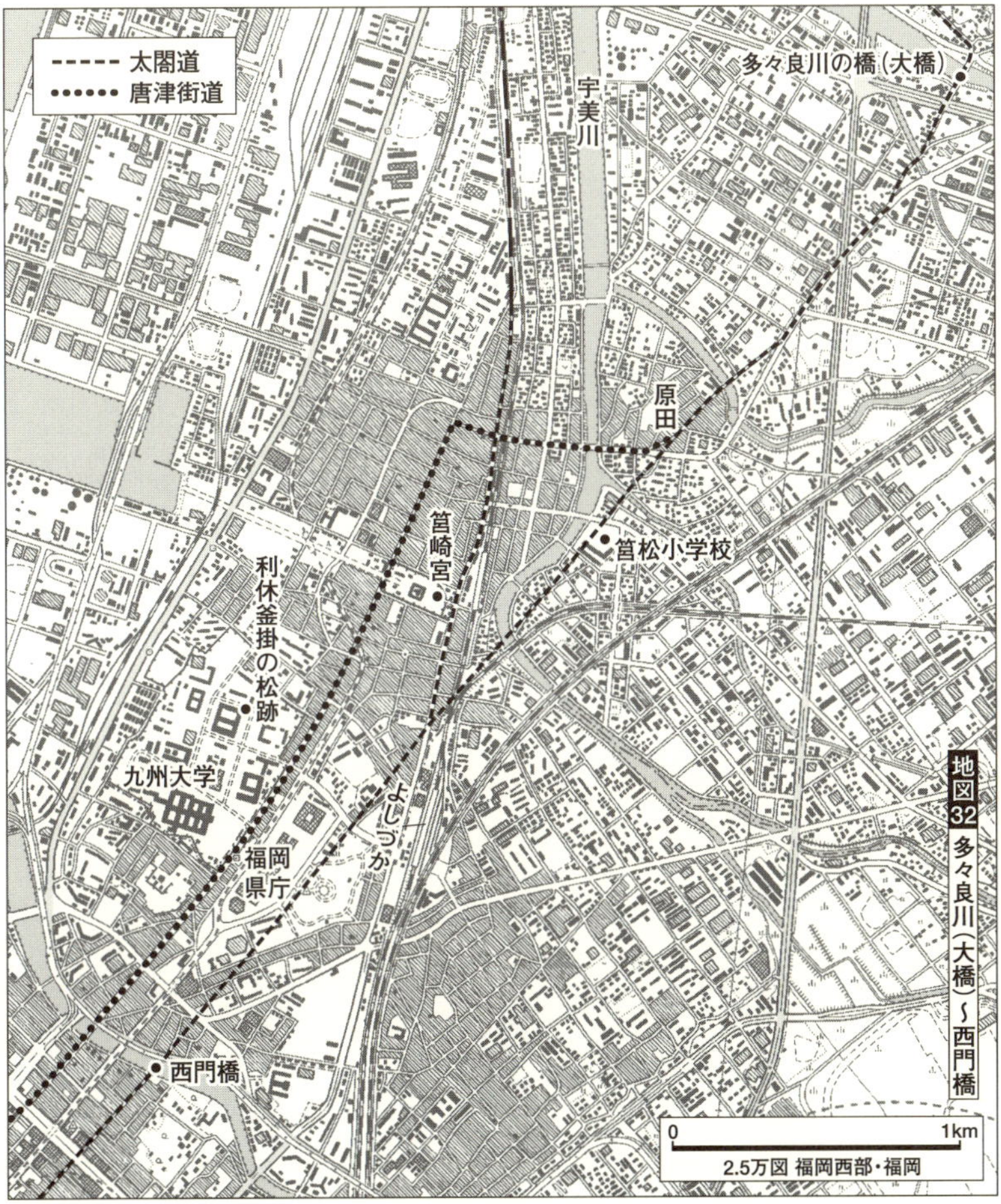

古道の推移を復元する

以上のように現地を見たうえで、文献による箱崎周辺の古道の変遷を箇条書きすると、以下のようになる。

①近世初頭、博多・箱崎間の街道は、宮の手前（南）で右折し、背後（東）を通過していた。

②街道の「馬継場」は筥崎宮のはるか先（北方）にあり、その先の道は行止まりであった。

③このため往来が不便で混雑したので、元禄六年（一六九三）に馬継場の東に新たに道を開いた。この結果、往来は博多→筥崎宮の前→馬継場→東の新道を通行するようになった（以上『黒田家譜』綱正記）。

④一方、「古の往還」は原田の西南一丁ばかりから南に折れて筥崎宮のうしろに出、馬出村の東の口に至った。明治初年には古道の跡が残っていたという。

また、寛文三年（一六六三）には箱崎から宇美川を越えて原田へ直進する道が出来た。川にかかる「新橋」の名はこのことに由来する（『拾遺』）。

これらの記述は断片的で錯綜しているが、馬継場の先が行止まりであったというのは、「かってその先に通じていた道」が廃されたことを示す。馬継場を北に進めば地蔵松原をへて砂丘の先端にいたるから、これは「箱崎前の橋」に続いていた道にほかならない。また、博多から来た道が筥崎宮手前で右折し、宮の背後を通過するのは不自然である。むしろこれは地蔵松原から南下して宮の背後を通過していた道を、福岡城下町の入口である石橋大橋につなげるためにここで鈎形に曲げ、道を西側に移動させたためであろう。

一方、原田・箱崎間の付替えについては、寛文・元禄の記事が重複あるいは記年に混乱があるように思われ、疑問が残る。寛文以前の道は原田の「西南一丁ばかり」から南に折れるというから、これは近世末の唐津街道とは明らかにことなる道筋である。また、ここに言う「原田」の範囲は不明だが、その「南西一丁」から南に折れては直接箱崎には到達しない。道筋の候補としては、筥松小学校正門から西にのびて箱崎橋を渡るルートが考えられる。

以上を念頭に、近世初頭の二つ道筋の推移を復元すれば、以下のようになろう（図22）。

1期…浜田から直進する道　多々良川をのちの「大橋」付近で渡河、浜田から原田をへて筥崎宮裏手を通過、石堂川に至る直進通。

2期…「箱崎前の橋」経由の道　多々良河口で「箱崎前の橋」を渡り、のちの地蔵松原の東寄り（潟寄り）を南下する。ごく大まかにいえば、ＪＲ鹿児島本線の西に沿う経路である。この時期には筥崎宮北側の道沿いにあった馬継場をへて同社の裏を通過、馬出にいたる。

同じころ「多々良川の橋」が完成、原田から直進する1期からの道も整備される。いずれの道も石堂川を西門橋で渡り、博多に入る。秀吉の時代、太閤道に相当する。

3期…名島城が廃城となり、「箱崎前の橋」が博多那珂川に移設されて馬継場以北の道も廃止となる。その時期は、慶長六年から一〇年の間である。筥崎宮以南は、のちのある時期、石堂大橋につなげるために宮の南で鈎形に屈折、今日の唐津街道の位置に変更された。

4期…下って寛文三年または元禄六年、馬継場の東に新道を開いたとき、これまで筥崎宮手前で右折していた道を直進させ、宮前を通過するようにした。この結果、原田から南西に直進していた従来の道は旧道となった。

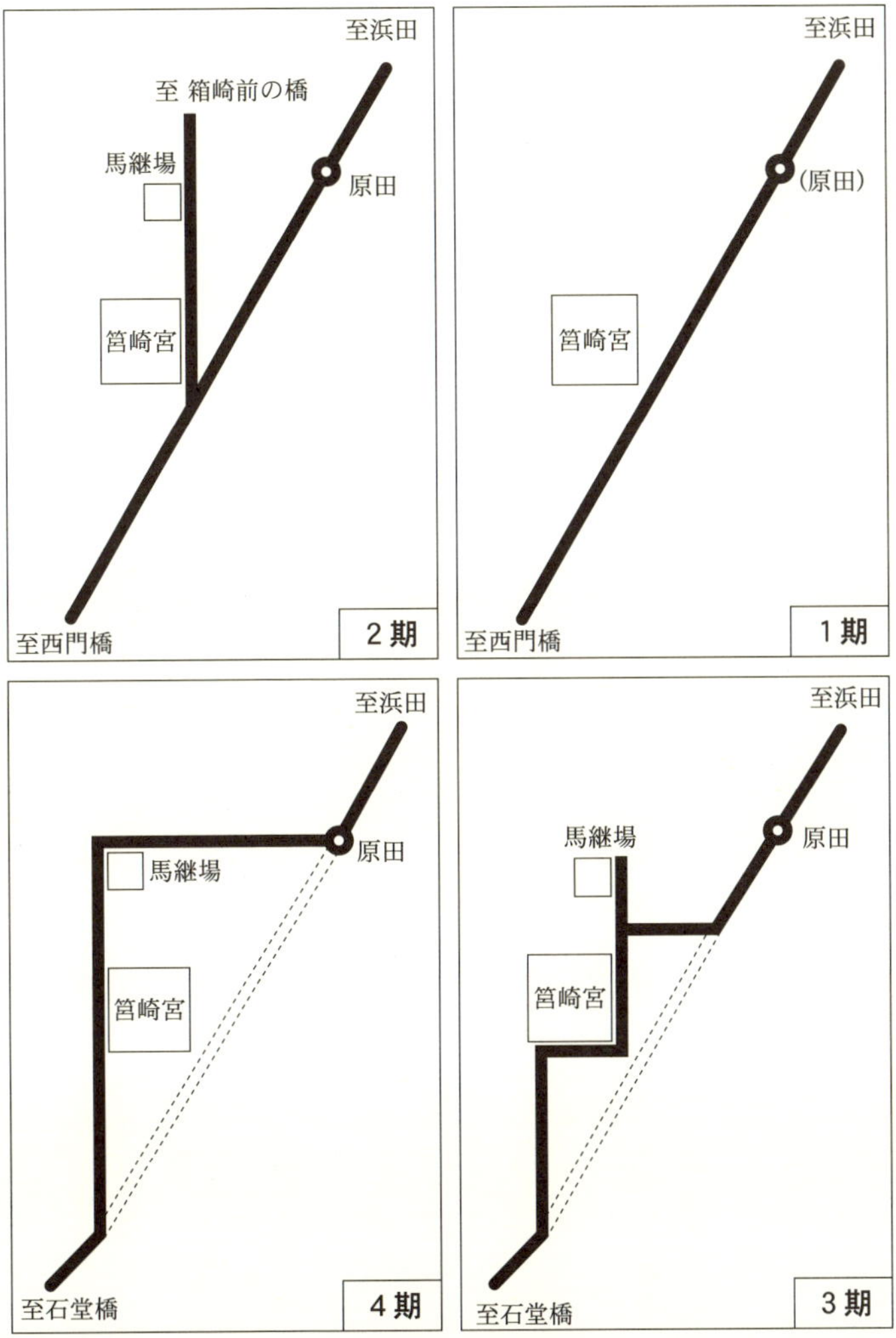

図 22. 箱崎の古道の変遷

9　博多の太閤道（福岡県）

博多の町割

さて、秀吉は天正十五年六月七日に箱崎で九州諸大名の領地を定め（いわゆる「九州仕置」）、十日には筥崎宮社頭から小型の南蛮船であるフスタ船に乗って博多に向かった（『宗湛日記』）。

この時のことをルイス・フロイスは「関白は己が名声を高めようとして、過ぐる戦争のために徹底的に破壊され、雑草におおわれた野原と化している筑前国博多の市を再建させることを決意した。彼は博多から半里距たった箱崎と呼ばれるところに陣屋を構えていたが、七月十九日（太陽暦）、日曜日に、博多の古くからの住民たちに対し、地所と街路の区割りを行うことに決めた」と述べている。いわゆる「太閤町割」である。

写真 55. 利休釜掛の松跡（九州大学医学部構内）

この結果、従来息浜《おきのはま》と博多浜にわかれていた博多の町は整地・統合され、中世以来の入りくんだ道路は「市（一）小路」を基軸とする短冊型の整然とした街並みとなった。市小路は博多駅前からのびる現在の大博通りであり、その方向は北から約四七度西に振れている。この町割は戦後の復旧などで一部失われたが、基本的には現在まで踏襲されている。

町割が行われている間、箱崎の松原ではたびたび茶会が催された。町割の翌々日には津田宗及の、十四日には箱崎灯篭堂で千利休の茶会があった。さらに十八日には秀吉の命で松原の夷堂のちかくで利休が松の枝に釜をかけ、茶を立てたと伝える。

写真56．石堂川の西門橋（博多区）

灯篭堂は廻り縁があったという旧態をやや損ねているが、筥崎宮そばの恵光院に現存する。利休が松枝で点茶した場所は、現在九州大学医学部構内にあり、「利休釜掛の松跡」として記念碑が建つ（写真55）。

また同二十一日、箱崎陣周辺の菜園や作物が宿陣のために踏み荒らされているのを知った秀吉は、町中に干し魚四〇丁を贈り、心づかいをみせている（『豊前覚書』）。

博多の東西幹線

博多の町には太閤道の伝承は少ない。もっとも、太閤町割によって中世以来の街路が一新されているから、そのいずれかが博多を東西に貫通する幹線に選ばれたはずである。江戸時代、博多の東口は石堂川にかかる石堂大橋だが、これは慶長八年（一六〇三）ころの新設であり（『附録』）、それ以前の箱崎・博多間は二経路があったという。ひとつは「龍の口」とよぶ海岸沿いの道、もうひとつは辻村を経由して博多を横断する「潟道」である。

一方、『石城志』には文禄元年十月、秀吉が博多の神屋宗湛宅を訪ねた帰りに通過した道筋の記述があり、これは博多部では「潟道」と重複するようである。同書は「住吉河原は今の中州也」としたうえで「其時の通路は西門《さいもん》より店屋《てんや》町筋を経て住吉河原通り、今の二ノ丸の内より六本松を通て、太閤道に至りける」という（傍点は筆者）。西門はのちの西門町で、昭和四一年に上呉服町と改称した。石堂川左岸に位置し、町名は聖福寺の西門があったことによる（写真56）。ここにいう太閤道については後述するが、博多の西門・店屋町から中州をへて、のちの福岡城二ノ丸付近、すなわち築城で掘り崩される前の赤坂丘陵北端を迂回して六本松にいたり、その先の「太閤道」につづく幹線があったことがわかる。

これを今日の道路にたどれば、今日の東西の幹線「明治通り」の一筋南側を平行する通りにあたる。石堂川にかかる「西門橋」を渡り、西教寺北側の道を西（正確には西南。以下おなじ）に進む。ただし道は平坦ではなく、やや行くとゆるやかな登り坂となる。
旧町名をしめす「旧中小路の碑」付近の坂を、かって「富士見坂」と呼んだ。この坂から「筑紫富士」こと糸島半島の可也山《かやさん》が望めたからという。今日では埋立てとビルにさえぎられているが、一帯がかって海に突き出た高台であったことの記憶である。伝承をたどって、ある冬晴れの日、ビルの屋上から「富士見」をこころみるのも楽しいかもしれない。

大博通りから那珂川まで

また、『拾遺』中小路町の項には「當町にむかし西村増右衛門、庄村何某と云う者住居の居宅有り。公役等御免也。秀吉公墨附そのほか博多の古書類種々持ち伝えしよし云い伝えり」との記事があり、石田三成・大谷吉継ら連名による諸役免除の文書を示している。

地図33 博多の旧地形（アミ目）

西村増右衛門の父は神屋宗湛宅で秀吉に拝謁した博多町人の善斎（のち道哲）というから、西村氏は宗湛と同時代に豊臣政権にかかわった有力商人の一人であった。

博多の商人にくわしい武野要子氏によれば、一族の西村九右衛門は、のちに博多の初期豪商伊藤小左衛門の事業の実務を担った商人という。中小路町の一帯はそのような経歴をもつ商人たちが居住する町であった。

旧「上魚町」をすぎ、四つ角の手前に「葛城地蔵・勝軍地蔵」。『拾遺』は「いつれの時より在りにしや詳《つまびらか》ならず」という。
地蔵堂の先、最初の四つ角で坂を登りつめる。ここから大博通り

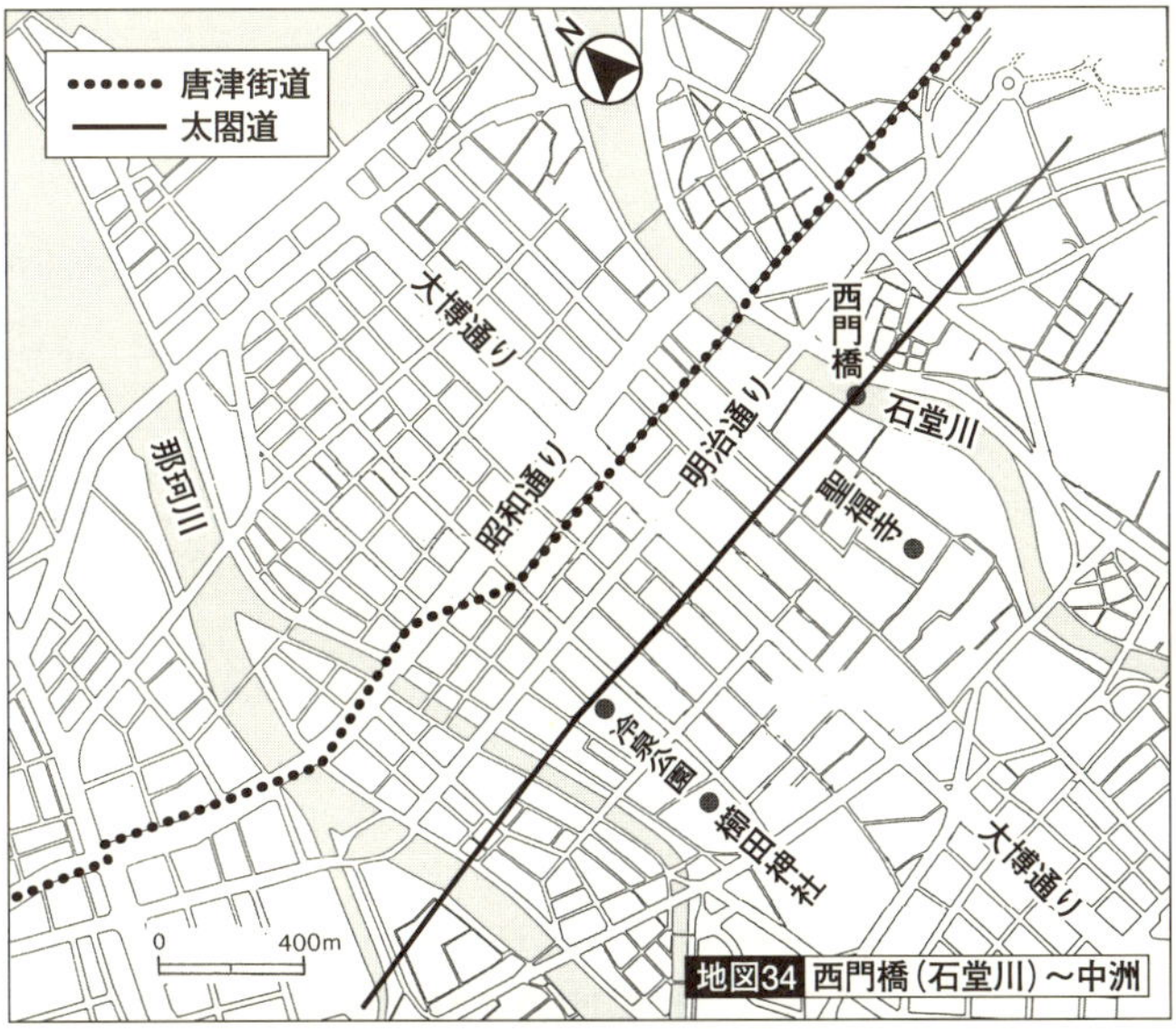

地図34 西門橋（石堂川）～中洲

との交差点付近にかけてが標高五メートルで最高所となる。坂下とくらべてほぼ二メートルの比高差がある。同時に、道の北側は明治通りにむかって下り坂であるのがわかる。これは近世以前の地形のなごりである。

かって博多地域は、海側の「息浜《おきのはま》」と内陸側の「博多浜」の二つの砂丘上に形成されていた。その後、両者をへだてていた海は埋め立てられ、十七世紀にはひとつの都市に整備されたという経過をもつ。西門橋から西にのびるこの通りは、「博多浜」と呼ばれた砂丘の北端を横断する道といえる（地図33）。

この先、一方通行のせまい道が直進するさまは、京都の下京地区の道に似ており、太閤町割の面影をしのばせる。道筋の商家の間口はせまく奥行があり、いわゆる短冊型の町割が残る。

右に博多三井ビルをみて、JR博多駅からのびた大博通りに出る。大博通りは太閤道割りの基準の道路「市小路」と重なる。これを横断すれば店屋町。道は南側に拡張され、これまでの二倍ほどの道幅。冷泉公園の北にそって通過、上川端商店街のアーケードを横断、すぐに博多川。ここにかかる明治橋を渡れば中洲である。中洲三丁目で中洲大通りと丁字形に交差する。突きあたっていったん右折し、ただちに左折すれば、那珂川の「であい橋」東詰に行きつく（地図34）。

これまでの道筋を地図上で西に延長すれば、渡辺通り四丁目交差点に行きあたる。したがって『石城志』のいう福岡城二ノ丸付近をめざすには、那珂川以西は方向を北に転じる必要がある。その道筋はのちの城下町建設でうしなわれ、直接たどることはできないが、今日の二〇二号線、通称国体道路に沿うコースではなかったろうか。

一方、中洲の西には薬院町がある。『続風土記』には「今の薬院町筋は、むかし他方へ通行の大道筋なりしかば」

写真 57. 赤坂の直線道路（養巴幼稚園付近）

とあり、中洲からきた道が薬院を通過していた可能性もある。

福岡城下町の構造にくわしい西田博氏は、福岡築城以前には店屋町筋から薬院町、さらに赤坂丘陵を横断する直線の大道があったと推定している。その痕跡は現在の赤坂三丁目付近といい、赤坂公園北側には周辺とは様相のことなる三〇〇㍍ほどの直線道路がある。軍用路としての太閤道であれば、この経路が妥当である。天正二十年十月、秀吉が神屋宗湛宅を訪ねた時、道はまだ「今の二ノ丸の内」（『石城志』）を迂回していたが、その後あらたに直線道が開通したと想定することもできる。

そういえば博多の東、多々良潟から箱崎に渡る二つの長大橋が架けられたのが同年の二月である。赤坂付近でも、これに対応する道路の整備が始まっていた可能性もある。「赤坂の直線道路」は聞くべき見解としたい（写真57）。

博多の豊国神社

『石城志』にも見たように、博多の豪商神屋宗湛と秀吉の結びつきはひろく知られている。宗湛の旧宅跡と伝える奈良屋町の一角には、秀吉を祀る豊国神社が鎮座する（写真58）。『拾遺』には「宗湛屋敷と云ハ、今ハ奈良屋番に有りて、秀吉公の神霊をも勧請せり」とあり、明治十三年成立の『筑前国福岡区地誌』「神屋宗湛屋敷址」の項にも「庭前ニ小祠ヲ立テ、秀吉公ノ霊ヲ祭レリ」とある。同社は、江戸時代から神屋家の宅地で祀られてきた神社である。

六年後の明治十九年には『石城遺聞』の著者でもある山崎藤四郎が発起人となり、宗湛屋敷跡に新たな社殿を建立した。今日の博多区奈良屋町一丁目七番地である。この年は太閤町割からかぞえてちょうど三〇〇年にあたる。

同社には戦災で失われるまで、社宝として博多町割の時にもちいた間尺（物差し。間杖・間竿とも）・宗湛が文禄元年十一月に名護屋城山里丸で秀吉から拝領した「夕ざれにたぞやすずろにこと問ふは窓のあたりの山おろしの風」の和歌・桐紋金蒔絵の塗椀一個、および豊臣秀頼八才の自筆神号「豊国大明神」一幅が納められていた。

写真58．奈良屋町の豊国神社（博多区）

これらの品は昭和二十年の空襲で社殿とともに焼失したが、昭和五十一年に鉄筋二階建ての神社として再興された。ちなみに現在のご神体は、名人と呼ばれた博多人形師小島与一の遺作「太閤さま」である。

一方、江戸時代の神屋家には「秀吉公肖像一軸」が伝わり、それは「絹表装横物、袍ハ白ニ織物アリ、袴ハ薄藤色ニテ冠笏ヲ帯セラレ二重畳ナリ」というものであった（『筑前国福岡区地誌』）。

秀吉を神として祀る信仰、いわゆる「豊国分祀」にくわしい大阪城天守閣の北川央氏は、各地の類例から、この画像はたんなる肖像ではなく、神格化された秀吉の画像すなわち「豊国大明神」の神影であろうとし、宗湛が自宅内に建立した豊国神社に祀られていたと推定する。画像は目下所在が不明だが、博多の歴史家奥村武氏によれば、旧蔵者の縁戚関係で、関東方面に現存する可能性があるという。

余談だが、下呉服町（旧竪町）の旧家稲生家には、先祖が秀吉から拝領したという膳具一点が伝わる。一辺が八寸五分の方形、四隅に面をとった角切の縁高形で、内部は朱、外側は黒の漆塗。縁高の四辺には金蒔絵の桐・菊紋を一辺に三個ずつ、計一二個を配する。拝領のいきさつについて伝えるところがないが、昔から「拝領膳」の名で呼んできたという。博多竪町は、神屋宗湛の宅地址に隣接する。あるいは宗湛宅の豊国神社と関連あるかとも思われるが、詳しくはわからない。なお豊国神社の信仰については、第四章で詳述したい。

10　福岡市西部の太閤道（福岡県）

数多い伝承や記録

福岡市西部の旧早良郡には、太閤道の史料や伝承が多い。『続風土記』をはじめ『拾遺』・『附録』および『全誌』にいうところをまとめれば、秀吉が名護屋城への往来に通った道が七隈村の北に残っており、これを「太閤道」とよぶ。その経路は東は六本松（中央区）から別府（城南区）、田島の西の犬馬場、さらに原村（早良区）、小田部の北、姪の浜の南をへて生の松原（西区）にいたる道であるという。江戸時代、東西の幹線は城の北、海側を通る唐津街道だったが、それ以前の街道は内陸部にあったことになる。

一方、三奈木黒田家文書『福岡城下図』（九州大学附属図書館付設記録資料館蔵）では、現在の福岡市美術館の東側にあたる福岡城追廻門前の「馬場頭」から西にのびる道があり、「六本松」の西、菰川を渡ったところに「太閤道」との書込みがある（図23）。

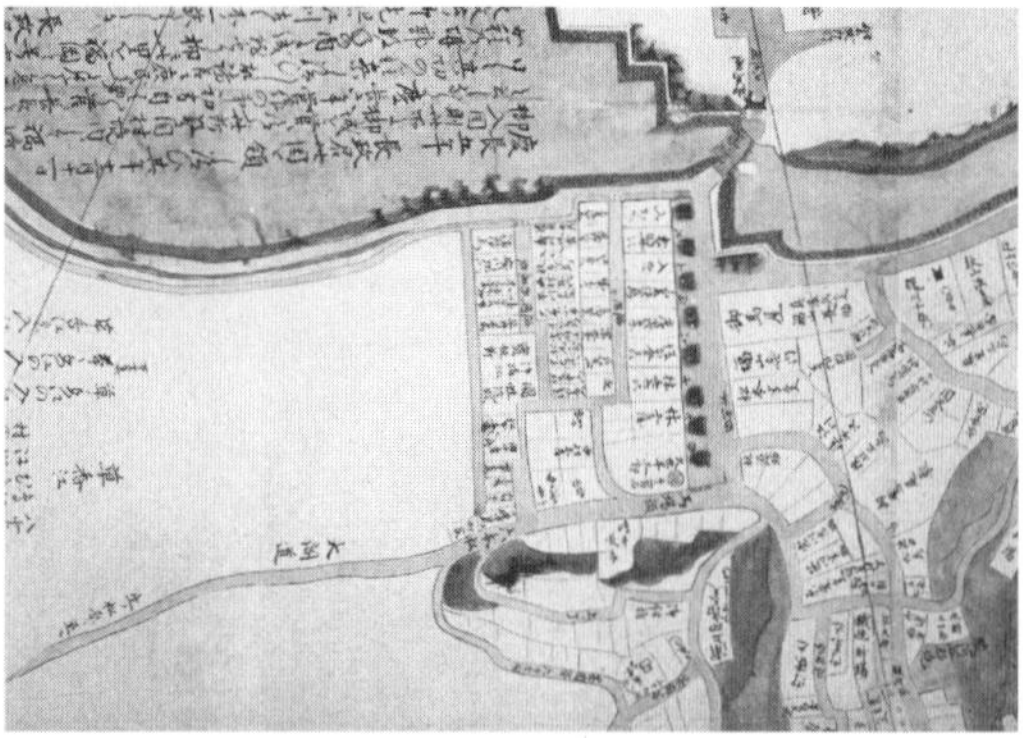

図 23.『福岡城下図』の「太閤道」

写真 59. 別府付近の太閤道（早良区）

また『大西家蔵福岡城下図』（福岡市教育委員会保管）にも「六本松」の西、菰川を渡ったところに「タイコヲ道」との書込みがある。すなわち「太閤道」である。この図では道はさらに南西にむかってのび、樋井川の東岸に達している。

このほか書込みこそないものの、この

道は正保三年（一六四六）の『福博惣絵図（正保城絵図）』（福岡市博物館蔵）や十七世紀後半の『福岡城下之絵図』（福岡県立図書館蔵）にも幅広の直線道路として描かれ、江戸初期からの幹線であるのがわかる。さらに『訂正早良郡図』（内閣文庫）によると、この道は原村から北に針路を変え、庄村をへてほぼ直進して室見川、十郎川を越え、生の松原にいたっている。

現地をたどれば、福岡城跡南の「護国神社前」バス停から二〇二号線にそって西に進み、「中村大学前」交差点の別府交番裏の小道に分岐する。昔ながらのせまい生活道路を直進、飯倉二丁目で再び二〇二号線と合流する（写真59）。

この間の直線道路は、地形に制約されがちな古い時代の道路とは思えないが、じつはこの一帯には古代の条里制の地割りが残り、太閤道はこの東西方向の条里の境界線上を通っている。したがって、中村大学裏から原にかけての太閤道は、古代からの道路を踏襲整備したものといえる。これが「原」交差点で条里とは無関係に方向を転換するのは、この先が室見川に近く、河川の氾濫によって条里の地割りが失われていたためと思われる（地図35）。

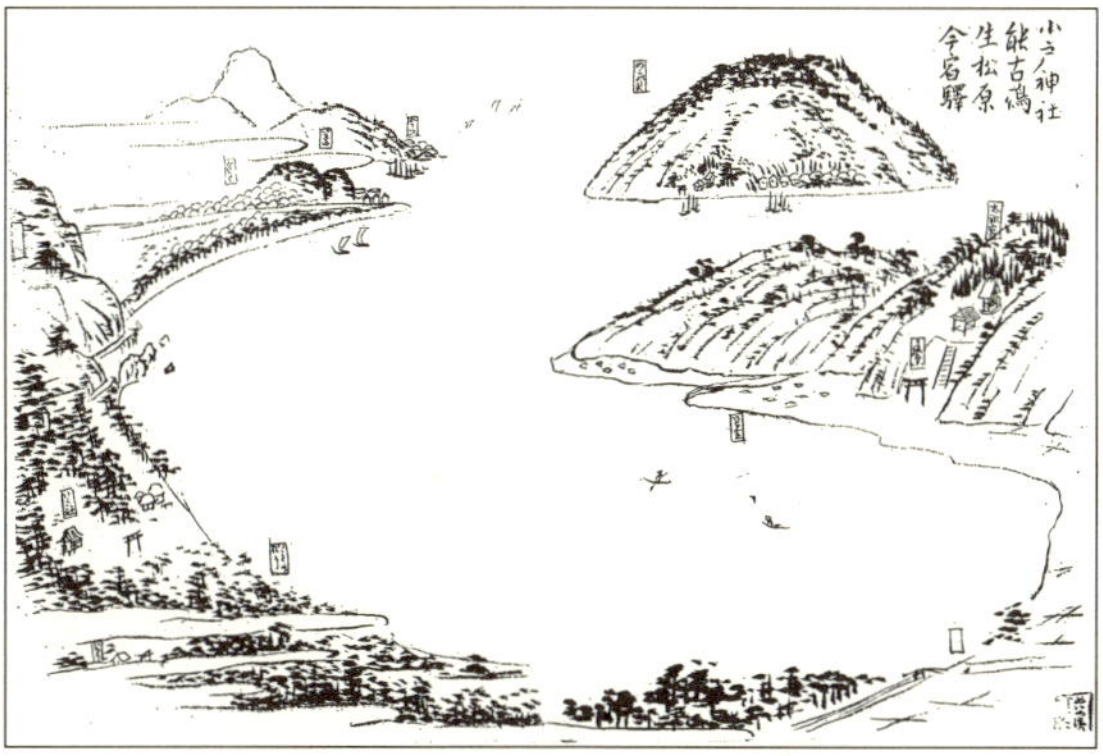

図24.『筑前名所図会』の生松原

生の松原の秀吉茶屋跡

生《いき》の松原（西区）は、福岡市西部の今津海岸にある。一帯は博多湾に能古島をのぞむ景勝の地であり、『拾遺集』『新古今集』をはじめ、多くの歌枕としても知られている（図24）。

松原の名は、神功皇后が三韓征伐の折、この地に松の枝を逆さまに挿し「もし功ならばこの枝生きん」と祈願すると、はたして枝が育ったことにちなむという。また一説に、松原に鎮座する壱岐神社に由来するともいう。壱岐神社は、皇后の老臣

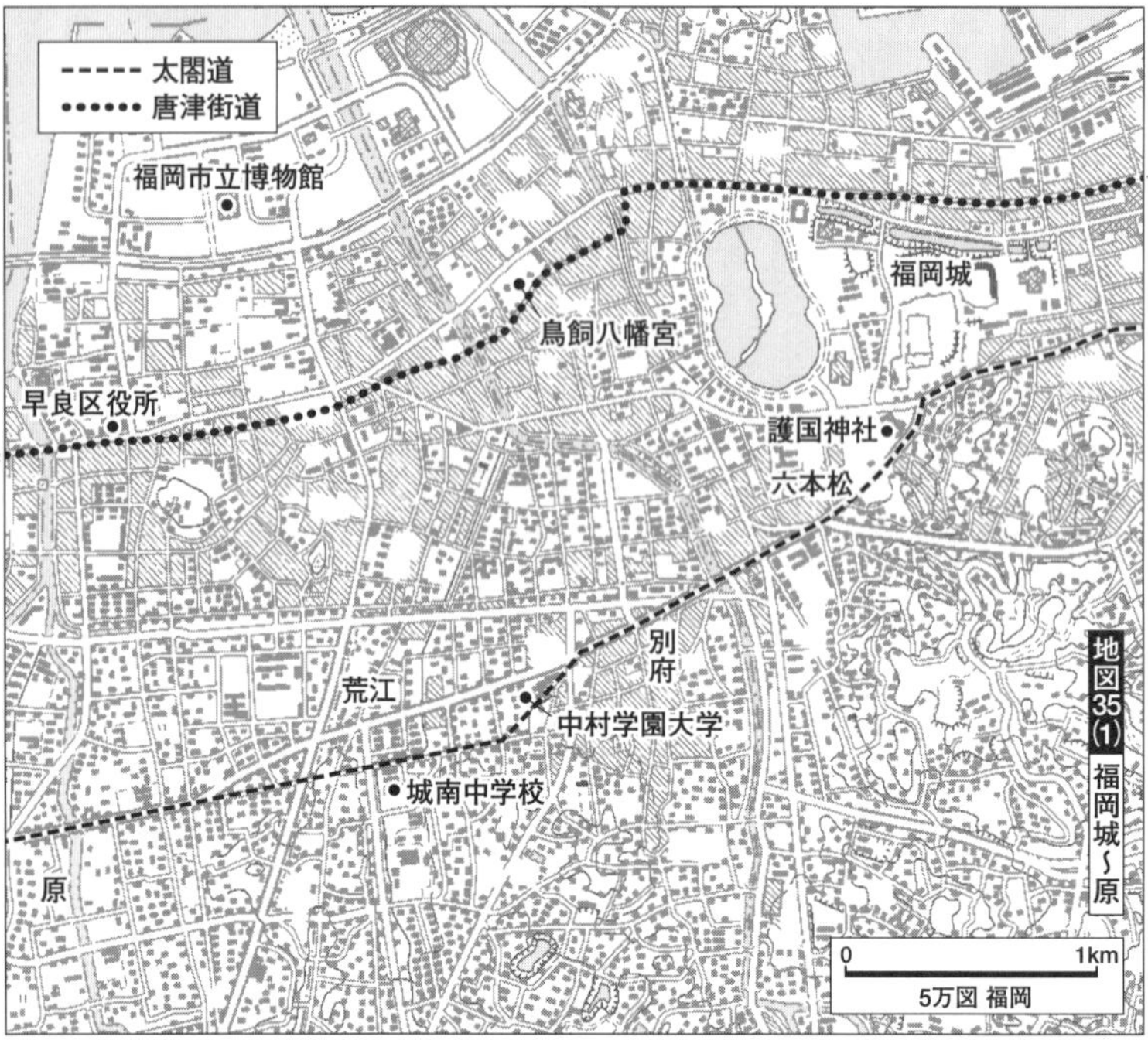

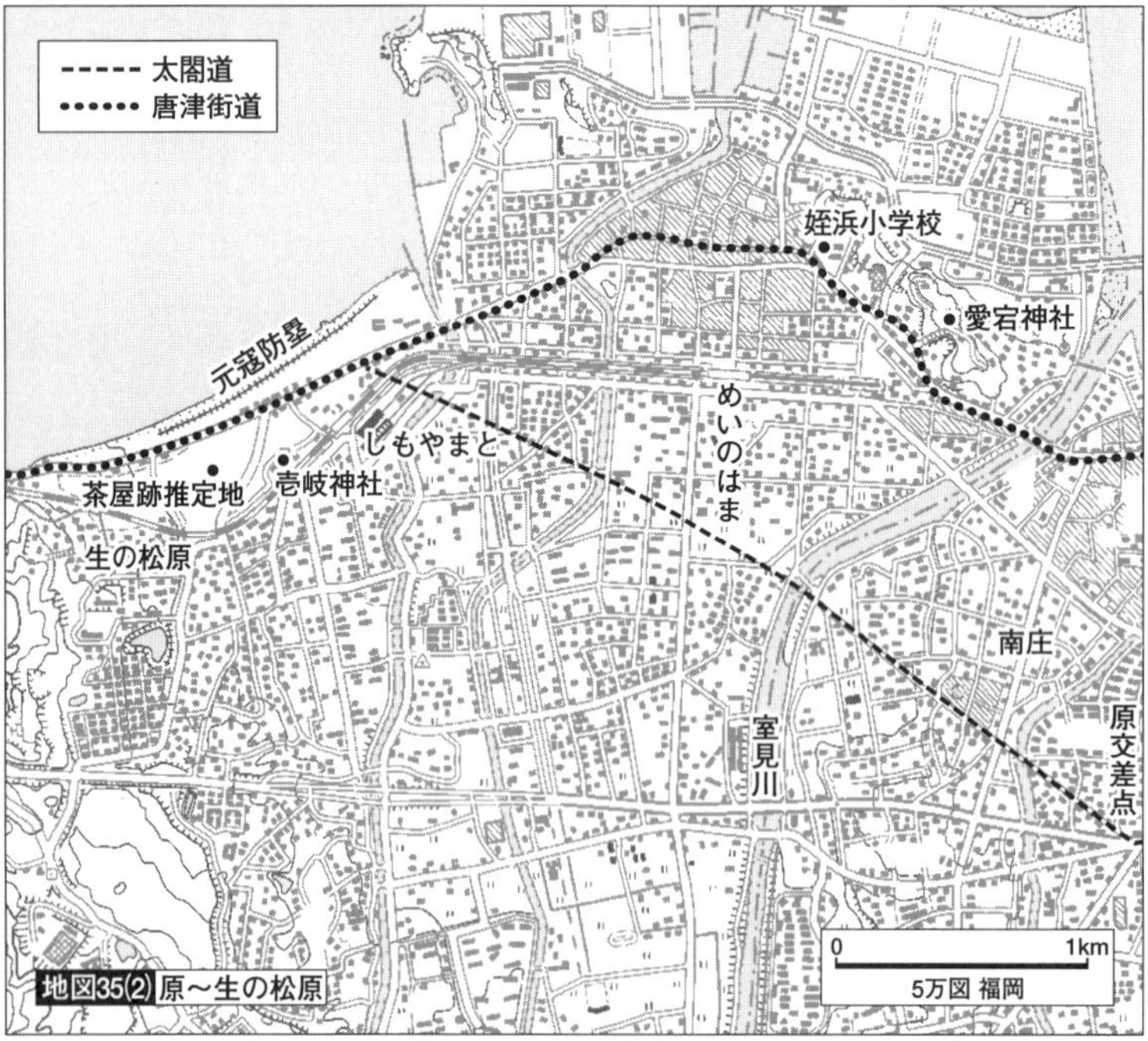

武内宿弥の身代わりとして死んだ壱岐直真根子を祀る。

この松原のなかに、秀吉の茶屋跡の伝承がある。『続風土記』は「秀吉公、文禄元年朝鮮征伐のため肥前国名護屋に到り玉ふ時、休ませ玉ひし茶店の址あり」という。この場合の茶店とは、先にもふれたように、秀吉の行軍にと

写真60．生の松原の茶屋跡推定地（西区）

もなう休泊の施設・本陣としての「茶屋」である。この年、文禄元年に出兵の先陣として九州に下向した木下勝俊の『九州道記』には、「名護屋にまかりけるに、道すがらの名所ども尋ね問はせければ、これぞ生の松原とは申すと言う」とあり、名護屋への街道がこの松原を通っていたことがわかる。勝俊はつづけて松原の様子を「海に近く少しさし上がり高き所なれば、涼しかるべき境地なり」と述べている。また、慶長二年五月五日に毛利輝元が生の松原で茶の湯をおこなった（『宗湛日記』）というのも、この茶屋でのことと思われる。

それでは茶屋は松原のどこにあったのだろうか。位置についての記録はいずれも「生（壱岐）神社と逆松《さかさまつ》の間」（『続風土記』）「姪浜より今宿へ通る官道」と壱岐神社の間（『拾遺』）など、相対的な記述にとどまる。

『明治二万』には、松原中に「逆松趾」が表示されている。その位置は現在の「生の松原」交差点から国道を一五〇㍍ほど西にすすみ、ここから南に五〇㍍ほど入ったあたりである。現地の古老の談では、『明治二万』に示された「逆松趾」は松原内の九州大学早良演習林事務所にむかって左側付近にあったという。また逆松と壱岐神社との位置関係について、延宝八年（一六八〇）に現在地に遷座するまで、社殿は「逆松より南二町」にあったとする（『附録』）。

以上のことがらを勘案すれば、秀吉の茶屋跡は国道の南の松林中、九州大学の早良演習林事務所のあたり、地名では生松原一丁目二三付近と考えられる（写真60）。しかし現地は平坦な松原で、土塁や堀の跡は見あたらない。旧版の地籍図にもそれらしい地割りもなく、遺構らしいものは確認できない。

生の松原は箱崎から一二㌔あり、これはこれまで見てきた赤間・古賀の茶屋山・箱崎の間の距離にちかい。秀吉の茶屋が太閤道上に計画的に配置されていたことが知られよう。また、松原の一帯は明媚な風光にくわえ、歌枕や異国征伐の故事にこと欠かない。「唐入り」にむかう秀吉の休泊地として、格好のロケーションだったようだ。

11　糸島郡の太閤道（福岡県）

地図36(1) 生の松原～今宿

長垂山《ながたれ》を越える

生の松原の西には、南からのびた山塊が海に突き出ている。その先端が長垂山（一一八・五メートル）であり、早良・糸島の両平野を区画する天然の境界である（写真61）。今日、福岡市域は長垂山の西、今宿・周船寺までひろがっているが、本来この地域は糸島郡に属する。

生の松原から長垂山のすそを海沿いに通る街道は『筑前名所図会』にも描かれ、国道二〇二号線・JR筑肥線もここを通過する。しかしこの道は近世以降の開削であり、慶長十年（一六〇五）の『慶長筑前国絵図』では、街道は山越えの道である。

写真61．福岡側から見た長垂山

『続風土記』には、「早良郡山門村の内、鉢の窪と云う所の少し上より、山の上を通り、海上をみおろし、志摩郡青木村に出しとぞ。是いにしへの海道也。故に古道と云う」とあり、旧街道は長垂山の南の鞍部、いわゆる油

地図36(2) 今宿～周船寺

坂を越えるコースであった。

坂の名の由来は、むかし僧侶が早良郡油山で胡麻油を作り怡土《いと》郡に供給していたが、あるときこれを大宰府に奪われそうになり、長垂山で油瓶をことごとく打ち割ったことによるという。

下って天正十四年（一五八六）、秀吉の先鋒黒田・小早川氏の九州攻略のおりには、糸島に本拠地をもつ原田氏は長垂山と油坂に砦を設けて迎えうった。近世まで、生の松原から糸島平野に出るにはこの道に限られており、説話と史実のいずれも、ここが古くから早良・糸島間の主要な回廊だったことを示している（地図36）。

現地は国道「大谷」バス停の先からから左手に折れる。JR筑肥線のガードをくぐってすぐ右折、右に「日翠園春日病院」を見て道なりに谷筋を登る。民家の途切れたところから先は、草におおわれた廃道となっている。

薮をわけて登りつめると、峠付近は急傾斜の狭い切通し道である。その前後はS字状に曲り、わざと見通しをさまたげている。現状の切通しがいつの時代のものかは不明だが、天正年間に原田氏がここに砦を設けた要害であることが実感できる。

峠を越え、谷を左にみて下れば、右手に湧水がある。現状は塩化ビニールのパイプから流れ落ちる殺風景なものだが、地元ではこれを「太閤水」の名で呼んでいる。江戸期の地誌類に記述はなく、具体的な伝承も伝わらないが、土地の人にはよく知られた湧水である（写真62）。

「太閤水」をすぎれば、同じ右手に「油坂地蔵堂」。ここが旧道に面していたことがしのばれる。坂を下りきれば旧志摩郡の今宿青木（福岡市西区）である。

写真62．油坂の太閤水（西区）

写真63．長垂の太閤水（薬水）

　ここから一度立ち帰るが、長垂山が海に突き出たあたり、国道の脇に「長垂の太閤水」とよばれる泉がある。名の由来は、名護屋城におもむく秀吉が飲んだことにちなむという。岩間からの湧水で、周囲を石で囲い、柄杓がそえられている。『明治二万』以来、陸地測量部の地図には「太閤水」と明記され、知名度は高い。

　しかし、これを「太閤水」とよぶのは案外新しい。『続風土記』には「薬になるとて、通路のかたはらに薬水といふ少ばかりなる出水あり」といい、『附録』では「清水　井筒径一尺五寸　古道」とあるだけで、太閤水の名はない。江戸期にはむしろ「薬水《くすりみず》」として有名だったらしく、

　立ち寄りて汲めよ旅人薬水　命も延びて生の松原

の歌もある。

　ところが明治初年の『全誌』になると、「薬水」の項に「井筒一尺五寸。太閤水共云う」とあり、これが「長垂の太閤水」の初見である。さきにも述べたように、近世以前の街道は長垂山の南を越えており、「長垂の太閤水」は秀吉時代の道筋ではない。「薬水」の逸話からも、幕末ころに付会された話であるのが明らかだ。伝承を鵜呑みできない事例として、あえて紹介する（写真63）。

周船寺《すせんじ》の太閤伝説

油坂の西麓、『明治二万』地図にある旧道は、南から延びてきたいくつもの丘陵の先端と直交し、これらを縫うように起伏する。現在はこの道の北に国道四九七号線が併行している。

伝承をひろえば、女原《みょうばる》（西区）には笠掛という地名がある。これは秀吉が朝鮮出兵のときここを通り、陣中の者を休ませて陣笠をかけたことに由来する。今は枯れてしまったが「笠掛の松」があったという。また「関白塚」という塚があり、文禄年間、ここを通行した秀吉が休息した場所という（『拾遺』）、その場所は「若宮新村」の「県道北側」というが、昭和三十年代には失われている（『周船寺村誌』）。

塚の実態は不明だが、街道沿いの各地には同様の塚の伝承が伝わる。秀吉は天正十五年の九州下向のおり、従来まちまちだった一里の長さを三十六町と定め、備中の河辺から肥前名護屋まで一里塚を築かせた。したがって、各地の「太閤塚」「関白塚」はこの一里塚の可能性がある。その場合、原（早良区）の太閤塚から女原の関白塚まではほぼ二里に相当する。

さて、先に九州下向のときの秀吉は太閤ではなく「関白」職にあったことを指摘した。通りのよい「太閤」の名をあえて用いない女原の「関白塚」は、その由来が古いことを示すように思われる。

旧道は「徳永」交差点で西九州自動車道の高架下を横断し、湯溜池の東で今宿から西進してきた旧唐津街道と合流する。先述のように、長垂山を海側に迂回する今宿経由の街道は、近世以降の道である。

この先、唐津街道は丸隈山古墳の前を通り、周船寺の町にはいる。これより西、条里制の地割りにのった直線道路が前原宿（前原市）まで続き、進んで深江宿（糸島郡二丈町）にいたるが、この間には秀吉にかんする口碑伝承もなく、その跡をたどれない。

二丈町松国の太閤道

唐津街道の二・五キロほど南、二丈町大字松国には「太閤道」の伝承地がある。現地は前原市川付から二丈町石崎をへて深江にいたる県道四九号の「波呂」交差点東方にあたり、標高五〇メートルほどの丘陵を東西に横切る。

『明治二万』地図上で伝承地を東にのばせば、長野川をわたり八田から伊都ゴルフ場をへて蔵持につづく旧道がある。西に進めば、石崎の集落をへて深江の町にいたる(地図37)。

現地は『二丈町文化財地図』に表示された「太閤道」の東端、牧ノ浦溜池の池堤付近から西に進む。途中、南から延びた二条の尾根を横切るが、等高線に平行するところも多く、さほど高低差はない。道幅一・五メートルほどの山道

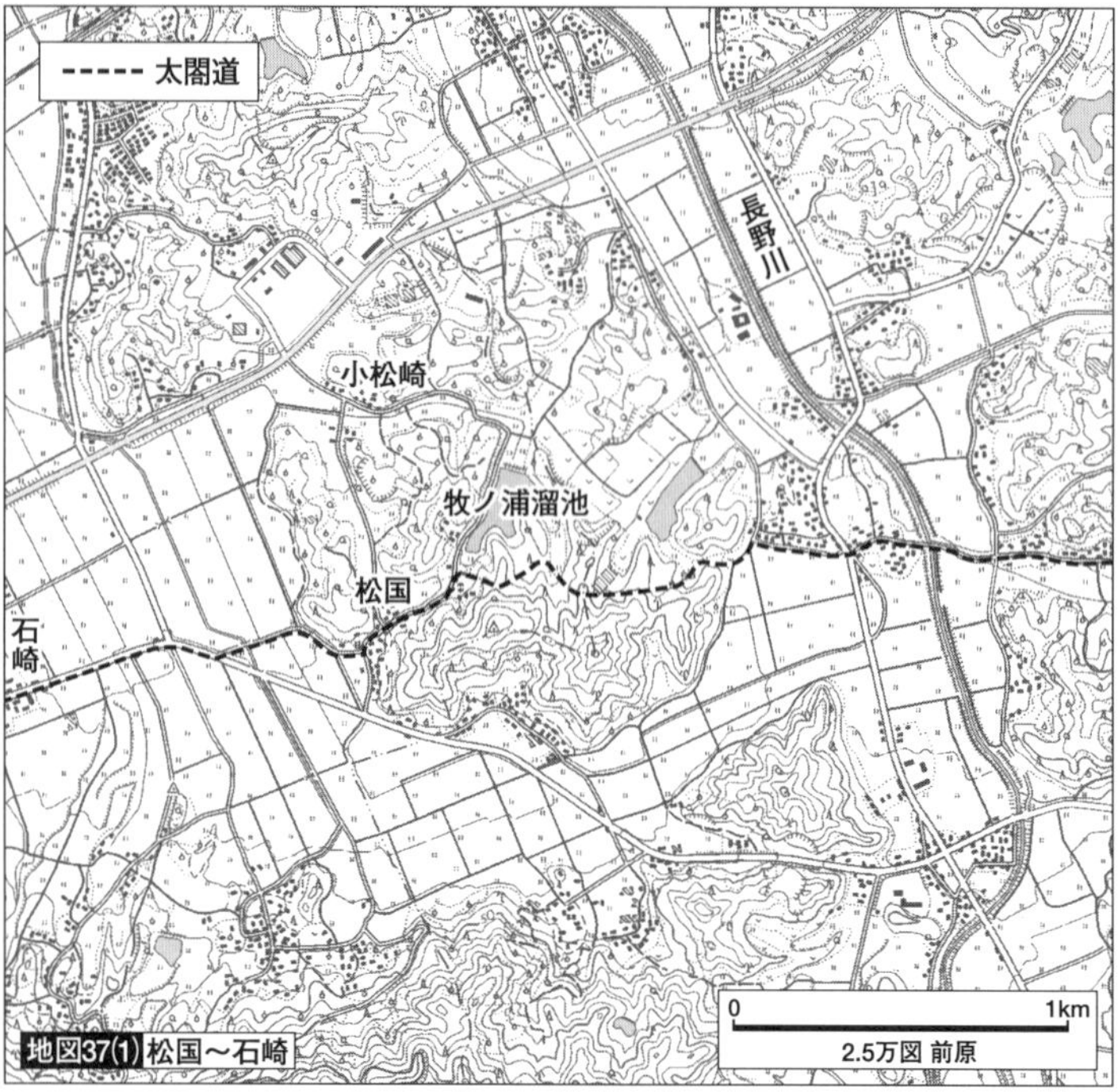

地図37(1) 松国～石崎

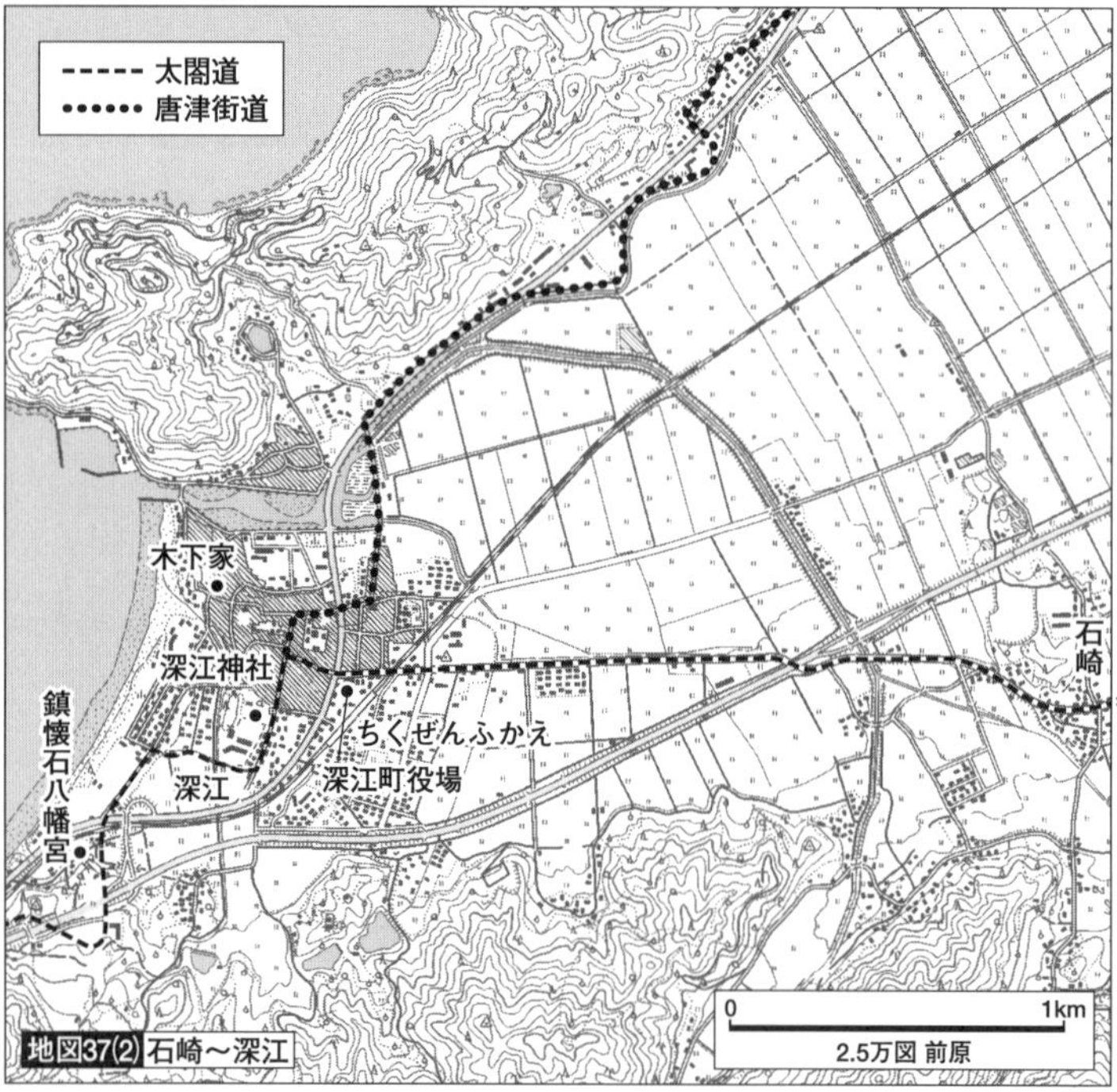

地図37(2) 石崎～深江

写真64．松国の太閤道（二丈町）

である。

尾根の頂部から西斜面にかけて、大規模な地形改変の跡があり、山側の斜面を削ったところと、道の両側を切通し状にした箇所とがある。その部分を道路は地形にそって屈曲しながら山下にいたる。一帯は孟宗竹の林で比較的見通しがよく、地形改変の状況がよくわかる。地形に応じて屈曲する堀切状の凹道で、鞍手町の「太閤溝」によく似た構造である（写真64）。

平地に下ったところは、牧ノ浦溜池の池尻にあたる。現在の道路と直交するまで、幅二㍍ほどの道路状の地割りがあり、道路を越えて西側の畑地にまでその痕跡が続いている。畑地の南は西にひらく谷であり、この谷にそって平野部に下る道だったようだ。

このように、旧怡土郡地域には、生の松原から続く油坂・徳永までの旧道と、二丈町松国の太閤道伝承地とがある。両者の方向と位置には食い違いがあり、直接には結びつかない。

ただし昭和十年刊の『福岡県地誌』には、「上古」の道路として周船寺徳永～雷山村三坂～長糸村飯原～深江のコースを示している。これに従えば、道は徳永から大きく内陸部に迂回し、松国の太閤道につながる可能性があるが、具体的な記述がなく詳細は不明である。

一方、古代官道の研究では、早良平野から怡土郡にいたる南北二経路の駅路が想定されており、参考になる（『古代交通研究』9）。北路は周船寺・伊都神社・怡土城北西端から条里制の坪境線にそって平野部を横断、野添・小松崎・石崎曲り田をへて塚田南遺跡にいたる。南路は飯盛山から日向峠を越え、末永高木遺跡をへて怡土城西方の郡家にいたるという。糸島の太閤道もあえて一経路につながず、不明部分は今後の課題としたい。

また、松国の北約九〇〇㍍の小松崎にも太閤道があるともいう。台地の中央部を掘り切った直線状の道路だが、これは上記の小松崎・野添間の駅路に相当する。松国の太閤道から派生した伝承と思われる。

深江神社と太閤茶屋

松国の太閤道を西にたどれば、深江の町にいたる。深江の地名は、海が深く湾入した地形に由来し、海岸にそって発達した砂嘴と、後背地の潟湖の痕跡がのこる。近世唐津街道の宿駅でもあり、町なかに鎮座する深江神社に隣接して、秀吉の茶屋があったと伝える。

『豊前覚書』には「文禄元年（二年の誤り）八月」、筥崎座主方清が「深江の御茶屋」に出向き、帰京する秀吉に伺候したとある。また『続風土記』には、社の側に秀吉の御茶屋跡があり、名護屋往来のとき淀殿がここで秀頼を身ごもったとある。秀吉は多いに悦び、当社は秀頼の産神であるとして小早川隆景に社殿を改修させた。神宮寺の山号「誕生山」はこのことにちなむという。側室の淀殿が九州に下向したことはなく、この点史実とはことなるが、深江神社に残る天正二十年壬寅九月十八日銘の棟札には「大檀越藤原近衛関白御臺様、于時国主小早川　筑前侍従隆景卿」とある。秀頼の誕生は翌年の文禄二年八月三日であるから、深江神社の改築が秀頼の出生に関係することは事実らしい。

写真 65．深江の茶屋跡（深江小学校敷地）

もっとも、この棟札には疑問点が多い。「藤原近衛関白」は秀吉をさすと思われるが、これは秀吉が近衛前久の猶子として藤原姓であった天正十三年七月から翌年十二月までのことで、以後は豊臣姓を名乗っている。また天正二十年は「壬寅」ではなく、「壬辰」である。

深江神社は宮山とよぶ砂丘を背に鎮座し、茶屋跡は明治時代まで神社地だったが、現在深江小学校の敷地になっている（写真65）。敷地を囲うように柳川が流れ、背後の防備はよい。海側からみれば、学校から神社の一帯は小高く、かつての入り江に面した要害の地であるのがわかる。

拝殿右手の籠殿には「豊公烈封冊図」と題する絵馬があり、日本国王に封じるという明の国書に激怒する秀吉を描く。大正四年の奉納だが、秀吉の宿泊地にふさわしい画題といえようか。描いたのは現在の宮司空閑純一氏の祖父廣海氏（故人）。氏は美術学校を卒業、絵をよくしたという。

秀吉はこの地で茶会を催したと伝え、拝殿左手に「太閤茶会の跡」の木製標識が立つ。二丈町文化財専門委員長の古川廣和氏は、実際の茶会の場所は神社背後の高台ではないかという。砂丘に登れば深江の旧潟湖は眼下に宅地と化しているが、かつての明媚な風光がしのばれる。

木下家井戸と小浜の太閤水

この茶会に用いられた水は西町にある木下家の井戸と伝える。別に山の清水をという所望があったので、町からすこしはなれた小浜の清水を汲んだという。木下家は、かつてこの地が中津藩領だったころの「名頭」の家柄である。「木下」姓が気になるが、豊臣家とは無関係という。一帯は藩政時代の行政の中心地であり、奉行所や倉庫跡、茶屋跡などが集中する。同家の母屋は改築されて古い建物はなく、現在では広い屋敷地の大半は畑として使用されている。

秀吉の茶会に用いたと伝える井戸は、かつて台所であった建物の一角にある。井戸枠は砂岩の切石四枚を方形に組み合わせている。現在は板で蓋をし、ポンプで汲みあげて使用されている。水はくせのない味で、海に近いが塩分はない。

小浜の清水は、今日「太閤水」の名でつたわる。深江の西約一・五キロ、JR筑肥線佐波トンネルを出た付近、コンクリート擁壁下に一辺五〇センチほどの湧水口がわずかに残る。

深江から「太閤水」を通過する国道は、文政十三年（一八三〇）に新設された道を踏襲したもので、それ以前の街道は鎮懐石八幡宮の東、「カニクラ坂」を登り、山道つたいに「萩の原」をへていったん太閤水付近に下り、「犬戻り」の手前からふたたび山手の「陣尾」に登っていた。糸島地方の郷土史にくわしい堀田千年氏の記憶では、今日の「小浜の太閤水」より山手の旧道ちかくに湧水があり、筑肥線の開通で消滅したという。この方が旧来の「太閤水」であったらしい。

肥前国境まで

深江から肥前国境までは、山地が海にせまる地形的な制約から、近世以前の古道も唐津街道とかさなる部分が多い。時期的な小変動はあるが、深江から西を概観すると図示した経路となる（地図38）。

大入《だいにゅう》駅の先、唐津街道は海ぞいを通るが、中世の道は大入駅から南寄りの丘陵裾を通っていた。これは、白浜・福吉間がかつての砂嘴であり、現在の国道二〇二号線の南一帯は、福吉中学校付近まで深く湾入した入り江（潟湖）であったことによる。入江が陸化したのは近世の干拓の結果ようだ。とすれば、唐津街道も初期には丘陵側を通っていた可能性がある。

街道をそれた山手、大字吉井大門下手の道ばたに「太閤駒つなぎの木」がある。水田の隅に丸い大石があり、その上に生えていたナノミの木がそれという。細い若木に代わったが、戦前まで「高一丈五尺、根幹周囲五尺」の大木であった。今もその根が石に残る。秀吉がこの先の寺を攻めたとき、馬をつないだという（『糸島郡誌』）。

福吉集落をすぎ、国道は海辺を通るが、唐津街道は直進して立花峠にいたる。峠越えの道は古代の駅家をつなぐ道筋とも考えられており、このルートが中世以前に由来することがわかる。

立花峠を越え、「古代の道標」と書かれた標識から谷筋を直線的に下れば、鹿家《しかか》の海岸。前方には唐津湾をへだてて東松浦半島が見えてくる。鹿家下公民館より先は再び丘陵地となる。右下に筑肥線・二〇二号線、左上には二丈浜玉道路と、海ぞいのせまい傾斜地に新旧の交通路が併行する。

筑肥線深浜トンネルの先で山道は海岸に下る。古川廣和氏によれば、このあたりの旧唐津街道を「太閤道」とよぶという。とくに書かれた記録類などはないが、地元では周知されているようだ。

やがて佐賀県との県境。筑肥線を山手に上がった帽子川（包石川）の中央には、筑肥の国境碑が立つ。旧国境の磯辺には、丸い岩を積み重ねたような奇岩「包石」がある（写真66）。古くは「鼓石」として知られ、ここを通過し

写真 66．筑肥国境の包石（写真は崩壊前）

た常陸国佐竹氏の家臣平塚滝俊も「つつみ石とて、磯きわに丸大なる石候。肥前のめいしょニ候」と手紙を書き送っている。文禄元年に生の松原をへて名護屋城にむかった折のもので、当時の名護屋への道、すなわち太閤道がここを通過していたことがわかる。

古くから名の知られた包石だが、平成十四年の八月、暴風雨のため一夜のうちに崩壊した。崩れ落ちた大石が海岸に散乱しているのは痛々しかったが、地元の福吉郷土史研究会や唐津市の松浦文化連盟が二丈・浜玉両町に働きかけ、平成十六年八月末もとの姿に修復された。

包石の先、道は国道二〇二号線を横断してふたたび山手にむかう。このあたりを「包石坂」と呼ぶ。近世の街道は国道の山寄りを並行し、浜崎漁港の南で海岸に下るが、より古い時代には包石からいったん山手に登り、標高約一五〇㍍の「金草越」をへて渕上《ふちのうえ》（浜玉町）に下っていた。この道は昭和五十六年の「金草道路」の開通でほとんど廃道となったが、近年まで山道として残っていた。ただし現在は途中が土砂捨て場となって斜面は大きくえぐられ、足を踏み入れることはできない。

峠から南に下れば金草集落をへて玉島川の北岸、淵上にいたる。近世の渡河点は淵上神社の下手付近にあり、福岡藩主の長崎往来の時にかぎって臨時に橋を架け、これを「黒田橋」と呼んだ。もっとも、河口部の沖積や道路のあり方を考えれば、文禄・慶長の頃の渡河点はより上流の谷口・大江（浜玉町）をむすぶ線ではなかったろうか。

この先、道は名護屋城へ続くが、肥前の太閤道については、次章であわせ述べる。

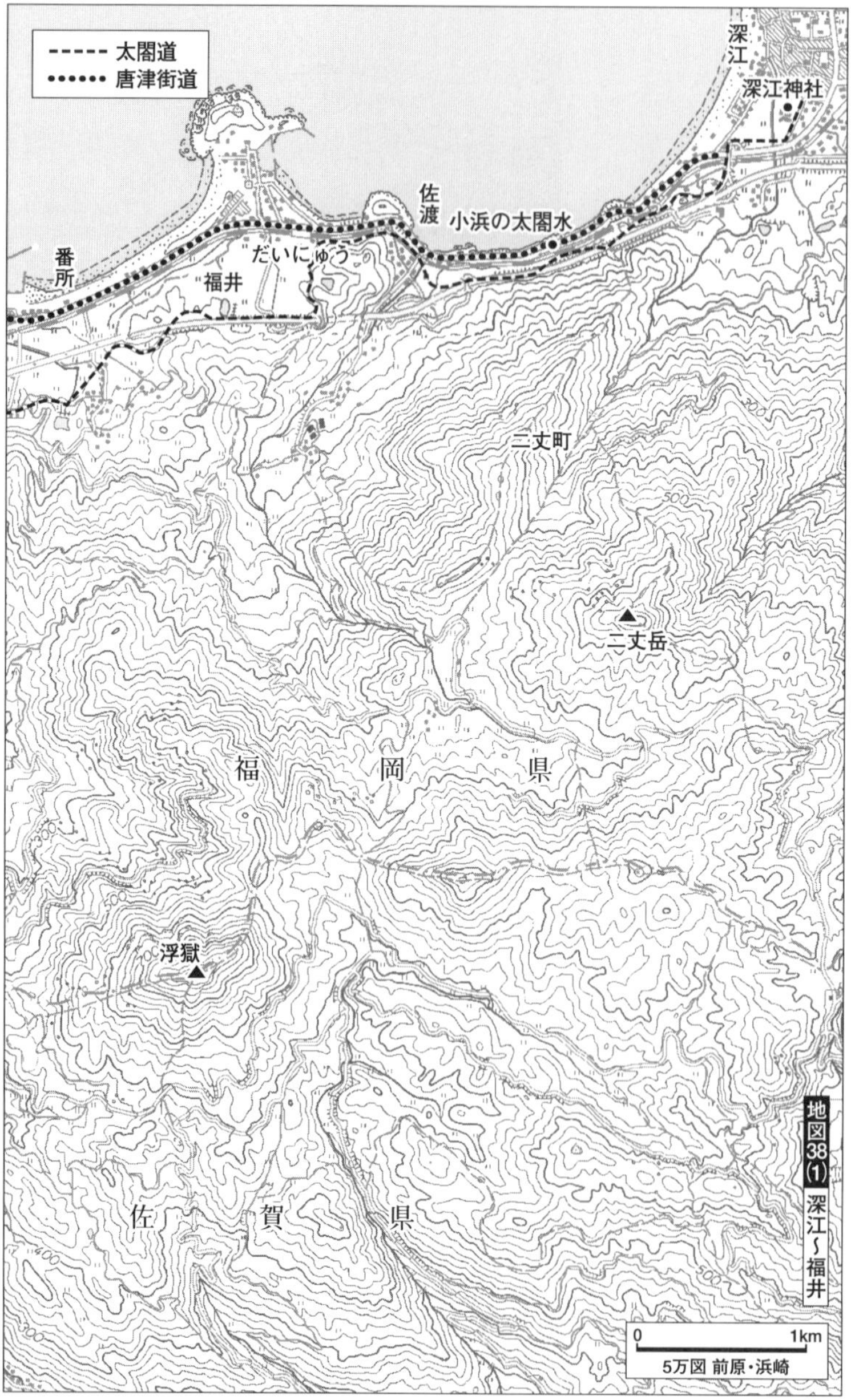

太閤道
唐津街道
深江
深江神社
佐渡
小浜の太閤水
番所
だいにゅう
福井
二丈町
二丈岳
福岡県
浮嶽
佐賀県
地図38(1)
深江～福井
0
1km
5万図 前原・浜崎

地図38(2) 福井〜渕上
太閤道
唐津街道
ふくよし
立花峠
吉井
駒つなぎ石
鹿家
しかか
二丈浜玉道路
十坊山
包石
金草峠
金草
渕上
浜崎
玉島川
0
1km
5万図 前原・浜崎

第三章　文禄太閤道 南路

1　佐賀東部の太閤道（佐賀県）

秀吉佐嘉路を通る

秀吉は肥前名護屋に在城した一年三ヵ月の間に、大坂との間を一往復している。すなわち文禄元年七月、母である大政所の危篤を知っていったん大坂にもどり、ふたたび名護屋に入った。大坂へは海路をとったが、途中、豊前大里の沖で御座船が座礁、浸水した。随行していた毛利氏の救援で大事にはいたらなかったが、帰路を急ぐ秀吉の怒りは激しく、「船頭」の明石与次兵衛を浜辺で斬らせた（コラム《秀吉の難破と明石与次兵衛》参照）。

その後、母の葬儀を終えて十月一日に大坂を発し、一カ月後の十一月一日には名護屋に戻った。このとき秀吉は、博多から南に迂回して肥前佐嘉（佐賀）・唐津経由で名護屋に入った。これを前回の道筋と区別して「文禄太閤道・

南路」とよぶことにする。

石動《いしなり》の太閤拝領杯

秀吉が佐嘉路を通って名護屋に向かったとき、神埼郡上東郷之庄石動の住人、立石大蔵介広玄なる者が秀吉を歓待したと伝える。石動は脊振山地の南麓、今日の三養基郡東脊振村にあたる。

このとき広玄は「(太閤)殿下を御途上に奉迎、猪狩を催して」秀吉は「御感悦浅からず」という。広玄はまた秀吉に供奉して名護屋にいたり、「御朱印御紋入朱塗三組の御杯を拝領」した。『北茂安村誌』が引用する断片的な話だが、立石広玄は菅原氏の末裔を称していたという。

中世の石動荘は大宰府天満宮の安楽寺領であり、菅原氏とはゆかりが深い。その子孫を自称する立石氏は、たとえば荘園を管理する荘官のような、中世以来の在地の有力者であったらしい。

このとき広玄が拝領したという朱塗りの杯は、戦後ながく佐賀市の鍋島徴古館に陳列されていた。実見したという人もいるが、今日の徴古館職員に知る人はないという。同館に当時の記録や写真も残っていないのは残念だ。

杯はその後所有者に返却され、昭和三十年代中ごろには北茂安町の立石純夫氏蔵となっていた。しかしその後同家が遠方に転居したため、現在では拝領杯の真贋はもとより、存否の確認もできないとは、同町で文化財を担当する岡毅氏の話だ。

境原宿と秀吉

長崎街道の宿駅のひとつ境原(神埼郡千代田町)は、神埼宿と佐賀城下の中間にある。江戸時代には、蓮池往還との分岐点でもあった。原の町に鎮座する若宮神社の創建年代は不明だが、古くから牛馬の守護神として知られている。

伝承では、文禄元年に秀吉がこの地を通過したおり、戦勝を祈願して同社に神馬を奉納したという。これにちなみ、その後代々の佐賀藩主も軍馬の安全を祈って献馬し、若干の飼料までが付与された。この習慣は明治十年まで続き、庶民も春秋に馬を牽いてこの社に参拝した。

秀吉通過にかんする伝承は佐賀平野北部に多く、境原のような南部では稀である。神馬奉納には具体的な史料による裏づけはないようだが、『勝茂公譜考補』には「天正十九年、觸久ヨリ佐嘉へ町御引移シ」とある。佐賀城下町の建設が天正十九年に一定段階にあったことをしめすものだが、神埼から境原をへて佐賀にいたる街道の整備もまた同様かと思われる。伝承が生まれる環境はあったようだ。

名護屋渡の由来

尼寺《にいじ》(佐賀郡大和町)は佐賀市の北、佐賀平野の北部にある。地名はこの地にあった国分尼寺に由来し、ちかくには肥前国府跡も残る。東西・南北の往還が交差し、佐賀郡北部の交通の要衝でもあった。近世では尼寺宿として高札場があり、嘉瀬川の渡船場でもあった。

川にかかる橋を「名護屋橋」という。橋の名は明治十七年の架橋まであった渡し場の名「名護屋渡」に由来する。これは文禄の役のおり、秀吉が名護屋にむかうときに通ったことによると伝える(写真67)。この時は大雨で嘉瀬川は増水し、渡河は困難をきわめた。当時佐嘉を領していた鍋島直茂は秀吉を川の手前の尼寺宿でねぎらい、川に舟橋をかけて秀吉軍を渡したという。

山本常朝の談話を記したとされる『葉隠』の「聞書六」には「太閤様名古(護)屋御在陣の処に、御母堂様御病気にて御上り、又御下向の時は佐嘉上道御通りなられ候」とある。また同「聞書二」では、秀吉が通ったのは「高木上道」であるともいう。

『葉隠』は筆録した田代陣基による編集の手が相当に加わっているというが、「佐嘉上道」「高木上道」は同じ道の別称と思われる。「高木」は尼寺の南に接し、今日の佐賀市高木瀬町にあたる。

また同書では「その節見物仕り候者の咄《はなし》に、太閤様は小男にて、眼大き朱をさしたるがごとく、顔の色、手足ま

写真67．名護屋橋と橋下の太閤道（大和町）

で赤く、花やかなる衣裳にて、足半《あしなか》をはかれ、朱鞘、金ののし付の大小をさし、刀のさやにも足半一足結付、馬上の御旅行にて云々」と情景を活写している。

足半とは「足半草履」の略称。草履の前半分のみのもので、踵の部分がない。軽く走りやすいため、武士が戦闘の時に用いた。刀の鞘に足半を結ぶことは、若栗神社（愛知県）蔵『兼松正吉像』にも見られる。天正元年に朝倉氏を討った刀根山の合戦で、織田信長から直々に与えられた足半と伝える。秀吉の足半も、上級武士でさえ予備の足半を鞘に結んでいた当時の風俗を知る上でも興味深いが、なによりも『葉隠』のこの逸話が後世の創作でなく、当事者の実見談であることを示すといえよう。

おなじく『葉隠』には、このとき竜造寺隆信の母慶誾尼《けいぎんに》が秀吉を歓待したとの逸話もある。慶誾尼は近隣の家から戸板を集めさせ、竹四本を立てた上にのせて机状につくり、堅く握った飯を土器に盛りならべて尼寺の道路端に出し置かせた。秀吉は通りがかりにこれを見て「これは竜造寺後家が働きなるべし。食物なき道筋にて上下ともに難儀のところ、心付候事奇どく（奇特）也」と言って握り飯を手に取り「武篇（辺）の家は女までかように心働き候。この堅き握りようを見よ」とほめたという。

女傑として知られる慶誾尼にふさわしい話だが、ここで想起されるのは、本能寺の変を知った秀吉が異例の迅速さで京に戻った、いわゆる「中国大返し」の故事である。このとき秀吉は沿道に命じて道端に食糧を準備させ、夜は松明をかかげさせて通行の便をはかったという。慶誾尼のエピソードは、移動する軍勢に食糧を供給する実例が示されているように思われる。

高木土器師の話

またこのとき、秀吉は飯を盛った土器《かわらけ》にも目をとめた。これを作った高木土器師の家長彦三郎を名護屋の陣中にたびたび召し寄せ、「この土器はみごとな出来である」（土器無類の物に候）として朱印状を与えた。『葉隠』にはその朱印の写しとして

土器手際比類なく、九州名護屋において司《つかさ》たるべき也

天正廿年極月廿六日　　御朱印

土器師　家長彦三郎

との文書を示している。

じつはこの家長彦三郎という人物、さきに「八女・久留米の太閤道」でふれた筑後坂東寺焼の田中土器師の先祖にあたる。田中家文書『土器師田中政右衛門覚書』によれば、政右衛門の先祖は家長方親といい、文禄・慶長の役には鍋島軍に従って渡海、陶工を召し捕って名護屋に連れ帰った。みずからも土鍋や土器を製作し、秀吉はじめ諸将に献上して賞賛された。この功で司の朱印状を拝領したという。

その後は伊万里で朝鮮陶工を抱えて製作を行なったというから、方親はまぎれもなく家長彦三郎である。家長方親についてはコラム《陶工連行の実行者》を参照されたい。

佐賀平野の古代官道

秀吉が尼寺を通過して名護屋に向かったとの伝承を紹介したが、その裏づけはあるのだろうか。

ここで参考となるのは、佐賀平野を東西に横切る古代官道の存在である。国分尼寺・僧寺跡の南約一〇〇㍍を東西方向に通る幅約一五㍍ほどの帯状の窪地があり、以前からこれを古道の跡かとする見解があった。古代道路にくわしい木下良氏は空中写真などを手がかりに、この窪地をふくむ「北七八度東方向に一直線の痕跡が約一七㌔にわたって延びて三養基郡中原町に達し」ていることを確認した（『大宰府古文化論叢』上巻）。

中原町以東については跡をたどれなかったとするが、日野尚志氏は終戦直後に米軍が撮影した空中写真によって、鳥栖市西部を西南から東北に、基山町（三養基郡）方向にむかう痕跡を木下氏の想定道路に連なるとした。

一方、嘉瀬川以西については、大和町川上にある式内社淀姫神社の一ノ鳥居跡がこのルートに沿うことから、木下氏が指摘した直線道路が川西まで延びていたことが考えられている（『多久市誌』）。

また日野氏は、木下氏が比定した路線から条里の二里分（約一・三㌔）南方に並行する東西道路を指摘、尼寺の東から南下して駅ヶ里（神埼町）から白石（北茂安町）付近にいたる道を想定した。便宜上前者を北路、後者を南路と呼べば、当初は北路が平安時代、南路が奈良時代の官道と考えられていた。

もっとも、近年の発掘調査の結果、その年代観は逆転している。本稿は古代官道が主題ではないので詳しくはふれないが、北路上にある吉野ヶ里遺跡（神埼郡）そばの「深道」切通し西側の発掘事例などから、神埼・三養基郡内では北路周辺に奈良時代の遺跡が分布し、南路周辺には平安時代の遺跡が集中することが知られる。したがって北路は奈良時代の官道であり、平安時代にはこれより条里の二里分南（南路）に移動したと考えられるようになった。

ただし、南北の古官道、とくに北路が奈良時代に廃絶したとはいえない資料もある。たとえば承安三年（一一七三）の「川上神社文書」（『平安遺文』）には、佐嘉郡川原村の四至をしめす「北限高瀬古大路」「南限府大路」の語あり、当時の川原村には「古大路」「府大路」という南北二本の大路があったことがわかる。「府大路」はその名から肥前国府から大宰府にいたる官道と考えられるから、その北にある「古大路」はいわゆる「北路」に相当する。

また神埼荘の要衝にある田手宿（三田川町）の東妙寺蔵『東妙寺古図』は鎌倉末～南北朝期の製作とされ、盛時の境内を描く。図中に外門付近の小川に架かる橋が「大路」に通じるとあり、このころ東妙寺の南、田手宿集落を通過する「大路」があったことが知られる。これは南路に相当する。

さらに名護屋渡のある大和町尼寺付近では、官道にともなう側溝をはじめ、その後十四世紀末までの六期にわたる生活の跡が確認された（写真68）。これは北路に相当する（『鍵尼遺跡』）。

このように文献・考古資料の双方から、官道沿いに集落が中世の終末ころまで断続的に続いたことが知られる。これはとりもなおさず南路はもとより、北路も奈良時代に廃絶したのではなく、十五世紀初頭ころまで確実に「生

写真68．鍵尼道跡の道路跡（大和町教育委員会提供）

きて」使用されていたことを示している。

道は西に直進して名護屋渡にいたるから、秀吉が通ったのは古代官道の北路と重複する道であったらしい。『葉隠』にみえる「佐嘉上道」「高木上道」も、この道筋をさすと考えられる。

名護屋渡周辺の太閤道

大和町の東端「延喜」集落内には「延喜大皇宮」という神社があり、この付近から南に延びる窪地地形が南北路の分岐点の根拠と考えられている。木下良氏がこれを官道跡と推測したことは先にもふれたが、最近の開発でほとんどが破壊されたのは惜しまれる。

窪地の痕跡を西にたどれば、久池井《くちい》の「みどり団地」に入る。造成された団地内に旧道はたどり難いが、団地西南角の水路わきには自然石の庚申塔があり、このあたりがかつての往還であったことを示している。

ここから西、道路を横断した先は直線道路となり、この道筋が官道跡と重なる。鍵尼遺跡は発掘調査後はほとんど宅地化したが、小公園として残った緑地の角に遺跡をしめす写真入りの角柱が立つ。水路をへだてた右手の農地には、低い段丘状の地形がつづく。このあたりが幅一五～二二㍍ほどの窪地を通る道であるのがわかる。

春日小学校のグラウンドより先は、春日郵便局北側の水路に痕跡をたどることができる。このラインを延長した先は、嘉瀬川の河川敷にある畑地の農道として現われる。名護屋橋の上流一〇〇㍍ほどにあり、幅二㍍たらずの道がまっすぐに川にむかっている（地図39）。

左手を横断する「名護屋橋」は鉄筋コンクリート製、両端の親柱には、秀吉通過の故事を刻む。親柱が船の舳先

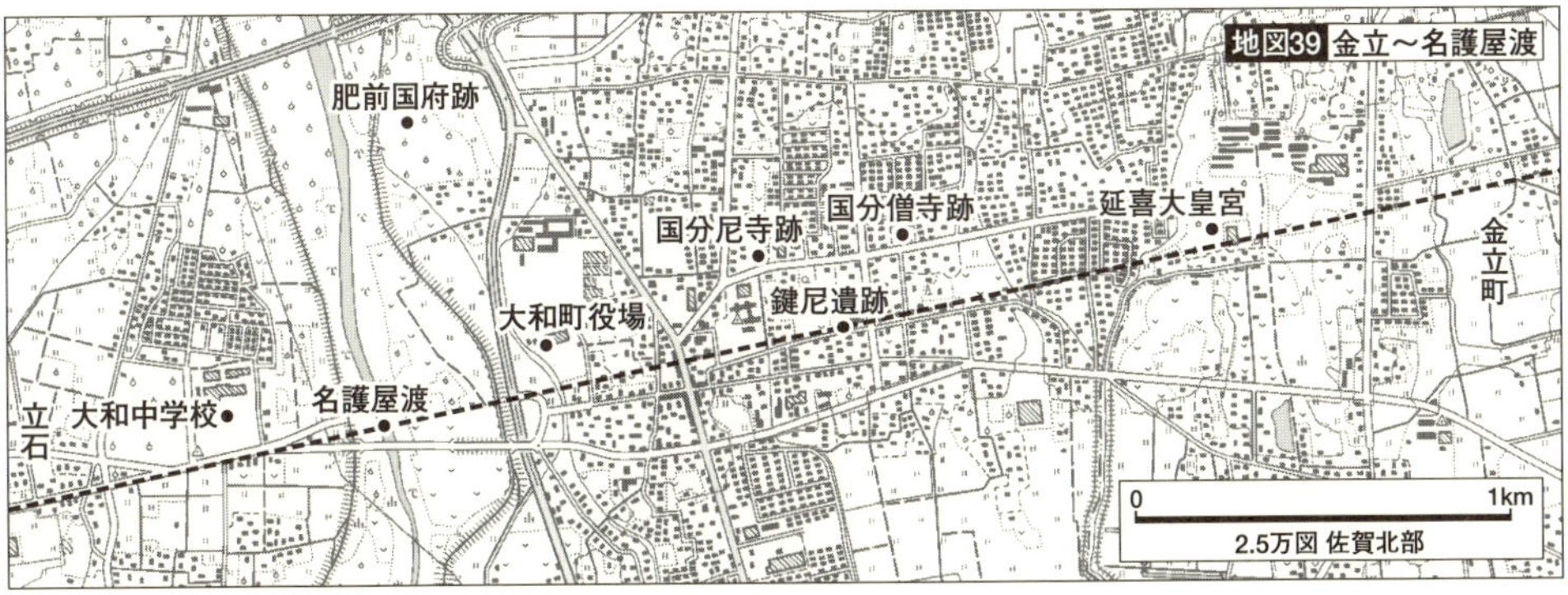

のかたちであるのは、舟橋をイメージした、とある。

西岸の道路跡は、佐賀外環状線とその北側の道路にはさまれた三角形の畑地に残っていたが、近年の耕地整理で消滅した。この地割り線上の道を東にのばせば「大和中前」交差点で佐賀外環状線と合流する。道路は右手に大和中学校のグラウンドを見て直進、旧道はすぐに左に分岐する。この道は小城方面に続くが、方位の傾きが東岸とはことなる。木下氏の指摘のように、この先は官道としてじゅうぶんな整備がなされていなかったらしい。

幻の「佐嘉下道」と佐賀の中世都市

以上「佐嘉（高木）上道」を見てきたが、「上道」とは「下道」の存在を前提とした名である。「下道」は文献に見当たらないが、奈良盆地における「上つ道」「下つ道」などの用例からみて、両者は並行する道筋と思われる。そこで古代官道の北路を「上道」とすれば、南路が「下道」の候補となる。しかし南路は途中で北に転じて国分付近で北路につながってしまう。またこれより南にある近世長崎街道の整備は佐賀城下町成立のころであるから、候補とならない。したがって、「下道」とは「高木上道」の名がしめすように、「上道」と近世長崎街道との中間、高木付近を通過した可能性が高い。

高木は尼寺の南に接する。鎌倉時代の文永年間には「高木城」があり、肥後国司の末裔高木氏がこれを領した。今日の高木八幡宮が城跡である。高木氏は戦国末期には竜造寺氏と争って衰亡、江戸時代天明期には上下高木村のほかに上下「高木宿」があった。またこの地は先にふれたように、秀吉から土器司の朱印状を得たという高木土器師の居住地でもあった。

高木の北には長瀬があり、多布施川をはさんで蠣久《かきひさ》がある。『勝茂公譜考補』には「天

写真69．蠣久天満宮（佐賀市）

正十九年、蠣久ヨリ佐嘉へ町御引移シ」とあり、佐賀城下町建設のおり神社や寺院をはじめ、蠣久にあった伊勢屋町・白山町など多くの町と町人を城下に移した。なかでも「六座町」には金銀座をはじめ、朱座・漆座・釜座など六つの座があったというから、このころ蠣久一帯に本格的な町場があったことが知られる。

また、長瀬村からは刀匠や鍛冶師を移住させた。佐賀城下の長瀬町はここからの移転という。在郷の町場を城下に移転集中させることはこの時期各地で見られ、佐賀における蠣久・長瀬村移転もその一例である。

ではなぜ天正十九年以前、高木・蠣久・長瀬に町場があり、多くの職人が居住したのだろうか。

「蠣久」の名は平安末期に荘園名として見える。ここに鎮座する蠣久天満宮は、鍋島氏による城下移転のおりにも神慮を理由に遷座せず、現地にとどまった。境内の龍樹菩薩は中世以来庶民の崇敬をあつめており、当時、封建領主の意向を拒否するほどの権威をもつ神社であったらしい（写真69）。また蠣久の地名は、水底から引きあげた尊像に蛎殻が付着していたことに由来するという。この地がかつて有明海にのぞむ水辺の地であったことをうかがわせる説話である。

このように見てくると、一帯は在地土豪の居館・城郭をはじめ、格式ある神社仏閣が立ちならび、商人・職人らが数多く居住する拠点的な集落であり、同時に嘉瀬川河口の港町でもあったことがわかる。あえていえば「中世の地方都市」であった。

以上の状況をふまえると、「下道」とはこの地域を東西に横断した道の可能性がたかい。その具体的な経路や古代官道とのかかわりについては、次節で再考したい。

《コラム・**陶工連行の実行者**》

『土器師田中政右衛門覚書』にしるされた肥前・筑後の土器師の先祖、家長彦三郎（方親）の行動は興味ふかい。方親は肥前尼寺にちかい高木村（佐賀市高木瀬町）に住み、「土器《かわらけ》」と呼ばれる中世以来の旧式な焼物の制作者であった。秀吉の佐嘉路通過のおりに知己を得、製作した土器を名護屋の秀吉や麾下の大名に供給したという。

朝鮮出兵のためにこつぜんと現われた名護屋城と周辺の大名宿営地には、大量の食器類も必要とされたから、肥前一帯の土器生産者にとって、文字どおり「朝鮮特需」であったにちがいない。方親はその求めに主導的な働きをしたらしく、「名護屋において司《つかさ》たるべき者也」という朱印状は、そのことを示す資料といえる。

文禄・慶長の役では鍋島氏に従って朝鮮に渡り、現地の陶工を召し捕って連れ帰った。また陶器類も持ち帰り、秀吉に献上したという。近年の研究では、戦国時代のいくさとは人とモノの略奪と同義語にちかいという。前者を「人取り・生捕り」後者を「乱妨取り・乱取り」などといい、戦場では私的のみならず組織的におこなわれた。その様子は『大坂夏の陣屏風』にも描かれている。朝鮮における方親は、まさにこれを地で行くものだ。

さらに方親は、連行した朝鮮陶工を使役して、新技術による陶器を大量に生産させたという。秀吉の朝鮮出兵では現地の陶工が多数連行され、彼らが製作した陶器が近世窯業の基礎となったことは広く知られている。陶工の日本への連行については「出兵した大名による」という一般的な説明がなされているが、家長方親の行動を通して見えてくるのは、陶工の連行を直接実行した土器製造業者の姿である。

旧式な在来の技術者集団である彼らは、大名の庇護のもとに朝鮮へ渡り、新しい高度な技術である施釉陶器の技術者を「召し捕って」日本に連行した。さらにみずからの管理下でその製作にあたらせ、同時に自己の技術革新にも供したことが知られる。

田中家文書から知られる高木土器師の活動は、ひとり肥前鍋島氏にかぎらず、他の大名のもとでも広く見られたと思われる。文禄・慶長の役では、朝鮮に渡って人取り・乱取りに狂奔した数多くの「家長方親」がいたのである。

2　佐賀西部の太閤道（佐賀県）

中世小城《おぎ》町と神埼往還

小城《おぎ》町（小城郡）は佐賀平野の北西に位置する。近世には佐賀鍋島氏の支藩小城藩の陣屋城下町、中世では肥前千葉氏の拠点であった。千葉氏の城館は町の北側、標高一三〇メートルの「城山」とよばれる山上にある。近年の調査の結果、多数の曲輪・堀切・竪掘などをそなえた大規模な山城であることが知られてきた。

江戸期の小城町は、千葉城西端にある祇園社（須賀神社）の前から南北に長く上・中・下の三町からなっていた。三町の町立ては寛永十年代のことで、それ以前の千葉氏の時代には、山下の祇園川にそった東西に長い町場であったという（『元茂公御年譜』）。川沿いに残る「古町」の名もこのことに由来し、明治期の地籍図には祇園川沿いに細長い地割りがある。

近年、町教育委員会による発掘調査の結果、古町地域に千葉城の山下町《さんげちょう》としての町場があったことが知られてきた。調査を担当した教育委員会の古庄秀樹氏によれば、その時期は十三世紀から十六世紀前半にかけてであり、町の盛衰は千葉氏の興亡と軌を一にしているという。

また一方で、中・近世にかけて小城上町から東方の佐賀郡をへて神埼につながる「神埼往還」がこの地区を通過、今日の彦島橋付近で祇園川を渡っていたことも知られている。

上町の太閤腰掛石

小城上町には神埼往還に面して「太閤腰掛石」とよぶ石があり、秀吉がこの石で休憩したと伝える。場所は上町と古町との接点、東からのびてきた神埼往還が祇園社に達する位置にあたる（写真70）。

写真 70. 祇園社下の太閤腰掛石
（小城町）

腰掛石は道路に面した鳥居の左側、電話ボックス横にあるが、何の標識もなく、それと言われなければ気づかない。石は黒っぽくつやがあり、上面はほぼ平らで幅約五〇センチ、高さ二〇センチ弱ある。腰をかけるには低すぎる気もするが、もとはもっと高く地上に出ていたとは、向かいにある羊羹のしにせ村岡屋総本舗の話だ。

腰掛石は伝承のみで何の史料もない。しかし寛永年間に小城三町が建つまで、神埼往還はこれより西、小城の山すそをたどり、晴氣川西の「宿」集落をへて多久方面へつながっていたらしい。さきの中世千葉城・古町遺跡の存在と考えあわせると、「太閤腰掛石」は当時の幹線のありかたを示す位置にあるといえる。

丹坂峠《にさか》の太閤井戸

小城町には秀吉にちなむ伝承がもう一ヶ所のこる。町の西部、栗原と池上地区の境、町立三里小学校裏手の丘陵上には「太閤井戸」という井戸がある。

『豊国筑紫路の伝説』には、「太閤井戸　名護屋出陣の途中このあたりで野営したとき、よい水がないので井戸を掘らせ、近くに松を植えたと伝えるが、松は枯れてしまった」とある。また、井戸のそばを通る山道は、秀吉が通った道と伝える。

現地は北方の鏡山（一三三メートル）から南の下右原にむかってのびた丘陵の鞍部であり、太閤井戸はその標高四〇メートル付近にある。近世では佐賀城下から久保田（佐賀郡）をへて唐津にいたる唐津往還の道筋にあたり、「丹坂峠」の名がある。峠の東西に西川《さいかわ》宿・古賀宿があり、その経路は『慶長肥前国絵図』にもみえる。

また付近は天文年間の竜造寺・多久氏による丹坂峠合戦の古戦場であり、永禄六年には鍋島直茂が「丹坂口」をへて須古城の平井氏を攻めている。古くから戦略上重要な峠であったことがわかる。

写真71.丹坂峠の太閤井戸(坂道の左側)

丹坂峠を歩く

後述するように、峠道は条里制地割りとつながっている。両者の接点は、現況では三里小学校のプール敷地の東北角であり、その先は学校敷地となって条里制地割りは消滅している。そこで同校正門を右に見て進めば、「山崎堤」の池尻が条里制地割り延長線の西端にあたる。池の端を直進し、二又道を左にカーブしたところで民家が途切れ、山道となる。

道は両側を掘りくぼめた凹道であり、この道筋が池上と栗原の境界となっている(写真71)。

登り詰めると、峠は平坦な鞍部である。周辺には大日堂や石の祀堂、宝暦・文正年間銘の石塔などが立ちならび、ちかくには「丹坂峠古戦場」の標柱が立つ。

太閤井戸はその一角、登り道の左手にある。井戸の内部は石組みだが、いまは地上に井戸枠もなく、石塔の笠石を転用した蓋でほとんどふさがれている。この山道は小学生の通学路だった時期もあり、危険防止のためという。峠を過ぎれば、登りと同様の凹道が下右原公民館方面に下る。

峠近くで耕作中の中年の夫婦にたずねると、即座に「この山道は太閤さんが通った道」との答えがかえってきた。太閤道の伝承は今も地元に生きているようだ。

小城郡条里と「佐嘉下道」

今日、小城郡一帯には条里制に由来する方形地割りがよく残っている。これと太閤井戸との位置関係を見よう。

山崎堤池尻で丹坂峠にとりつく道は、県道三三二号線の一筋北に並行する条里境界上の農道である。これを東に延ばせば、晴氣川を渡ってカントリーエレベーターの北を通過、牛津江川を渡り土生《はぶ》遺跡公園の南辺につながる(地図40)。

佐賀領内の近世唐津往還は、土生遺跡ちかくの石木（三日月町）から条里制地割りにそって南と東に屈折をくりかえし、久保田町（佐賀郡）をへて佐賀城下に続いていた。こころみにこれを屈折せず東に直進すれば、三日月町・大和町を横断し鍋島町蠣久（佐賀市）につづき、さらに多布施川をこえて高木瀬西（同）にいたる。

ここで思い起されるのは、さきに見た中世の都市蠣久や高木・長瀬の存在である。佐賀城下町がこれらを移転集中させ成立したことは前項でのべたが、それ以前の蠣久一帯は中世の都市ともいうべき町場であった。

したがって、高木・蠣久からのちの唐津往還をへて一直線に丹坂峠にいたる上記の経路こそ、都市を貫通する中世の幹線、すなわち「佐嘉下道」であった可能性がたかい。

地図41(1)「佐嘉下道」変遷想定図

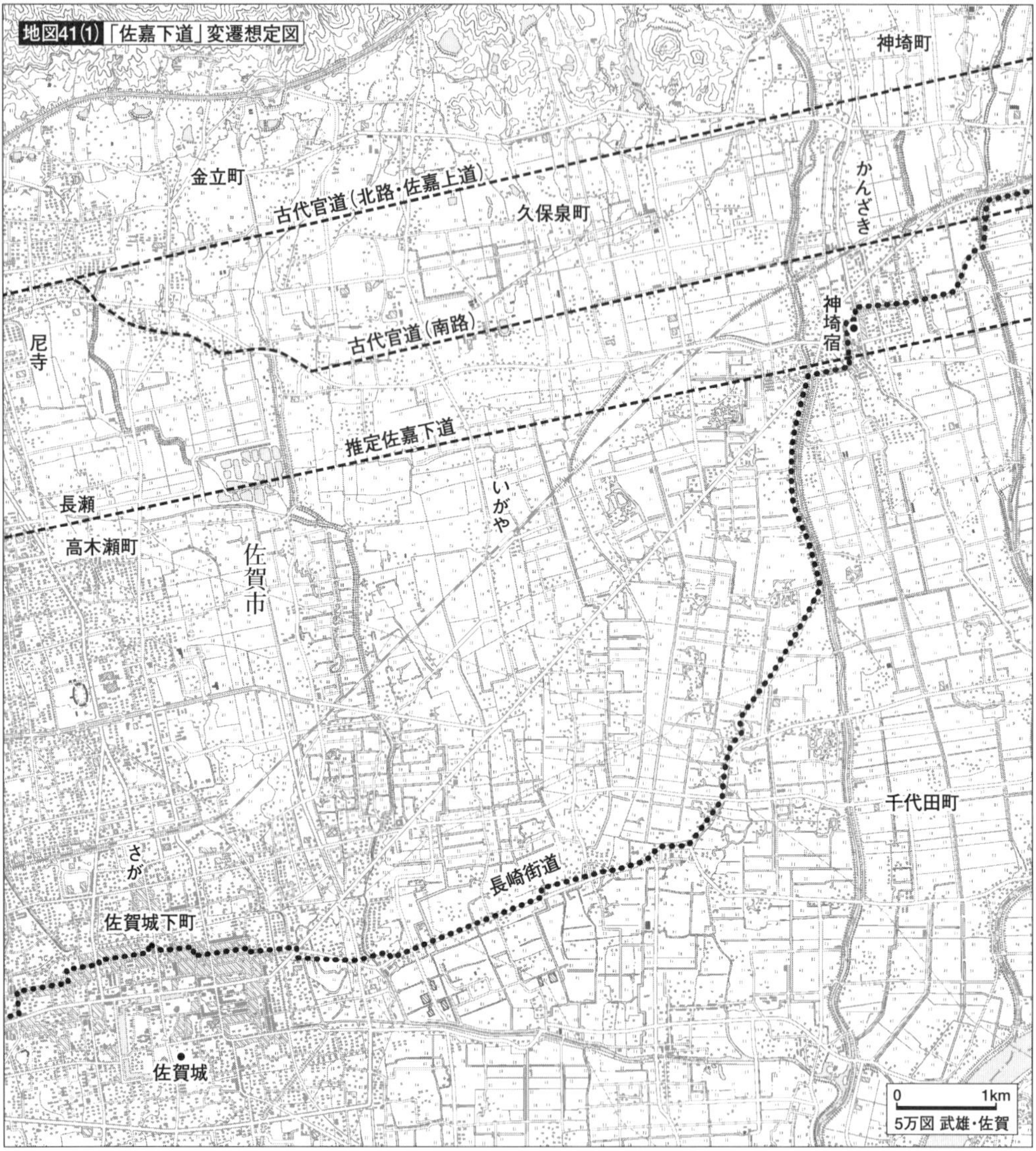

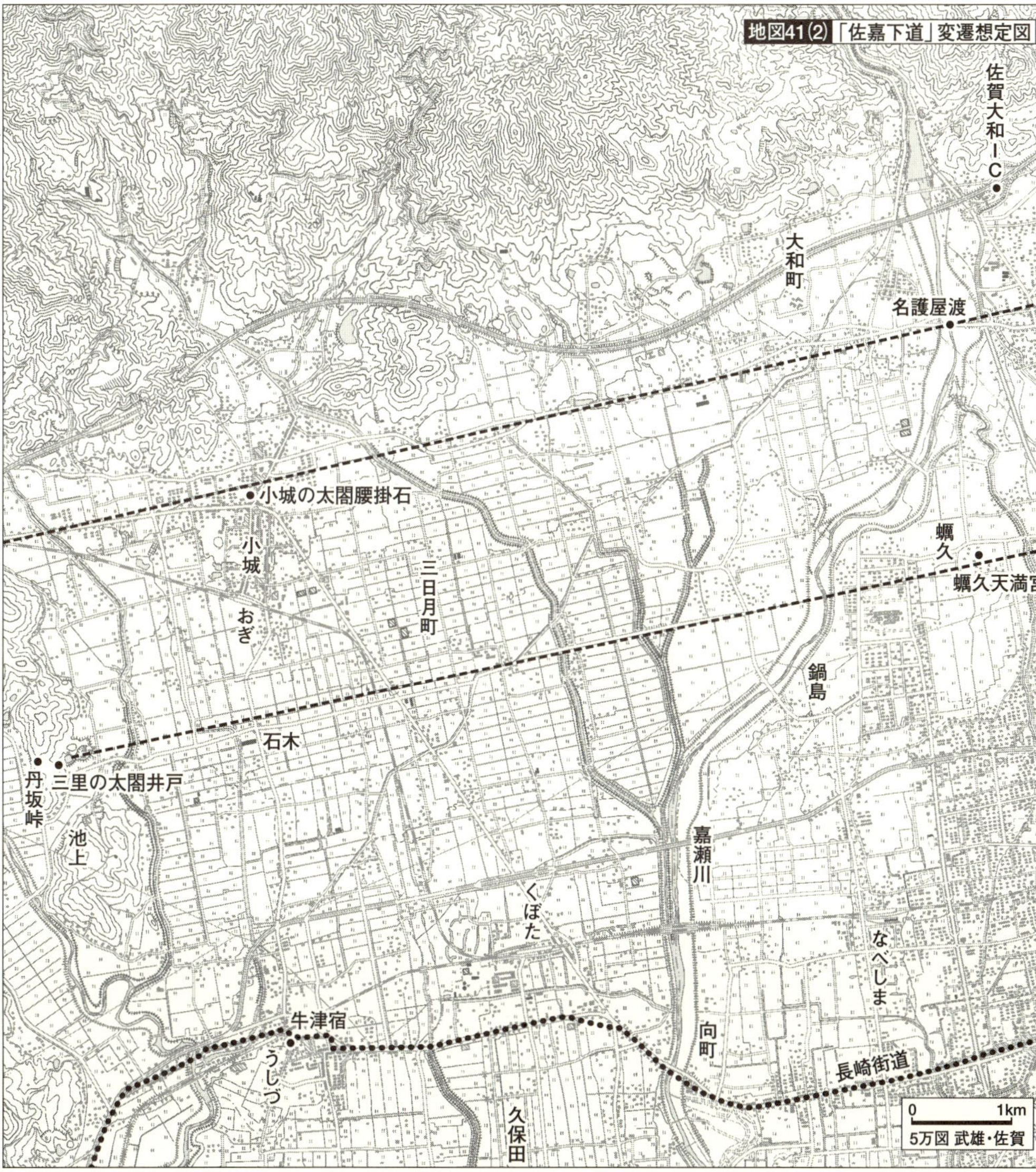
地図41(2)「佐嘉下道」変遷想定図
佐賀大和IC
大和町
名護屋渡
小城の太閤腰掛石
小城
おぎ
三日月町
蠣久
蠣久天満宮
鍋島
石木
丹坂峠
三里の太閤井戸
池上
嘉瀬川
くぼた
なべしま
牛津宿
うしづ
向町
長崎街道
久保田
0 1km
5万図 武雄・佐賀

第三の幹線「佐嘉下道」

このように見てくると、唐津・佐賀をむすぶ近世唐津往還は、丹坂峠の東ふもとから牛津江川東の石木まで、さきに想定した「佐嘉下道」と重複する。つまり石木を分岐点として直進すれば中世の都市蠣久にいたり、南東に折れ曲ってゆけば近世城下町佐賀に入るという構図だ。

そこで石木から蠣久にのびる想定「佐嘉下道」をさらに東へ延長すれば、平野を横断して神埼宿（神埼町）にいたる。近世の神埼は長崎街道の宿駅として知られるが、その歴史は古い。平安後期には「神埼荘」の名が見え、のち荘園の鎮守である櫛田宮の門前町として発達した。博多の櫛田宮は平清盛がここから勧請したとの説がある。町なかの四日町・七日町は少なくとも天正年間には成立しており、長崎街道が整備される以前からの町場であった。

一方、東方の轟木宿（鳥栖市）から延びてきた長崎街道は、古代官道の「南路」に併行するかたちで田手宿（三田川町）に入り、南下して神埼宿にいたる。神埼宿をすぎれば急角度に南に方向転換し、境原宿（千代田町）をへて佐賀城下につながる。

これらを一枚の地図上に見ると、唐津・長崎の両街道は、西の三日月町石木と東の神埼宿の同一線上で南に方向を転じ、おのおの佐賀城下につながることが見てとれる。

近世初頭、城下町の成立により従来の街道が城下へのアクセス道に付替えられる例は各地に見られる。佐賀平野の唐津往還や長崎街道がある地点から南に方向転換して佐賀城下にいたるのも、おなじ事情によると思われる。つまり、神埼から蠣久をへて丹坂峠にいたる直線道路を南に付替えて迂回させ、佐賀城下町につないだ可能性がある。べつの言い方をすれば、佐賀城下町成立以前、佐賀平野南部の幹線は、蠣久・神埼という二つの中世都市と丹坂峠をむすぶ直線道路であった。従来指摘されてきた「北路」「南路」の南に並行する、いわば「第三の幹線」の可能性である（地図41）。

現段階では状況証拠による推論だが、この道筋こそが中世末期に佐賀平野を横断した「佐嘉下道」の可能性が高い。とすれば、丹坂峠の「太閤井戸」も伝説の域を脱して、なにがしかの歴史的根拠をもつことになる。

3　多久の太閤道（佐賀県）

多久市の太閤道

多久市は佐賀県のほぼ中央、多久盆地にある。『和名抄』には小城郡四郷のひとつに「高来郷《たく》」がみえる。『延喜式』にある高来駅の所在地に比定され、古代官道が通過するところでもあった。永禄五年（一五六二）には竜造寺隆信の弟長信が多久城に入り、その子安順は佐賀藩鍋島氏の支配確立ののちは多久姓を名乗った。以後、多久家は二万五千石の知行で佐賀藩政をになった。

多久市内の太閤道については、従来から地元の関心が高く、郷土史家や多久市史編纂室の調査により、全市域で綿密な比定が行われてきた。多久の現地調査では西村隆司室長をはじめ、市史編纂室のご教示によるところが大きかった（地図42）。

それらによって市内の経路を概観すれば、地元で「太閤道」とよばれる道は、近世の唐津往還とほぼ重なる。小城郡から多久へ入る道は南北二経路あり、ひとつは前項でのべた「北路」の延長である小城の山すその道である。笠頭山と峰山との鞍部を通る「渋木嶺越え」をへて渋木（多久市）に入る。

南の道は、推定「佐嘉下道」の延長である丹坂峠を越えて渋木に入る。二つの道は旧古賀宿（多久市古賀）で合流し、平野部を国道の南に並走する。多久原付近で国道の北に進み、起伏の多い丘陵地帯を二〇三号線バイパスの北を通り、小侍・番所をへて笹原峠を越え、厳木町《きゅうらぎ》（東松浦郡）にいたる。途中、圃場整備事業やバイパス建設で分断されているが、ほぼ旧道をたどることができる。地元ではこの経路を「古道《ふんみち》」とも呼ぶ。この間の各所に秀吉通過の伝承がのこる。

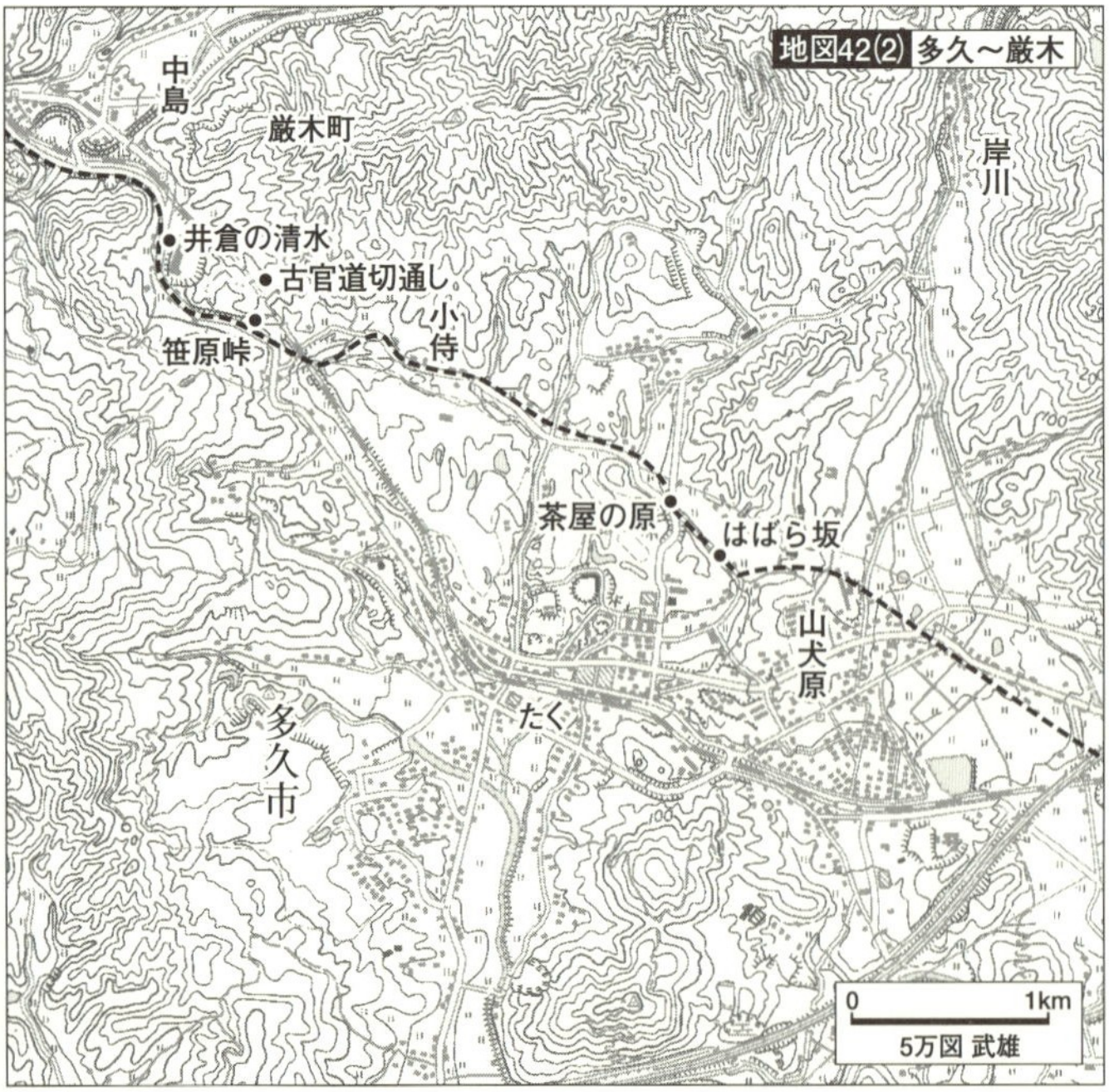

渋木から多久市街地の太閤道

現地を歩いてみる。渋木地区の伝承では、秀吉の一行は国道二〇三号線「渋木」バス停付近から左手に分岐する道を通ったという。現地は幅二・五㍍ほどの片側切通しの山道である。この道は古代官道を踏襲する可能性があるという（『多久市誌』）（写真72）。また集落の西には天文十五年（一五四七）の銘をもつ龕入り六地蔵があり、道の来歴の古いことを示している。地域には太閤道の記憶は今も濃厚で、現地の老女に太閤道を尋ねると、秀吉の通過を

写真72．渋木の太閤道（多久市）

あたかも自分の目撃談であるように話すのに驚いたことがある。

「真宗寺」と「なごみ保育園」を過ぎ、平地に下りる。浦熊川を渡れば、左手に「多久自動車学校」。太閤道は自動車学校の北を通るが、道端左手に「太閤井戸」がある。秀吉が杖でたたくと湧き出した井戸といい、各地にのこる「弘法清水」と同様の伝説である。現在は円筒形コンクリート井戸枠の無粋な風情となっている。

この先は、多久別府郵便局裏から東多久公民館裏手付近につながる。その延長は、永瀬川を越えて東部保育園前につづく。

道なりに進み別府二区に入る。「東多久駅前」交差点南方の交差点→三区公民館手前→要左衛門橋→「別府西」交差点をすぎて左手の水田地帯に入る。水田は耕地整理がなされているが、旧道の道筋は残る。上田町橋が旧渡河地点である。

川を右に見て進み、九州横断自動車道の下をくぐり、左手の農道を直進する。両の原から先は一部道が途切れているが、「多久原」交差点の南で県道小侍多久原線を横断、突き当たって左折すれば中尾神社下で二〇三号線と合流する。昌福寺南辺から多久職業安定所の南をへて多久工業高校敷地の北東隅に出る。この先は下り坂となる。

はばら坂と茶屋の原

この一帯は南から延びてきた洪積台地であり、現在の多久市街地はこの台地上に乗る。旧道の坂はその西斜面、北多久町山犬原にあり、坂の名を「はばら坂」という。名の由来は、秀吉が名護屋へ行く途中この付近で腹痛をおこし、布を腹に巻いたためという（『丹邱邑誌』）。今は「原巻坂」の文字をあてるが、もとは「腹巻坂」と書いた。坂道は両側を掘り割った凹道で、樹木が生い茂り、昼間でも薄暗い。川原石を敷き詰めた坂道は最近コンクリートの簡易舗装となったが、随所に旧道のなごりが見られ、古道の雰囲気があふれる（写真73）。

写真73．はばら坂（多久市）

この時、秀吉が腰を掛けたと伝える石が付近にあり、「太閤の腰掛石」と呼んでいたが、現在は所在不明となっている。

　坂を下りきったあたりを、「茶屋の原《はあ》」と呼ぶ。秀吉が通過した時、慶誾尼がここに茶屋を構えて湯茶を接待したのが地名の起こりという。さきに見たように、『葉隠』では慶誾尼が秀吉を接待したとの話は尼寺（大和町）のことだが、多久ではこの地の出来事と伝える。慶誾尼は秀吉から朱印状を受けて多久邑の祖となった竜造寺長信の母であり、この地とはゆかりが深い。ここでは無理に辻褄をあわせず、伝承は伝承として紹介しておく。

　今日「茶屋の原」には数軒の民家があるだけだが、昔は通行の旅人相手の茶店などもあったといい、道の上に大きく枝を広げる榎の巨木が往時の面影をしのばせる。文字どおり、茶屋のある唐津往還の小集落だった。

　踏査では実見できなかったが、付近の民家に伝わる天正年間銘の大黒像は秀吉から拝領したと伝える。いずれもことの真偽はともかく、近くの道際には江戸初期の龕入り石造六観音六地蔵塔もあり、この道すじが近世の街道筋であったことを物語っている。

小侍《こざむらい》・番所をへて笹原《ささばる》峠へ

　小侍は多久盆地北西に位置する山間の集落だが、ここに秀吉が宿陣したとの伝承がある。このとき秀吉は宿のあるじに「小侍」の名と兜・槍をあたえたと伝える。もっとも「小侍」の地名はすでに『九州治乱記』応安四年（一三七一）の条にあり、その姓は元亀元年（一五七〇）に多久の土豪の名に見えるから、名をもらったうんぬんは「お話」である。

　ただ昭和の初期まで、この小侍家には「秀吉拝領の」兜と槍が伝存していたという。同家は地区の「青年宿」でもあり、兜と槍は宿に出入りする若者たちに親しまれていたが、今日ではその行方は不明という（『丹邱の里』）。

厳木多久道路の小侍インターチェンジ南側付近には、バイパスに沿って直線的な登り坂の旧道が残る。後にもふれるが、この間は古代官道と重複する可能性が指摘されている。

登りつめたところが番所集落。唐津藩領の厳木《きゅうらぎ》と境を接するため、ここに佐賀本藩の関所が置かれ、番所関あるいは小侍番所関の名があった。今日番所公民館の向かいに番所跡をしめす石碑が立っている。

道はこの先から下りとなる。今日の舗装道路は瀬戸川の谷沿いに下り、ＪＲ唐津線の番所踏切を渡った先で二〇三号線に合流する。これに対し、旧道は番所の碑から直進、瀬戸川を右に見て尾根伝いに下る道筋であった。踏切のやや手前で線路を横断していたが、今日ほとんど跡をとどめない。線路を越えると緩く右にカーブし、今日の笹原峠で二〇三号線に合流する。

4　東松浦郡の太閤道（佐賀県）

笹原峠の付替え

笹原峠は旧小城・松浦郡の境にあり、国道二〇三号線が通過する。近世の唐津往還、地元でいう太閤道もここを通過するが、この道筋は近世初頭に開かれたものである。

昭和五十七年（一九八二）の秋、厳木町文化財審議委員長（当時）の原田重和氏は、国境石を調査して尾根を縦走中、笹原峠の北で大規模な古道跡を発見した。その場所は今日の峠から北へ三〇〇㍍ほどの標高約一三〇㍍にあり、幅約一〇㍍の切通し状の道跡が一八〇㍍にわたって認められた（写真74）。

この遺構を現地調査した木下良氏は、古代道特有の規模・形状であること、その地点が多久側の直線的古道の延長線にあることから、これを高来駅（多久市）と賀周駅（唐津市）をつなぐ古代官道の跡と考えた。氏は通過の容易

地図43 笹原峠と古代官道(『社会科学』47)

2.5万図多久

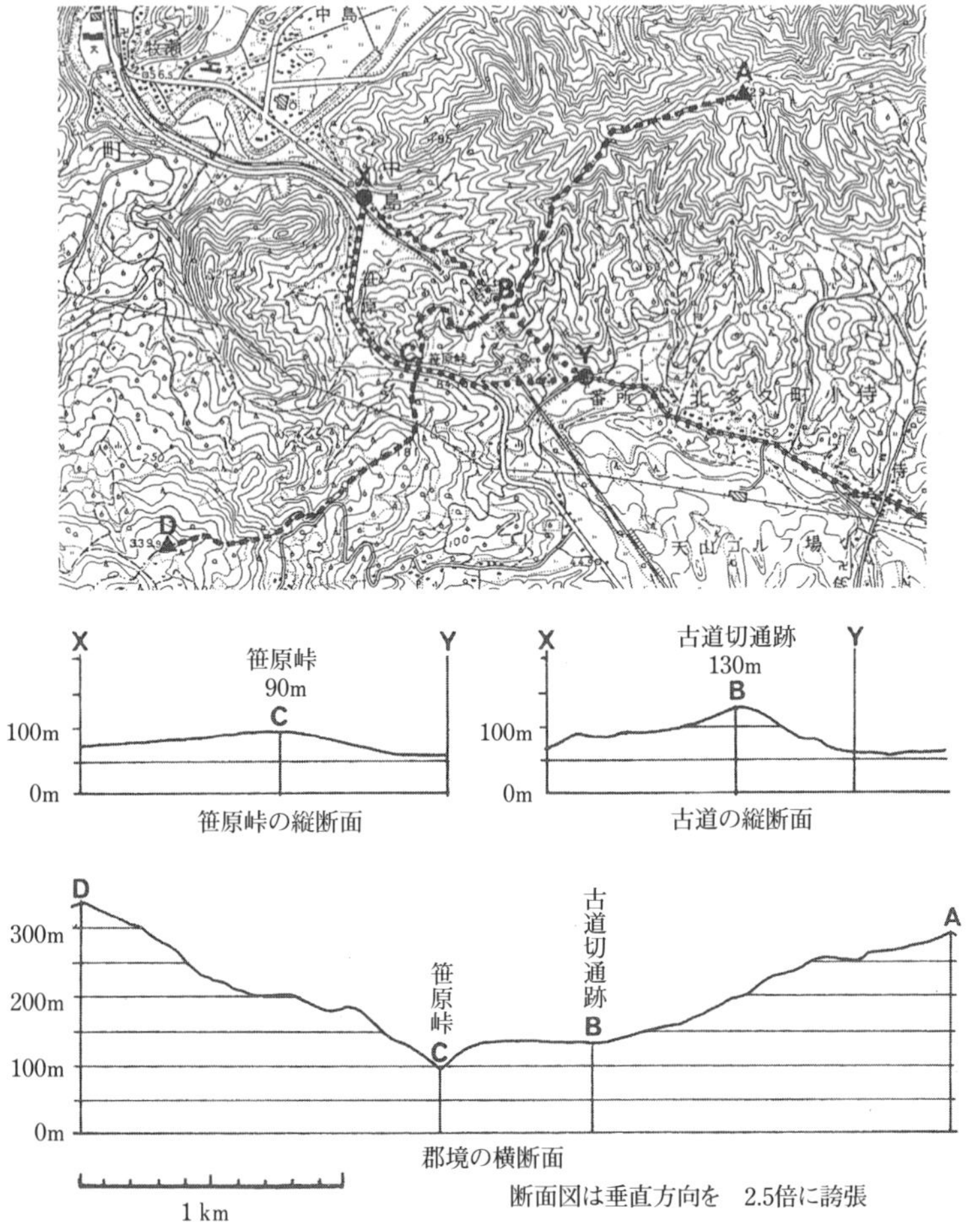

写真74．笹原峠の切通し（原田重和氏提供）

な今日の笹原峠がありながら、古代官道があえて険阻な峠道を通過した理由として「狭隘部を避けて展望の利く広闊地を選んだ」古代官道の軍事的側面を強調している（地図43）。

切通しのそばには天正四年（一五七八）の笹原合戦で討死した竜造寺・鶴田氏双方の家臣の墓や慰霊碑があり、このころまで官道が踏襲されていたことがわかる。原田重和氏は地元に濃密にのこる伝承などから、古代官道を今日の峠道に付替えたのは、文禄元年にここを通過した豊臣秀吉であろうと推定する。

この説をふまえれば、木下良氏の説のように秀吉は従来の険阻な軍事的優先の峠道を廃し、あらたに通行の容易な道を開いたことになる。肥後大津山関での峠道付替えと相似た事例といえる。

しかし残念なことに、秀吉が笹原峠を開いたことを明確にしめす史料は見あたらない。秀吉が開いたとすれば、その実行には鍋島氏があたったはずだが、そのような記録はない。したがって「笹原峠秀吉付替え説」は魅力的だが、現段階では「可能性のひとつ」にとどまらざるを得ない。

井倉の清水

厳木《きゅうらぎ》町は笹原峠をはさんだ唐津側にあり、厳木川に沿って細長い谷状の平地が続く。そこを古代官道をはじめ、近世唐津往還・JR唐津線・国道二〇三号・同バイパスなど、多くの幹線が通過する交通の要地である。東松浦郡に属すが、記述の整合上ここで取りあつかう。

近世唐津往還は、厳木川の左岸山裾をぬって下る。笹原峠が秀吉によって開かれたとすれば、峠から続くこの道筋もそのとき開通した太閤道であり、事実、地元ではそのように認識されている。この旧道は幅二メートルたらずの生活道路として、二〇三号線の山手側に旧態をとどめている。

この道に沿う厳木町中島には「井倉の清水」という湧水がある。文化三年（一八〇六）成立の『松浦記集成』には、秀吉が名護屋入りの時「途中好み玉ひし故、此清水を汲みて奉りければ、大に賞美ありて」以来、名水として名高かったという。

写真75．井倉の清水（厳木町）

現地は笹原峠から四〇〇㍍ほど県道を下った右手下方にある。鶏肉工場敷地下方の谷川「隅田川」わきにわずかな湧水があり、これが「井倉の清水」である。原田氏によれば、近年のトンネル工事で水が枯れたという。今日ではこれを「太閤水」と呼んでいるが、特別の施設も標示もなく、ほとんど忘れられた名水である（写真75）。

もっとも、さきにも述べたように「笹原峠秀吉付替え説」は証明された史実ではない。秀吉軍は古代官道をたどって多久市番所から直進して峠の切通しを通過、そのまま厳木川右岸の中島に下ったとすれば、井倉の清水は伝承の根拠を失うのだが。

町切《ちょうぎり》の関と太閤道

いずれにせよ、中島から唐津方面にむかう古代官道・近世唐津往還は、ともに厳木川に沿って下る。その経路についてはふたつの道筋が想定される。ひとつは厳木川の支流浪瀬川に沿ってさかのぼり、平山（相知町）に出る「浪瀬峠越え」の道、あとひとつは現在のＪＲ唐津線や国道二〇三号線に沿う道筋である。

松浦史談会の富岡行昌氏によれば、前者は厳木町大橋付近で浪瀬川の谷に入り、獅子ヶ嶽城の下を通って浪瀬峠を越えるコースでは、という。この道は竜造寺氏が軍事行動のおり通行した道といい、峠近くには松浦党鶴田氏の居城獅子ヶ城がある。

さらに先平山（相知町）に出て川沿いに谷を下り、佐里（相知町）に出る。ここから岸岳・北波多・石志（唐津市）をへて千々賀（同）にいたったという。このコースでは大きな川越えがなく、通行が比較的容易な利点がある。

後者のコースは『有浦文書』にみえる「町切の関」から推定される。天正十九年発給とみられる同文書二〇四・二〇五によれば、唐津・大河野・町切の三カ所に番所（関所）が設けられていた。うち唐津の関は廃止されたが、残る二カ所の関は「いよいよ堅く仰せつけらるべく候」とある。

ここにある「大河野」は伊万里市大川町、「町切」は厳木町町切に比定される。町切は厳木川沿いの谷から平野に出る門戸にあたり、近くの明神山の峠には古代官道にともなう相知の関が置かれるなど、古くから交通の要地であった。

これら三カ所の関はいずれも名護屋の外縁にあり、唐津関は博多方面、大河野関は伊万里方面、町切関は佐賀方面からの交通を扼する位置にある。町切関の存在は、とりもなおさず当時の幹線がここを通過していたことを示しており、唐津にいたる太閤道の道筋の可能性が高いと思われる。

5　唐津の太閤道（佐賀県）

唐津市周辺の旧地形

唐津は松浦川の河口付近をさす地名である。文字どおり、「から」すなわち大陸・半島にむけて開けた港（津）であることを端的に示している。唐津湾に面し、端正な姿の鏡山と、そのふもとに弧を描く虹の松原・広大な松浦河口は、日本離れしたスケール感のある風景だ（写真76）。

もっとも、今日に見る景色は、初代唐津藩主寺沢志摩守による、慶長七年から同十三年にかけての大規模な城下町築造の結果である。それ以前、唐津城の城山（満島《みつしま》山）は東の砂丘（今の虹の松原）につながり、松浦川は山の西側で海に注いでいた。これを慶長の大改修で砂丘と満島山を切り離し、ここに河口を付替えた。

一方では本来別の水系であった波多川（徳須恵川）を上流の川原橋（唐津市養母田）付近で松浦川に合流させるなど、河川の大改修を行なった。この結果、河口部は今見るように広大な水域となり、従来ふたつの川にはさまれて低湿地・氾濫原であった河口域一帯の耕地化がすすんだとされる。

写真76. 唐津城から見た松浦川河口付近

秀吉とその軍勢がこの地を往来したのは、これより以前の時代である。したがって、当時の唐津周辺は二大河川とその支流が乱流する湿地帯であった。とりわけ虹の松原砂丘の背後は、東西に長い潟状の低湿地であり、満潮時には水域が広がる通行の難所であった。

文禄二年八月に名護屋から博多にむかった常陸佐竹氏の家臣大和田重清の日記には、唐津を通過するとき「水深テ歩者帯をトク」とある。湿地や水流のため衣服の帯までを解き、半裸となって難渋した様子がうかがえる。

余談だが、「虹の松原」の名は長さが二里あるところから「二里が浜」あるいは「二里の松原」と呼んだことに由来する。今日目にする黒松の美林は、松浦川改修後にひらかれた新田の防風林として、寺沢氏が保護育成したものという。地元には秀吉と松林にちなむ逸話もあるが、植林の経緯を考えると、これも後世の「お話」である。

「唐津」はどこか

さきに漠然と松浦川の河口付近と書いたが、じつは文献に見えるこの時代の「からつ」の位置ははっきりしない（地図44）。

秀吉とかかわり深い神屋宗湛は、戦火をのがれて博多から唐津に移り、ここを拠点にしていたことがある。天正十四年の春には「上松浦唐津村ヲ出行シテ、同ミツ島ヨリ舟ニ乗リ、筑前国カブリ（加布里）村（前原市）」をへて上方に向かい、翌年四月には「十八日唐津村ヲ出、関白様（秀吉）御見舞トシテ、薩摩ヲ指シテ」下っている（『宗湛日記』）。

文中の「ミツ島」は満島（水島とも）であり、のちに寺沢氏が唐津城を築いた満島山の東にあたる。現在の唐津市東唐津、虹の松原の最西端に位置する。したがって「唐津村」はその西方、唐津市街地付近で当時の海岸ちかくと思われるが、特定できない。

富岡行昌氏は、当時の波多川河口にあたる大石村金屋（唐津市大石町）一帯を比定している。その根拠として、ここが領主の支配をうけない一種の中立地帯であったことや、『伏屋小兵衛書状』にあるように、河口が名護屋城の兵站基地であったことなどをあげている。

一方、『名護屋城の謎』などの著作がある原口決泰氏によれば、「唐津村」は唐津市上神田《かみこうだ》付近ではという。ここは市街地の西部、町田川の流域にあたり、かつてはこの地先まで松浦潟がひろがる海辺であった。「津」の立地としてもうなずかれる場所といえる。

地図44(1) 渕上〜虹の松原

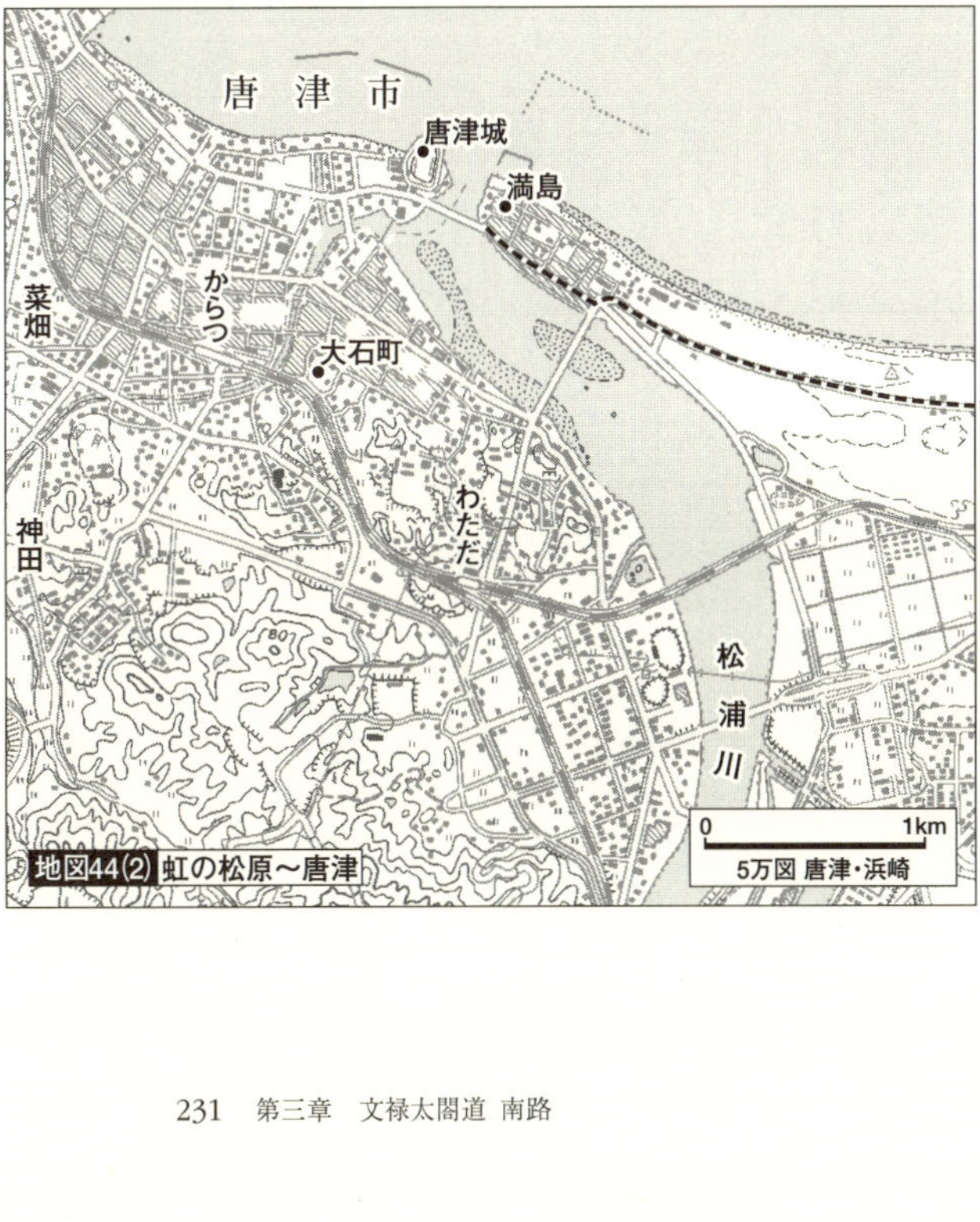

地図44(2) 虹の松原〜唐津

文禄元年に薩摩の島津氏一行が名護屋入りしたときには「から津と中所へ御陣なされ」、翌日は「鳥の声をしるべに」すなわち早朝に出発して申の刻（午後四時ごろ）に名護屋城に到着している（『新納忠増日記』）。このことから原口氏は「名護屋入りする最後の宿泊地が唐津村であった」と推定している。

「唐津茶屋」のこと

いずれにせよ、この「唐津」ちかくに秀吉の茶屋がつくられたことが、いくつかの文献から知られる。

『下向記』によれば、文禄元年四月二五日寅の刻に深江（糸島郡二丈町）を出発した秀吉は「中途ノ御茶屋ニテ御人数揃エラレ、午刻ニ肥前名護屋ニ御着陣」した。茶屋の位置の記述はないが、深江から名護屋にいたる「中途」といえば、今日の唐津市街地付近にあたる。唐津は文禄太閤道の南路と北路が通過するが、これは北路の記事である。

唐津の茶屋に関しては、文禄元年に佐賀の鍋島氏が「二里が浜」すなわち虹の松原の草野という眺望のすぐれたところに茶亭を建て、秀吉の旅情をなぐさめたと伝える（『故主水鍋島茂里年譜』）。同書には「今に其亭の旧跡あり。また駒繋の松と語り伝えて爰に残れり」とあり、江戸時代までその跡が残っていたという。

このことから、現在の虹の松原のどこかに秀吉の休泊施設があったことが知られる。もっとも「草野」という地名だが、鎌倉時代には虹の松原の南、鏡山の西麓一帯に鏡荘があり、鏡神社宮司職に補任された草野氏が土着して以来、草野荘と呼ばれるようになった。

草野荘はのち唐津市・浜玉町（東松浦郡）・七山町（同）にひろがり、鍋島氏がいうような特定の地点ではない。したがって、この史料からは場所の特定はできない。建設の計画は正月とあるから、茶亭は春先には完成したと思われる。これは『下向記』に見える四月二五日に秀吉が休息した「中途ノ御茶屋」の候補になりうる。

また一方で、波多三河守の家臣有浦大和守らが「唐津茶屋」を建てて秀吉を供応した記録もある。天正十九年とみられる十月晦日付で浅野吉治が有浦大和守にあてた書状には「尚々、唐津において御茶屋普請の由、御大儀に存じ候」とあり、鍋島氏に先立って茶屋の普請が進んでいた（『有浦文書』二〇四）。

翌年七月二五日付の浅野長吉（長政）書状には「唐津御茶屋に於て太閤様御機嫌よく御膳お召し上り候由、目出たく存じ候」（『有浦文書』一二三）とあり、母を見舞いに大坂へ発つ直前、秀吉がここを訪れていたことがわかる。茶亭と茶屋を別個の施設と見るか、あるいはたんに表記のちがいで実質は同じとするかは、にわかに判断し難い。したがって、ここでは唐津には建築時と建築者が異なる二つの茶屋（茶亭）が造られ、鍋島氏の「茶亭」は今の虹の松原にあったこと、また双方に秀吉が来遊したこと、文禄元年四月二五日にはそのいずれかに秀吉が休息したことを列挙するにとどめたい。

唐津の太閤道の諸説

秀吉軍がこの地域のどこを通過したかについては、中里紀元氏（松浦文化連盟）の見解がある。氏によれば、浜崎（浜玉町）から西進して砂丘の中ほどの砂子から南下、砂丘背後の低地を過ぎて鏡山の西ふもとを通る。松浦川の東岸をさかのぼり、土井付近で渡河したのでは、という。この経路は福岡藩が長崎警護におもむいた時に通った「黒田道」とおおむねかさなり、松浦川の渡河点は「黒田の渡し」の名がある。

写真77. 甘木坊の谷（唐津市）

　ついで川原橋上流付近で波多川を渡り、宇の木から北に転じて甘木坊の谷に入る。谷奥から山道となり、標高二一八㍍の高尾山を右手に見て峠を下れば神田山口に出る。さきに述べたように、ここは原口決泰氏による唐津村の推定地である。この経路は、当時の松浦川河口域を低湿地がひろがる通行困難な地形ととらえて、上流に迂回する道筋といえる。

　宇の木の北、甘木坊の谷には松浦党祖と伝える室町期の供養塔があり、一帯は松浦党ゆかりの地とされている（写真77）。中里氏はこの谷から山越えの道が太閤道であるとの伝承を現地で聞いたといい、神田山口から先は市街地西端ちかくの菜畑を通過し、西唐津の二夕子《ふたご》から中山峠を越えたと推定する。菜畑から二夕子にかけて丘陵寄りを通るのは、ここを流れる町田川がもとは北に曲流して二夕子松原に河口があり、このため流域に湿地が広がっていたためである。

宇の木・神田山口間の経路については、坂本智生氏（元唐津城館長）も「太閤道と呼ばれる箇所が千々賀の字の木にある」（『末盧国』七八）といい、宇の木から山越えして神田山口に出る道が中世から近世にかけての幹線であった可能性を指摘する。その傍証として神田山口から町田に出る付近の字名「浜大道」をあげ、海辺に通じる大道があったのではと推定する。

また原口決泰氏によれば、唐津村から名護屋に向かうにはふたつの道筋が考えられるという。ひとつは上神田から山すそを北に進んで衣干山のふもとを西にまわり、中山峠を越えて佐志に入る道、他のひとつは上神田から見借峠を越えて佐志川ぞいに北に下り、佐志に出る道である。原口氏は「いっぱんには、前者のコースを『太閤道』といっているが」としながらも、どちらとも断定はしていない。

文献から見れば

『下向記』に言う深江・名護屋の中途にある御茶屋とは、有浦氏が建てた「唐津茶屋」または鍋島氏の「茶亭」のいずれかと推定したが、このとき深江から名護屋城までの距離は十里、「深江ヨリ四里来テ肥前唐津ノ川ニ舟橋カカル」という。

「唐津ノ川」は、深江からの距離で見れば玉島川である。舟橋がどのあたりにかかっていたかは断定できないが、近世の渡河点は河口から七〇〇メートルほどの淵上（浜玉町）にかかる「黒田橋」付近であった。当時の唐津を上神田または大石町あたりとすれば、秀吉軍は玉島川を渡って二里が浜を東から西に横断、中途にあったという「草野」の茶屋で休息し、松浦河口を渡る最短距離で「唐津」に到着したことになる。

先述した鍋島氏の二里が浜の茶亭について、『直茂公譜考補』には「（太閤殿下は）肥前ノ内鏡街道御通リ也（中略）。鏡松原ニ茶亭ヲ御用意成ラレ殿下ヲ御請シアル」とある。鏡は狭義では鏡山の西麓一帯、広くは唐津市の東から浜玉町にかけてをさす。したがって「鏡松原」は二里が浜をさすと思われ、ここを通る「鏡街道」は松原を横断する上記の道筋と考えられる。

ちなみに文禄元年四月にこの地を通過した石州津和野の下瀬七兵衛は、肥前名所の「鏡の宮」や唐津の「よき城」を見物している（『朝鮮陣留書』）。今日のこる唐津城の築造開始は慶長七年であるから、下瀬七兵衛が見たのはそれ以前に築かれた城である。ところが唐津市周辺にはこれに該当する城跡は見つかっていないから、天正期の唐津城は今とおなじ満島山にあったと考えるほかはない。

この「天正期唐津城」については、島津氏の記録に「肥前唐津、名古屋《ママ》両城義、御陣場普請公役諸国同前に仰付られ」とあり、名護屋城と同様に豊臣政権による築城であったことがわかる（『征韓武録』）。このような政権直属の軍事拠点が満島山にあったとすれば、名護屋城にいたる街道も当然この地を通過していたと思われる。

唐津の太閤道を推定する

以上を整理すれば、想定される唐津の文禄太閤道・北路は

一、のちの虹の松原を東から西に横断、満島山の「天正期唐津城」をへて唐津村（上神田または金屋付近）を通過、中山峠または見借峠を越えて佐志にいたる道

二、松原の途中から南下して松浦川を上流に迂回、あるところで渡河する。Uターンするように千々賀付近から山越えして唐津村（上神田）に下り、ここから西して中山峠または見借峠を越え、佐志にいたる道

の二つが想定できる（地図45）。

どちらの可能性が高いかとなると、一案の経路をとりたい。理由として、軍事行動の拠点となる唐津城がこのとき存在していたこと、および二案では迂回の距離が大きすぎることがあげられる。最短距離を行軍するには、前者が選ばれた可能性が高い。

『下向記』に「唐津の城」にかんする記述のないのを疑問視するかも知れないが、同書には当時城があったことが

あきらかな豊前小倉・筑前赤間でも、その記述はない。

二案はどうか。経路の後半、千々賀付近から山越えで上神田にいたる道筋には太閤道の伝承があるというから、一概に無視はできない。ただしこの道は佐賀方面から笹原峠を越えてきた「文禄太閤道・南路」と考えるのが自然である。これについては後にとりあげたい。

地図45(1) 浜崎～久里

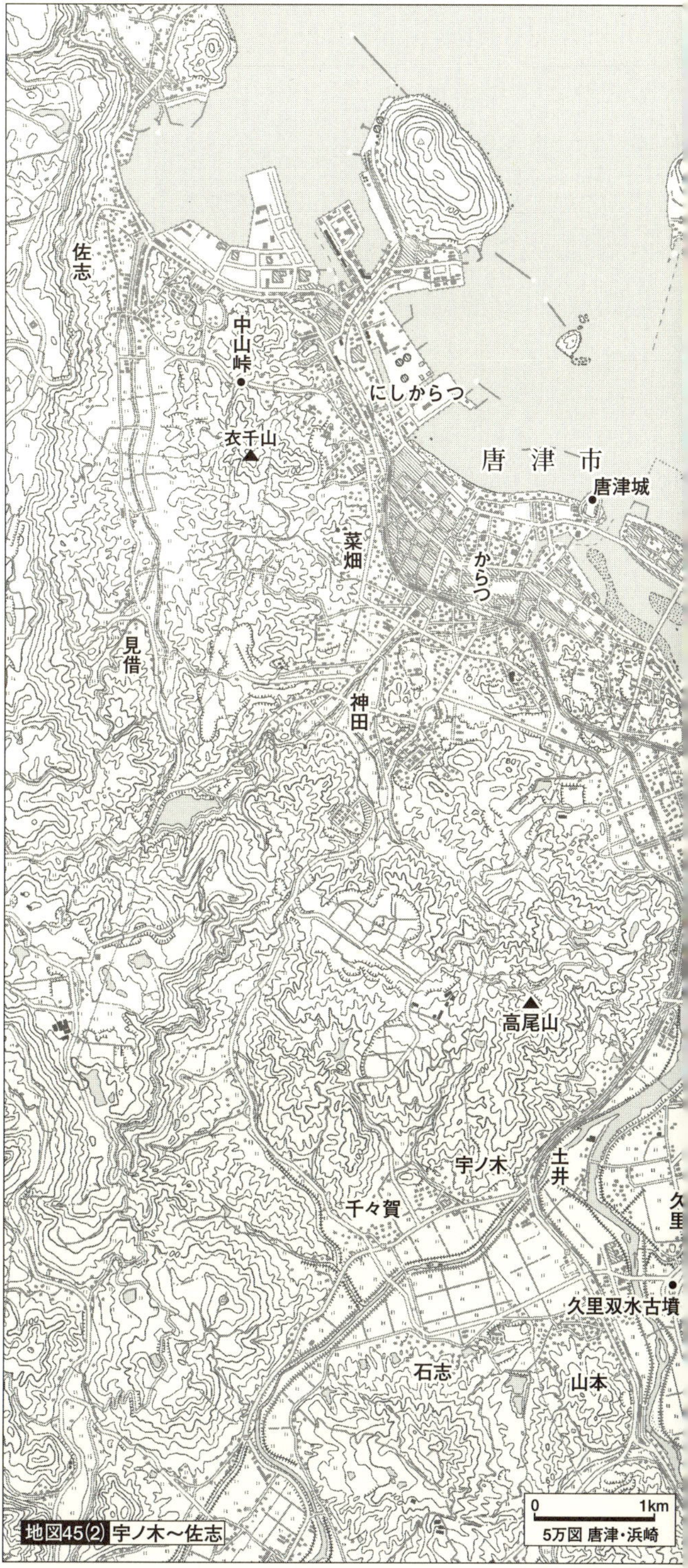

地図45(2) 宇ノ木〜佐志

6 上場《うわば》台地から名護屋城へ（佐賀県）

上場台地と佐志峠

江戸時代を通じて、唐津城下の「名護屋口」（唐津市弓鷹町）から名護屋へいたる道は「名護屋道」あるいは「太

写真78．中山峠方面から見た上場台地（唐津市）

閤道」と呼ばれた。幕府の巡見使が通った「巡見道」もこれとほぼかさなる。

その道筋は西唐津の二タ子から中山峠を越え、佐志（唐津市）をへて加倉（鎮西町）にいたる。ここで東に分岐すれば呼子に続く「呼子道」、西にたどれば石室・野元（鎮西町）をへて名護屋城に達する。その間の距離は「唐津城より名古（護）屋城迄三里二十五町余」とある（『松浦拾風土記』）。『下向記』は、糸島郡の深江から名護屋城までを十里とし、「深江ヨリ四里来テ」川を舟橋で渡ったという。この川を玉島川とすれば、この先の「二里が浜」を通過して六里、これに「三里二十五町余」を加えればほぼ十里で辻褄があう。

唐津市の西方に広がる上場地区は、標高約二〇〇メートル前後の卓状台地である。準平原状の台地は保水性がとぼしく、河川には水がすくない。加えて起伏する高原が連続する、交通の難路であった。唐津から陸路で名護屋城にいたるにはこの台地を横断するほかはなかったから、文禄・慶長の役ではおびただしい人馬や荷物がここを往来した。このため、随所に太閤道の伝承や史実が残る。

今日、太閤道は開墾や道路建設で分断されているが、これまでに地元先学の研究があり、近年では唐津市教育委員会・名護屋城博物館でもルートの復元が試みられていると聞く。また「塚崎・唐津往還を歩く会」の馬場良平氏による綿密な調査もある。これらを参考に、以下に順を追って見て行こう。

上場台地にいたる

西唐津から西進して山田峠を越えると、正面の視界一杯に壁のような丘陵が立ちふさがる。これが上場台地である（写真78）。台地のふもと、坂の登り口に位置するのが佐志地区であり、唐津市域の西部、東松浦半島の東端にあたる。上場台地は海岸から一気に標高二〇〇メートルちかく立ち上がるため、佐志からただちに急な登り坂となる。文禄元年に名護屋城にむかった平塚滝俊の書状にも「佐志峠とて、ことのほか急なる坂候。それより名護屋までは山中にて候」とある。坂を登りつめたところに「佐志峠」または「佐志の辻」と呼ばれる場所がある。ちいさな木立のなかに道祖神が祀られ、土饅頭形の小塚の横に「太閤道一里塚」の石碑が立つ（写真79）。寛保三年（一七四三）に書かれた『名古屋家文書』には「名護屋御城一の城戸、佐志の辻と申し候事」とあり、ここが名護屋城にいたる道筋上の「一の城戸」と呼ばれた重要な地点であることがわかる。

写真 79．佐志峠の一里塚碑（唐津市）

佐志《さし》坂はどこか

もっとも、この「佐志の辻」にいたる道筋の佐志坂、すなわち当時の太閤道が急斜面のどのあたりを登っていたかは、はっきりしない。地元在住の宮崎淳氏によれば、旧道は今日の「佐志橋」の位置にあった「佐志の渡し」をわたり、佐志荒平から直進してただちに坂を登ったという。道は途中から北に転じ、頂上ちかくにあった「一本椿」を通過していた。今日坂はほとんど廃道だが、昭和三十年代までは馬車も通ったという。ただし、この道は元禄以降の開通とする見解もある。

そこでいったん佐志の辻に登り、ここから斜面にのこる凹道をたどって下れば、大型農道や県道をぬって山裾の光孝寺《こうきゅうじ》前に到る。したがって、現状ではこの道筋が佐志峠にいたる旧道の可能性が高い。

もっとも、原口決泰氏は自身が若い頃に登っていた道はこれより北側であったといい、事実、坂の下にある日蓮宗徳照寺の背後から峠にむかう道もある。周辺の地形を見ても、佐志の渡しから台地を左に見て進み、平地の途切れるあたりから登ったとした方が自然である。徳照寺付近から直線的に登れば、最短距離で峠にいたり、当時の登山道のありかたとしてふさわしい。

以上、これらの証言や実地の検証をおこなっても、現段階ではいずれの道筋とは断定できない。ここでは山裾から佐志峠にいたるには複数の経路の伝承があることを紹介し、なかでも徳照寺や光孝寺付近から登る道の可能性が高いことを指摘するにとどめたい（地図46）。

馬部《まのはまり》の道路遺跡

「太閤道一里塚」前の物産販売所の左手、西北にのびる細い農道が名護屋城への道である。これよりゆるやかな下り道となり、下り切れば右手に「馬部溜《ため》」。この地方では溜池のことをタメと呼ぶ。舗装道路は正面の丘を左に迂回するが、旧道は馬部溜の池尻付近を通って直進、正面の丘を越える。丘に踏み入れば幅広の旧道が明確に残り、下りきったあたりが馬部である。

馬部は標高約一二〇㍍の台地上に開けた小さな平野である。かっては湿地であり、往古、藤原広嗣の馬が深田にはまったのが地名の起りという。昭和五十九～六十年にかけての発掘調査によって、中世末期の道路跡とこれにともなう建物跡が検出された。遺跡名を「馬部甚蔵山《まのはまりじんぞうやま》遺跡」という。

その位置は、丘を越えてきた道の延長上にあたる。現在は水田となっているが、昭和初期の耕地拡大までの旧道は、ここを通っていた。発掘された道路跡は、主軸を北から三五度西へ振った方向にもつ。幅二・二㍍あり、両側に幅六〇～七〇㌢、深さ三〇㌢の溝をそなえる。道路面は三回整地されており、最初の整地面すなわち当初の道路は砂利敷きで、両側溝には小石の列も見られる入念な造りである（図25）。

道路の左右には小規模な掘立柱建物群跡があり、西側では道に直交

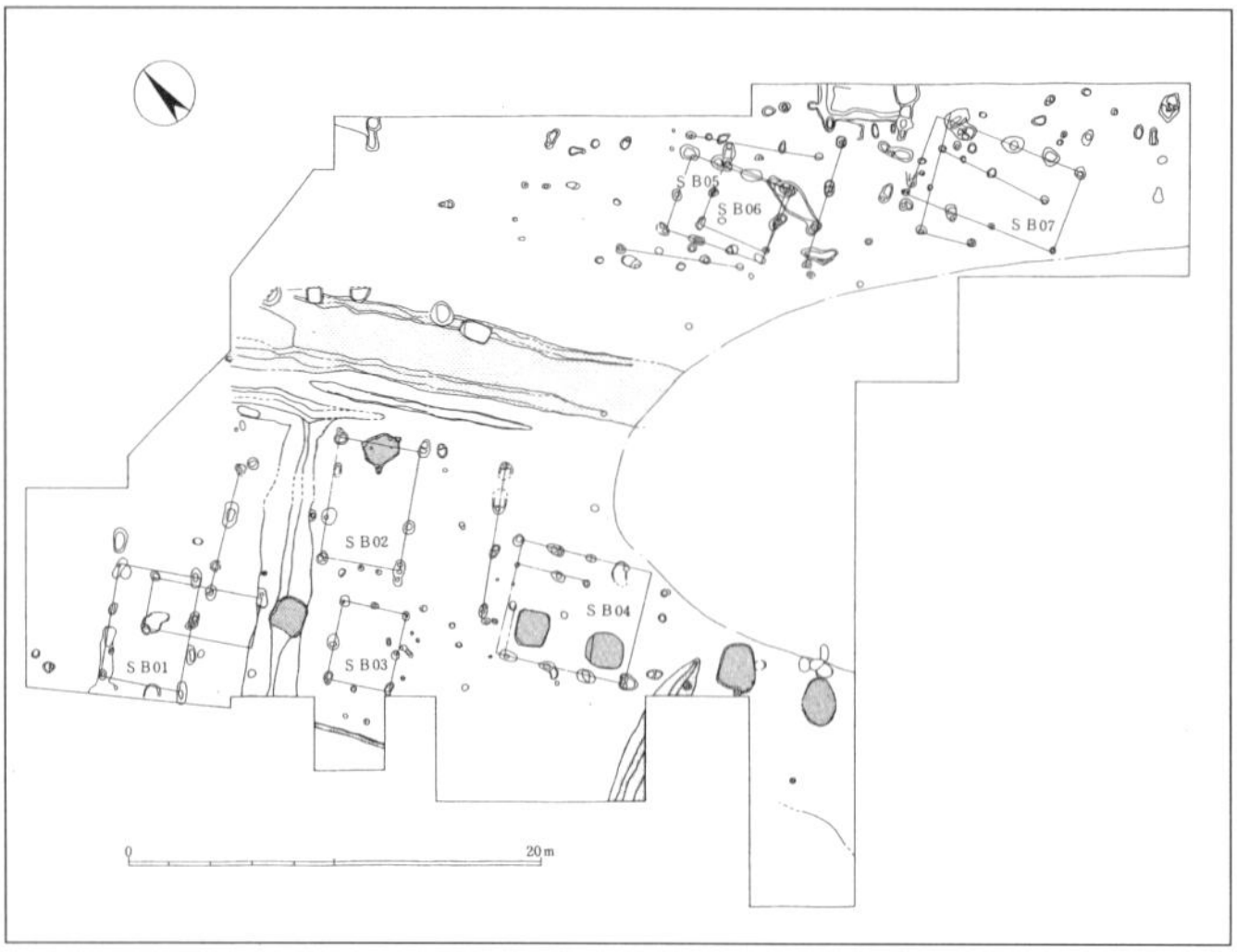

図25. 発掘された道路と建物跡（『馬部甚蔵山遺跡』）

する溝、および方向をそろえた建物群や柵列の跡が検出された。遺構の切り合い関係から、調査者は建物群を「室町期」の後半、すなわち文禄年間に近いころに比定している。発掘された建物と道路跡から、ここに道ぞいの小規模な町場が想定できる。馬部甚蔵山遺跡は、太閤道の規模構造と、その周辺施設が具体的に知られる数少ない例である。

上場台地を実際に歩くと、起伏する山道がどこまでも続く感がある。炎天の旧暦五月にここを通過した平塚滝俊の「坂どもはてなく候。人馬ともにことのほか草臥《くたびれ》申し候。大方ならず候」(『平塚滝俊書状』)というぼやきが聞こえるようだ。あるいは滝俊も、馬部の町場で一休みしたのかも知れない。

加倉から石室《いしのむろ》まで

これより先、石室までは三ルートが想定されている。ひとつは西に折れて「枝去木上《えさるぎ》」バス停から県道唐津呼子線ぞいに打上小石室分校に進む道、また北に進んで県道「加倉」交差点から打上ダムをへて石室にいたる道、およびこの中間をたどり、「上場営農センター」経由で石室にいたる道である。いずれもそれなりの根拠をもち、当時から複数の経路があったとも考えられる。なかでも「上場営農センター」経由の道筋には「二の城戸」伝承地や、馬場良平氏が聞取りした「太閤道」の口碑が多く残る。以下この道筋をたどる。

馬部甚蔵山遺跡を北進、「五丁橋」を過ぎて正面の集落に入る。「中川原溜」上方の丘に登ったところが「二の城戸」伝承地。さきの『名古屋家文書』には「同二の城戸、加倉村」とあり、佐志の辻の「一の城戸」につづいて名護屋城の「二の城戸」があったという。ゲートボール場裏に一里塚の石という石が移されている。ちかくに「一里松」という松の大木があったというが、今は枯れて痕跡が残らない。

地元の伝えでは、ここから県道に下る途中の畑はかつての太閤道であり、「太閤さんたちが踏み締めたので、道跡は作物の育ちが悪い」という。

谷筋に下り、ついで採石場を右にみて登り、「上場営農センター」の敷地を横断する。起伏の続く山道を進めば、右手に「不飲池」という小さな池。さらに丘を越えて県道に合流する。このあたりが石室である。打上小石室分校を左手に見て直進、陸橋「城の元橋」を通過する。四叉路を直進するとただちに幅のせまい農道となり、坂を登り詰めたあたりを「筑紫広門の陣跡」と伝える

「三の城戸」から名護屋浦へ

この先、名護屋城をとりかこむ半径約三キロの丘陵一帯には、文禄・慶長の役に出陣した大名の陣屋跡と伝える場所が分布する。その数百余カ所。土塁や石塁・建物の礎石が残り、それぞれ大名の名を冠しているが、正式の調査

によるものではなく、あくまでも伝承である。したがって、正しくは「伝・何某陣跡」と呼ぶべきだが、煩雑をさけて以下は「伝」を省略する。

「筑紫広門陣跡」のある丘陵の北端付近に「三の城戸」跡と伝える場所がある（写真80）。地名を小字桐の木、通称三本松といい、『名古屋家文書』の「三の（城戸）三本松と申し候事」に相当する。現状は平坦な畑地で、道端に高さ一㍍ほどの自然石が立ち、これを一里塚と呼んでいる。

旧道は自然石の立つ農道の左下に分岐、薮をぬけて県道二三号線に行きあたる。前方、標高一〇四㍍の丘陵頂上が「石田三成陣跡」。県道は等高線に沿ってカーブしつつ下るが、旧道はその右手、山側斜面にそって断続して残る。

地図46(2) 馬部〜名護屋城

写真80．加倉の「三の木戸」跡（鎮西町）

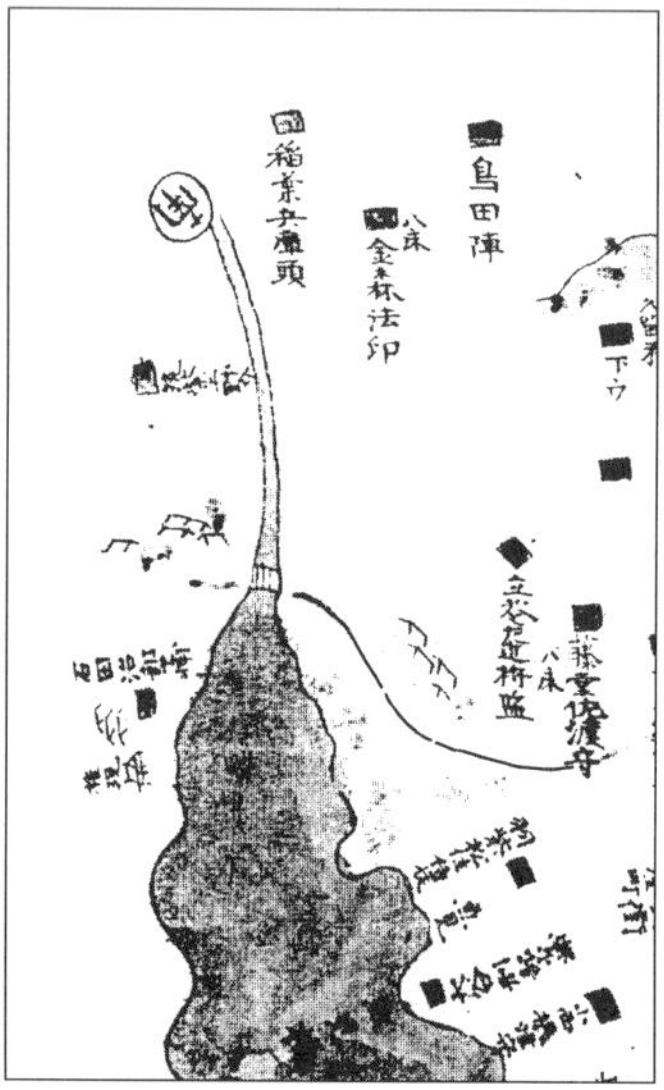

図26．入江奥の橋（『名護屋陣営図』）

「堤の原溜」あたりから野元に下ると、一部は途切れながらも痕跡は残る。とりわけ「堤の原溜」西側尾根から野元に下る道は、広いところで幅三メートル、深さ二メートルほどの凹道であり、福岡県鞍手町の太閤溝や二丈町の太閤道を小規模にした印象をうける。

坂を下り切ったあたりが野元集落。目の前に細長く入江状の名護屋浦がひろがる。海岸に下る坂道をたどれば、入江を仕切った堤防がある。内側は干拓されているが、近年までこれより三〇〇メートルほど奥までが海であった。『名護屋城陣営図』（福岡県立図書館蔵）では、ここに簡単な橋が描かれている（図26）。名護屋浦では、現在の名護屋大橋付近、呼子の申浦との間に舟橋が渡されていたとの伝承がある。地形から見れば、描かれた橋も舟橋の可能性が高い。

名護屋城大手にいたる

入江の奥を横断、坂を右手に登れば再び県道と合流する。現在の道は堤防から続くが、旧道は入江奥からただちに登っていた。ふり返れば正面に「石田三成陣跡」がそびえる。

右下に名護屋浦を見ながら進めば、名護屋中学校の二〇〇メートルほど手前に、県道から左に入る道がある（写真81）。両側を掘りくぼめた凹道で、広いところでは幅二メートル強ある。道奥は中学校運動場に突き当たる。その延長は同校正

写真81. 名護屋中学校手前の太閤道

写真82. 名護屋城大手口から見た太閤道終点

門先のバス停付近に下る道と体育館裏手に登る道の二経路がある。

前者の道はバス停先で県道から右手に分岐し、「長宗我部元親陣跡」を右に見て登り坂を直進、「新庄直定陣跡」をすぎて坂を下り、舗装道路を横断する。再び上りとなるが、住宅の建築でこの先の一部が途切れる。

これより先の丘陵には「木下延俊陣跡」がある。延俊は木下家定の三男。二万石の小身だが、秀吉の正室北政所の甥にあたるため、数多い陣跡のなかでも本城に最も近い位置にある。陣跡は昭和六十二・六十三年の二カ年に発掘調査がなされ、小規模ながら石塁に囲まれた主郭と曲輪状の平坦面、掘立柱建物跡などが検出された。

道は陣跡の丘陵南から西にめぐって延びる。北に方向転換する付近が最高所で、標高七〇㍍弱ある。ここからゆるやかな下りとなり、北進して名護屋城の大手口にいたる。この間は幅二㍍ほどの山道である。城跡に近づくと、山道は整備された遊歩道となる。トンネルのような雑木林の道を直進すればとつぜん視界が開け、整備された名護屋城大手口の広場に出る。文禄太閤道の終点である(写真82)。

もっとも、このあたりは片側あるいは両側を掘りくぼめた道で、当時から道幅はこの程度であったようだ。巨大な規模の名護屋城の大手にいたる道としてはあまりに貧弱であり、対外的に威信を示す道路とは考え難い。

このことに関して原口決泰氏は、大手口が太閤道に直結して防御面の配慮が欠けると指摘する。さらに城の縄張りや、秀吉が本丸隅櫓から二の丸の能興行をみたとの記録などから、「総合的に考えると大手とよんでいるのは大手ではなく、搦手とよんでいる方が大手である可能性がきわめて高い」という（『名護屋城の謎』）。とすれば、今たどってきた「太閤道」は搦手門にいたる道となる。

城の大手門と搦手門が取り違えて伝承された例は、大分県角牟礼《つのむれ》城にもあるから、名護屋城でもその可能性がないとは言えない。しかし大手門にいたる直線的な道を作ることは、織田信長の安土城にはじまり、豊臣秀次の居城近江八幡城に引きつがれ、のちには仙台の青葉城にも見られる。ちなみに、青葉城大手門は、名護屋城から移築したものだ。私見だが、大手口の直線的な道は、いわゆる織豊系城郭のなかでも、限られた一部の城に採用された、特別な構造と見なしたい。

このように見てくると、大手につづく太閤道が小規模で貧弱なことについて、現段階では明確な答えをもたない。往来が困難な陸路にくらべ、海上交通の便が格段によかったこともあろうが、将来の課題として残る。

一方、後者の道は名護屋中学校裏手に抜け、先に示した道に並行するが、「木下延俊陣跡」下で合流するには地形的に無理のようだ。むしろこのまま西北に進み、「搦手門」に続くかと思われるが、確証はない。大手門の位置とも関連して、今後の課題である。

《コラム・名護屋浦のあわび漁特権》

名護屋浦の海士《あま》には、昭和二十四年の漁業権解放まで周辺海域で自由にあわび漁ができる特権があった。その漁場は、東は唐津市湊の神埼、北は小川島・加唐島・馬渡島その他無人島・諸瀬、西は長崎県「平戸御領」境までの、広範囲なものだった。

特権の由来は、文禄の役のおり朝鮮まで渡海軍の水先案内をしたことにあり、褒美として秀吉から「壱岐国沿岸一帯の鮑《あわび》捕獲ノ御墨付ヲ得」たという（『海士記録』）。この御墨付は文化六年（一八〇九）の大火で焼失したが、慣行漁業権は戦後まで引きつがれていた。水先案内の故事が史実として認められてきたことを裏づける話といえる。

一方、名護屋の旧家につたわる『名古屋家文書』にも、これと対応する記事がある。在地の小領主である名護屋越前守経述は「太閤様異国責（攻め）の節、朝鮮国御案内仰せつけられ」たという。

原口决泰氏は、これを朝鮮渡海の水先案内のこととする。その理由として、越前守が主家にあたる波多三河守の渡海後も名護屋に在陣し、その陣屋が秀吉居館にちかい名護屋浦の船着場付近にあることをあげ、「経述は秀吉の奉行の命をうけ、領民である漁民を指図して「朝鮮国御案内」の任務にあたっていた」と推定する。ただし名護屋漁民の任務は直接朝鮮までではなく、壱岐勝本までとする。その先の海路については壱岐・対馬の漁民の領分であろうという。

別の伝承では、秀吉は名護屋の「漁夫、海士、千余人」を動員して沖に大網を引いて魚をとらせ、在陣の諸士に大ふるまいしたという。このときの海士の居住地の海士町をはじめ、網を引きあげた地獄浜（呼子町殿の浦）・片平町（鎮西町名護屋）および「朝鮮出陣の水手の住まひし水主《かこ》」の子孫は、褒美として幕末まで賦役を免除されたという。また戦前までおこなわれていた名護屋の鯛網はこれが起源という。

『名護屋城秘史』が引く「旧記」にある記事だが、さきのあわび漁特権のいきさつをみれば、賦役免除はいかにもありそうな話ではある。

第四章　「太閤膳」と豊国分祀

1　本就寺の「太閤膳」

「太閤拝領物」とは

太閤道の調査を通じて、その通過地には秀吉にちなむ種々の「モノ」の伝承があることを知った。その多くは秀吉からなにかを拝領したとの伝承であり、事実、各地にそれと伝える品が現存する。また現物が伝わらず伝承のみの話となれば、枚挙にいとまがない。

歴史の一分野である考古学では、過去の人々の手になる人工物を「遺跡」「遺物」とよび、両者が互いに補完して歴史を再構成する。これにならって、太閤道を秀吉が残した道路の「遺跡」ととらえれば、由来の品々はさしずめ「太閤遺物」と呼べる。もっとも、「遺物」ではあまりに対象がひろがりすぎるから、ここではこれを限定し、「太閤拝領物」の名でとらえて考察したい。そのなかでも、秀吉の時代に九州の玄関口であった小倉（北九州市）にのこる拝領物「太閤膳」は、多くの問題をはらむと考えられる。

写真83．本就寺の太閤膳（小倉北区）

本就寺《ほんじゅうじ》の守護神祭と『倉府俗話伝』

北九州市小倉北区清水町に、長喜山本就寺という日蓮宗の寺がある。宗門の庇護者として知られる加藤清正の命日にあたる五月二十三日には、清正公を祭る「守護神祭」が行われる。このとき、寺の什宝である膳椀類が本堂内の清正公木像に供えられ、参拝者に開帳される（写真83）。寺伝では、文禄元年に大坂にむかう乗船が座礁した時、上陸した秀吉は同寺で休息した。膳椀類はこのおりに拝領したといい、「太閤膳」とよびならわしている。これとあわせて、豊臣秀吉像と伝える束帯姿の人物像も掲げられる。

もっとも、清正公像は明治四十四年の改築までは境内の鎮守堂の本尊であり、その後、戦時中の疎開までは望楼状の本堂二階に安置されていた。したがって、今日のように本堂内陣横にこれを安置し、膳椀類を供えるのは戦後になってからである。

本就寺の太閤膳については、小倉藩士春日信映の『倉府俗話伝』に記述がある。『倉府俗話伝』は小倉藩をはじめ、細川氏・小笠原氏に関すること、領内の町や寺社、人物風俗地理などを記している。今日原本の所在が不明なため、ここでは北九州市中央図書館蔵の写本および『豊前叢書』第二巻所収によった。同書には、

秀吉公朝鮮征伐の時、肥前名古（護）屋に御出張ありし時、当所本就寺に御昼休あり。其時の亭坊御膳具拝領支度を願ひの通り下し置れ、什物に仕度由願い出けれは、御宥免なし下され、今に所持せり。秀吉公束帯の図像、極彩色の掛物、毎年或時（筆者註・写本には「毎年会式の時」）人に見せしむ

という興味ふかい記述がある。今日の「守護神祭」に対応する記事である。『倉府俗話伝』の成立は寛政初年であるから、本就寺の太閤拝領物は十八世紀初頭には存在したこととなる。

本就寺を創建、菩提寺とした毛利勝信は旧名を森壱岐守吉成。中国の毛利氏とは別氏の武将である。早いころから秀吉に従い、九州平定や肥後国一揆鎮圧・朝鮮出兵で功があった。この間、軍事より行政・経済官僚として能力を発揮したようだ。天正十五年に小倉城主となり、六万石を領した。

関ヶ原合戦では西軍に属して改易。息子の勝永とともに土佐の山内一豊に預けとなり、慶長十六年五月六日配所で没した。

その後、大坂の陣が勃発すると勝永は土佐を脱出、大坂城に入った。夏の陣では天王寺付近で奮戦、真田信繁(昌幸)とならぶ武功を立てるが、大坂落城とともに豊臣家に殉じた。豊臣家では数すくない譜代の家臣である。

従来不明だった毛利氏時代の小倉城については、九〇年代以来の発掘調査でその概要が知られつつある。室町遺跡第二地点からは北側の海に沿う石垣が検出され、平成二・三年度の調査では、小笠原氏時代小倉城の本丸東方の調査区から金箔押し鬼瓦が出土した。当時の小倉城は、今日の小倉城本丸から二の丸付近にかけての小規模なものであったらしい。

そのころの本就寺は海岸近くにあり、『倉府俗話伝』には「毛利家の時、日蓮宗本就寺は菩提所にて、今の二ノ丸の内に在りしを、細川公の時米町四丁目南側の東角に移されしなり」あるいは「二の丸(中略)福原の屋舗に本就寺ありとか、其外の屋敷も寺地にてはなきか」ともある。

文中にある福原七郎左衛門の屋敷地は紫川河口の西岸、再開発ビル「リバーウォーク」が建つ室町一丁目の東寄りであり、当時の海岸近くにあたる。江戸時代に米町に移った本就寺は、ここで明治をむかえた。現在地に移転したのは、昭和十九年の強制疎開による。

秀吉拝領の太閤膳

今日伝わる太閤膳の内わけは、膳三基のほか食器類二三個体である（表1）。

表1．太閤膳の内訳

	Ⅰ類（桐・沢瀉紋）	Ⅱ類（菊・松竹・鶴亀図）
飯櫃	1	1
椀　A	深い・飯椀か　1	1
椀　B	やや浅い・汁椀か　1	
椀　C	浅い・平椀か　1	1
椀蓋A	大・見込に沢瀉　1	
椀蓋B	小・見込に沢瀉　1	
腰高ヵA	流水文様　3	菊紋1、桐紋2　5
腰高ヵB	巻水文様　1	桐紋1　1
杓　子		1
銚　子		1
合計（個体）	10	11

＊べつに懸盤三膳あり。いずれも桐・菊紋（菊の図柄は二種併用）

現住職水上正泰師の母堂、初井氏の話では、戦前ある展示会に貸出したところ、懸盤をはじめ天目台など数点が戻らなかったというから、本来は二組あった可能性がある。

膳は脚の下部をつなげた懸盤形式のもので、本膳・二の膳・三の膳の三枚一組ある。いずれも隅入りの天板に腰をつよく張った脚を基台とし、広い格狭間の空間をつくる形式である。縁をはじめ、脚部や盤面に蒔絵の桐・菊紋を配している。菊の意匠は、花弁の多寡による二種類がある。

椀類は、文様によって二類にわけられる。Ⅰ類は漆が透けて赤みをおびた褐色の地に、桐・沢瀉紋《おもだかもん》を蒔絵で描く。Ⅰ類の腰高には水に生える沢瀉を描くが、水の表現には渦巻きと流水の二種類がある。飯櫃の蓋には、片身替わり法で描きわけた桐紋もある。Ⅱ類は黒地に松竹・鶴亀図を蒔絵で描き、その間に菊・桐紋を装飾的に散らして配置する。これらの品々は、松竹・鶴亀に桐紋の組合わせや絵画的文様に紋章を散らす意匠、片身替り装飾など、いずれも近世初頭に盛行した高台寺蒔絵の特徴をしめしている。

ひろく知られているように、高台寺蒔絵は秀吉の正室おねが創建した高台寺の霊屋をはじめ、秀吉夫妻の調度類に多用された技法である。したがって、本就寺の太閤膳は豊臣家に由来する伝世品の可能性がたかいと考えられるが、これを補強するのが、「沢瀉」の意匠である。

〔上〕写真84．太閤膳の沢瀉紋
〔下〕図27．沢潟紋の各種

「沢瀉紋」と豊臣家

膳具にみられる家紋は菊と桐、および沢瀉《おもだか》である。いうまでもなく菊と桐は皇室の紋章であり、豊臣家がこれを多用したことはよく知られている。秀吉が皇室から豊臣姓を賜ったのは天正十四年（一五八六）のことで、この時に菊・桐紋も下賜されたらしいが、それ以前の家紋については、従来よく知られていなかった。

ここで注目されるのは、太閤膳に菊・桐とあわせ用いられている「沢瀉紋」である（写真84）。沢瀉は池や沼に自生するオモダカ科の多年草で、秀吉の出身地である尾張や三河には、沢瀉を家紋とする家が多い（図27）。

戦国時代にくわしい藤本正行氏は、秀吉ほんらいの家紋こそ「沢瀉」でなかったかと推定する。その理由として、秀吉の甥で関白となった豊臣秀次の幟旗が沢瀉であること、秀吉の正室の兄木下（杉原）家定の子孫の備中足守藩木下家や、豊後日出藩木下家の家紋が沢瀉であることをあげている。

秀吉の木下姓は、正室おねの実家木下氏を名乗ったと考えられており、この木下氏の家紋が沢瀉である（『寛政重修諸家譜』）。同時代の武将、福島正則の母は秀吉の伯母でおなじ木下家の出自だが、福島家の家紋もまた沢瀉である。

事実、豊臣秀次の居城八幡山城（滋賀県近江八幡市）では、昭和三十八年の発掘調査で本丸御殿跡から沢瀉紋のある巨大な棟瓦が出土し、平成十二年の発掘調査では秀次館跡から沢瀉紋の飾り瓦が出土した。また秀次屋敷跡と推定される豊臣時代大坂城大手前付近からも、金箔を押した沢瀉紋飾瓦が発見されている。このほか、秀吉の妹旭姫所用の小袖（静岡・瑞龍寺蔵）にも桐・沢瀉紋の刺繍があり、沢瀉は豊臣家にきわめて親密な家紋であるのがわかる。

藤本氏の推定では、豊臣姓を賜った時に菊・桐紋も下賜され、その後は沢瀉を捨てて桐のみを家紋としたのではという。聞くべき見解であり、太閤膳に沢瀉が多用されている理由が理解できる。そういえば『関ケ原合戦屏風』の豊臣方陣地には沢瀉紋の幟が林立している。

また豊臣家と沢瀉紋との関係は、近年になって指摘された事実である。このことからも、太閤膳が後年の偽作などではないのが知られる。

余談だが、平成十五年暮れのテレビドラマで、天正十年の山崎合戦の羽柴秀吉の陣羽織をはじめ、幔幕や旗印までが桐紋なのに仰天したことがある。従来、いかに秀吉＝桐紋のイメージが定着していたかがわかる。

伝「秀吉公画像」について

写真85. 本就寺の伝・秀吉公画像

太閤膳とあわせて開帳されるものに、「秀吉公画像」と伝える人物画像がある（写真85）。上畳《あげだたみ》に座す束帯姿の人物像で、前面には高欄つきの板敷き縁と階段、上部には幔幕と御簾および軒先を配する。その様式から、像主（図のモデル）が高貴な人物であるのがわかる。人物背後には金泥をもちいて松鶴図を描き、豪華で入念な作である。

もっとも、人物の容貌はわれわれが秀吉として連想する顔、すなわち流布している数系統の秀吉画像のいずれとも似ておらず、年齢も他の諸例より若く壮年である。また、多くの秀吉画像が画面にむかって左向きであるのに対し、本図は逆の右向きである。

画面には衣装や調度にも豊臣家ゆかりを示す家紋などは見あたらず、伝承以外に本図を秀吉画像と特定する判断材料はない。上部の御簾には「木瓜紋《もっこうもん》」があるが、これは家紋以外にも調度類のたんなる装飾にも使われるから、像主のきめてにはならない。

したがって、現状ではこれを秀吉像とする積極的な証拠はないが、ここではながく「秀吉像として」祭られてきた事実を尊重して論を進め、考察は後節でおこないたい。また『倉府俗話伝』には、膳椀・秀吉画像とともに「極彩色の掛物」があるという。今日では、開帳のとき赤地に華文の布が膳の下に敷かれているが、これに相当するのかは不明である。本就寺水上初井氏の談では、もと太閤膳を納めていた長持には赤色の大きな布も同梱されていた。しかし戦後整理をしたとき、「ネズミが喰ってあまりに汚かったので」捨ててしまったとのこと。今となってはこの布の正体は不明である。

《コラム・**秀吉の難破と明石与次兵衛**》

文禄元年七月二二日、母の危篤の報に接した秀吉は、名護屋城から海路大坂にむかったが、途中、豊前大里沖（関門海峡）で乗船は座礁、沈没した。（『毛利秀元記』など）秀吉に大事なかったが、この事件には謎が多い。

このとき船頭の与次兵衛は「中国路の国々はほとんど敵国となったと聞き、対岸伝いに行こうとして難破した」と釈明、秀吉は「余はその中国殿（毛利氏）の船で一命を助かったのだ。けしからぬ言い分である」と激怒、その場で首をはねさせた。

ところが明石与次兵衛は一介の船頭ではなく、じつは「海の司令官」ともいうべき水軍の武将であったらしい。秀吉が四国の長曽我部氏を攻めたときの文書では、あて先に小西弥九郎（行長）・梶原弥助および「石井与次兵衛」の名がある。宇田川武久氏によれば、彼らは「豊臣政権のはじめのころの水軍の将」であり、秀吉の四国征伐で大いに活躍したという。また、天正十五年の立花宗茂あて文書では、「船手」として小西行長はじめ九鬼・来島・能島氏などそうそうたる海賊衆とならんで、「石井与次兵衛」が見える。

さらに難破直前の七月十八日付の秀吉朱印状で「から物」を積んだ船は海上輸送は危険なので陸路を運ぶよう命じているが、そのあて先は「石井与ニ兵へ・梶原弥助」ほかである。

一方、明石与次兵衛はその名がしめすように播州（兵庫県）明石の出身。明治二十年代に福岡県仲津郡大坂村（京都郡犀川町）に居住した明石氏末裔蔵の『石井家系図』によれば、明石姓のほか肥塚・石井と称したとある（『門司市史』)。とすれば、明石与次兵衛と石井与次兵衛は同一人物ということになる。

同系図には、石井与次兵衛は「豊前国の内、内裏(大里)の沖にて存する旨ありて、御船を瀬に乗り当る。此時切腹す」とあり、秀吉の遭難は事故ではなく、与次兵衛が故意に座礁させた事件であるという。このとき「(秀吉は)与次兵衛の忠義惜しみ給いしと也」ともあり、事故の責任で処刑されたという話とは矛盾する。「存する旨」の内容は不明だが、与次兵衛の死後も明石氏は豊臣家に厚遇されており、秀吉の遭難の裏には隠された事情がありそうだ。

後日談だが、豊臣氏の滅亡後、与次兵衛の子孫は明石を領した小笠原忠真に船奉行として仕えた。その後、寛永九年(一六三二)に小笠原氏は豊前小倉に移封となり、明石氏もこれに従った。事件から三二年後のことである。

これより先の慶長五年(一六〇〇)、当時の小倉藩主細川忠興は秀吉が座礁した岩礁に石塔を建て、航路の目印とした。故事にちなんで岩礁は与次兵衛瀬、石塔は与次兵衛塔とよばれた(図28)。小倉に移った与次兵衛の子孫は、どのような思いでこの塔を眺めただろうか。

図28.『江戸参府紀行』挿絵の与次兵衛塔

2　小倉の豊国神社と毛利勝信

豊国分祀と太閤膳

以上、本就寺につたわる太閤膳とその関連遺物をみてきた。膳椀類の意匠は高台寺蒔絵の特徴をしめし、当時からの伝世品と思われる。とりわけ、近年豊臣家との関係が明らかになった「沢瀉紋《おもだかもん》」が多用されている事実は、太閤膳が秀吉に由来することを強く示唆している。

また、実際の像主に疑問があるとはいえ、画像が「秀吉公像として」開帳されていたことも重要である。近年の研究では、秀吉の没後、縁故のある寺社やゆかりの地に、秀吉を神と祭る豊国神社が勧請されたことが知られてきた。そこには、礼拝の対象となる神像としての秀吉の画像や木像が豊臣家から分配され、豊臣政権のイデオロギー装置として機能したという（写真86）。

写真86．豊国神社（京都市）

これらは北川央氏のいう「豊国分祀」の概念でとらえられ、江戸幕府による弾圧にもかかわらず、今日なお各地に祭祀の跡がのこる。福岡県下では博多のほか嘉穂町の「豊臣大明神」があり、全国では二三カ所にのぼる。

そもそも大名の神格化は、すでに戦国時代から広まっていた。天文十三年（一五四四）の島津忠良遺訓には「吾子三代までは菩薩の分身也」とあり（『藩法集』）、慶長十四年（一六〇九）の毛利元倶の起請文には「恐れながら御父子様（毛利輝元父子）御事は、氏神と存じ奉り」とある（『毛利家文書三』）。

また織田信長は安土城内に「盆山」という石をおき、これを自己の化身として人々に礼拝させた。秀吉は、はじめ「新八幡」の神号をのぞみ、死後「豊国大明神」を得、徳川家康がこれと対抗するように「東照大権現」となった。これらは一連の大名神格化の延長線上で理解できる。

それでは、さきに見てきた本就寺の秀吉ゆかりの品は、どのような由来を持つものだろうか。寺は毛利氏時代の小倉城の海岸寄りにあったというから、『倉府俗話伝』にみる秀吉の逸話も一見ありうるかとも思われる。ところが厄介なことに、本就寺の創建は秀吉の死から二年後の慶長五年（一六〇〇）という。とすれば、寺に秀吉が立ち寄ったとの前提は成立せず、太閤膳拝領の伝承は雲散することとなる。寺伝では、秀吉の立寄りは大里沖で難破した折というが、現地は小倉のはるか東方、彦島にちかい。このとき秀吉が上陸した「大裡の浜」から小倉まで引き返したというのは地理的に無理がある。

本就寺の太閤膳が生前の秀吉からの拝領でないとすれば、これらは後年他所からもたらされたことになる。それでは、当初の所在はどこで、本就寺にいたるまでにどのような経緯があったのだろうか。

この疑問に対しては、同じような秀吉関連の遺品が伝わる肥後の本妙寺（熊本市）の例が手がかりになる。まわり道になるが、以下にこれをみる。

肥後豊国社と本妙寺の膳具類

秀吉子飼いの大名として知られる加藤清正は、領国熊本の立田山中腹に豊国神社を造営、慶長十八年（一六一三）には社家の任命も行われた（『舜旧記』）。豊臣家滅亡後は、元和二年（一六一六）に表向き「国守ヨリ改易」（『同』）されたが、祭祀は続けられた。のち寛永九年（一六三二）に加藤忠広改易の際には、豊国社祭祀が理由のひとつにあげられている。社殿跡地からは金箔瓦が出土しており、当時の豪華さがしのばれる。

一方、おなじ熊本市にある日蓮宗本妙寺は、加藤清正が慶長五年に大坂からこの地に移したもので、のち清正の廟もここにつくられた。豊国社とは神仏習合思想にもとづく神宮寺の関係にあり、本妙寺が同社の社務をつかさどった。今日、本妙寺には「秀吉公画像」と「秀頼八才」の自筆神号「豊国大明神」が伝わる。その由来について北川央氏は、ほんらい豊臣家から肥後豊国社に拝領したものではなかったか、と指摘する。

ちなみに「秀頼八才」は慶長五年に相当する。これは加藤清正が豊国社の勧請を決意した翌年、本妙寺が大坂から肥後に移った年にあたる。一方、小倉本就寺の創建もおなじ慶長五年とつたえるのは偶然とは思えない。

じつは本妙寺には、秀吉画像や神号のほかにも、高台寺蒔絵のほどこされた膳具類が多数伝わる。このうち、意匠に桐・桔梗と折墨の散らし紋のある二十五点の来歴については、加藤清正が尾藤知宣使用の調度を秀吉から拝領し、のち本妙寺に奉納したとの寺伝がある。この間の事情については、徳川義宣・荒川浩和氏の考察がある（『漆工史』2）。

尾藤知宣（知定）は秀吉の部将で、天正十五年、日向の根白坂で島津勢と戦ったが、このとき憶病のふるまいがあったとして領地を没収のうえ追放、のち誅殺された。このことに関して飯田忠彦撰『野史』には、加藤清正に「また尾藤知定の貯するところの器仗をことごとく収め、これを賜う」とある。

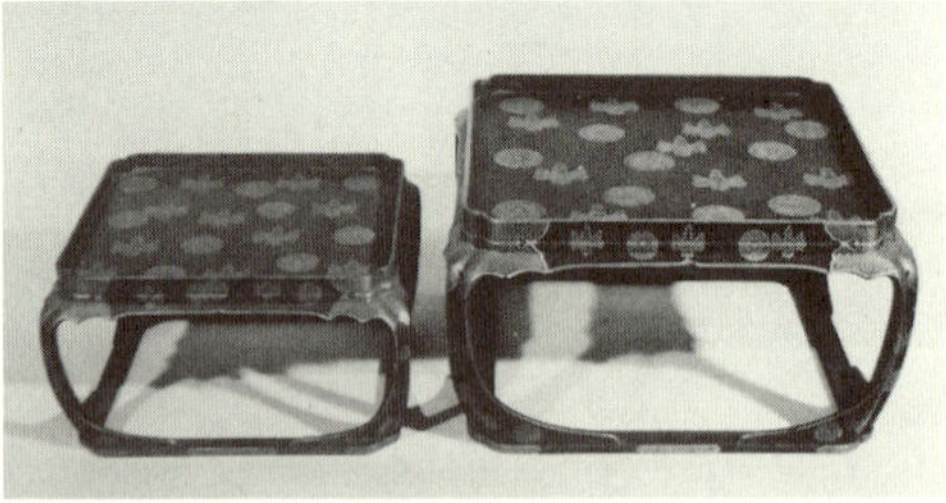

写真87. 本妙寺の膳具類（『本妙寺の美術工芸』）

このように、本妙寺の膳具類には来歴のあきらかな上記の一群があるが、これ以外にもいくつかの蒔絵膳椀具が伝存しており、ここではむしろこの方を注目したい。とりわけ「桐菊紋蒔絵懸盤」は、小倉本就寺の太閤膳を想起させる優品である（写真87）。

三枚一組のうちの二の膳と三の膳であり、隅入りの天板に湾曲した四脚をもち、天版・立上り・脚部に桐菊紋を配し、一部に高蒔絵をほどこす。このほかに菊桐紋を散らす蒔絵手箱や盃台などがある。いずれも薄肉高蒔絵の技法に共通点があるといい（『漆工史』2）、ほんらいセット関係にあったようだ。

これらが本妙寺に伝わる経緯は不明だが、いずれも桐紋のみを描き、桔梗・折墨紋を欠く。したがって、尾藤氏関係の一群とはべつの来歴の品々である。製作年代も十六世紀末葉と考えられ、同寺蔵の「秀吉公画像」や「秀頼八才の自筆神号」とおなじ時期のものである。とすれば、これら蒔絵膳具類もまた肥後豊国社に由来する可能性がたかい。

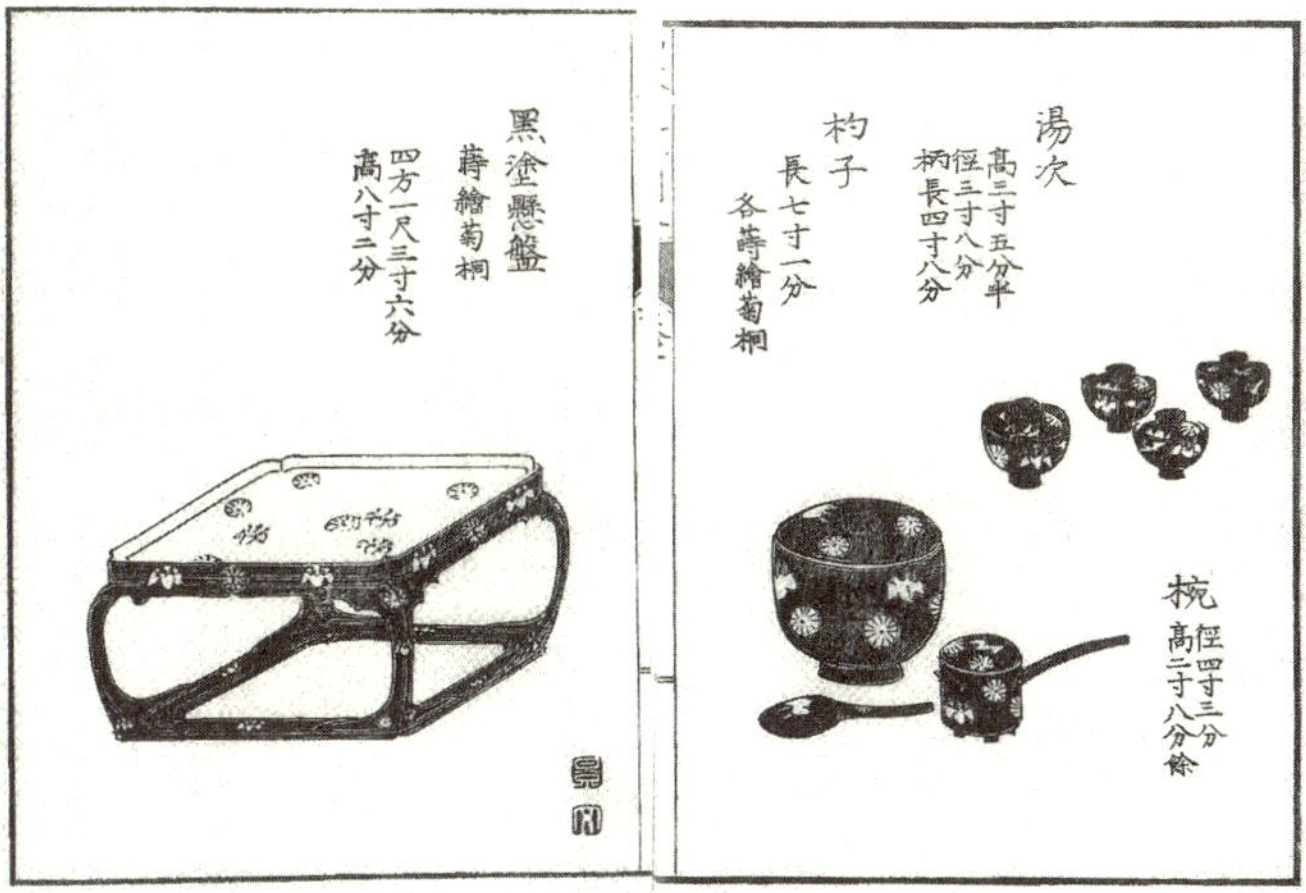

図 29.『豊公遺宝図略』の膳具（『豊国神社社宝展』）

表 2. 太閤遺物のセット関係

所　在	秀吉画像	豊国神号	膳　具	由　来
京都・妙法院	○	○	○	豊国本社旧蔵
熊本・本妙寺	○	○	○	肥後豊国神社旧蔵
博多・神屋宗湛宅	○	○	○	宗湛宅豊国社旧蔵
小倉・本就寺	○（伝）	－	○	（小倉の豊国社旧蔵か）

太閤膳は「小倉豊国社」の神宝

ここでふたたび小倉本就寺に目を転じる。肥後熊本の事例をそのままあてはめることはできないとしても、時代相からみて、小倉にもまた毛利勝信が勧請した豊国社があった可能性が高い。肥後豊国社・本妙寺・小倉本就寺の創建がいずれも慶長五年であることも、これを補強する。その場合、本就寺の太閤膳や秀吉画像は、本来この「小倉の豊国社」に納められていたと推定される。あるいは豊国社の創建も本就寺と同年であり、寺は豊国社の神宮寺という関係ではなかったろうか。

豊臣家滅亡後、「小倉豊国社」は各地の例とおなじく破脚されたが、神体としての「秀吉公画像」やゆかりの品々は勝信の菩提寺である本就寺に移管され、その後も「守護神祭」と形を変えて祭祀が続けられたと思われる。

ではその場合、太閤膳はどのような位置づけとなるだろうか。さきに肥後本妙寺に伝わる蒔絵膳具の一部を豊国社の遺品かと推定した。似た事例をさがせば、博多の神屋宗湛宅には秀吉公画像・秀頼八才の自筆神号とともに「秀吉公飯椀」が伝わっていた（『筑前福岡区地誌』）。昭和二十年の空襲で焼失するまで博多豊国社の社宝であったが、それは「五三桐紋金蒔絵」であったという。

また京都の豊国神社の什物を多数伝える妙法院門跡には、秀吉画像・豊国大明神神号のほかに「桐菊紋蒔絵懸盤」をはじめとする一連の膳具がある（『豊公遺宝図略』）（図29）。これらを表にしてしめせば、表2のようになる。

このように見ると、各地に勧請された豊国神社には、秀吉画像・豊国大明神神号と蒔絵膳具がセットとして存在した可能性が浮上する。神像たる画像は神号とともに礼拝の対象であり、蒔絵膳具類は、神前に供えられた供膳具と理解される。以上のことがらを踏まえて、本就寺の太閤膳は、かつて豊臣家から毛利勝信に下賜された「小倉の豊国社」の神宝であったとみなしたい。本就寺の失われた「極彩色の掛物」も、豊国社の荘厳具の一部ではなかったろうか。

伝「秀吉公画像」は誰か

以上、小倉本就寺に伝わる高台寺蒔絵の膳椀具「太閤膳」と、それにまつわる伝承を考察した。そのなかで、太閤膳は伝承が語るような生前の秀吉からの拝領品ではなく、当時の小倉城主毛利勝信が秀吉の死後小倉に勧請した豊国神社に、豊臣政権から下賜された神宝類の一部であると想定した。また豊臣家滅亡にともなう豊国社破脚ののち、これらが同社とかかわり深い本就寺に移管されたと考えた。

ところがそのなかで、ひとつ解釈がのこる遺品がある。それはとりあえず伝「秀吉公画像」としてきた本就寺の人物画像である（写真89）。神殿の上畳に座すこの人物は、世に知られている多くの秀吉画像とはかけ離れた容貌である。秀吉には生前に描かれた寿像はなかったらしく、近世以後のものはべつとして、今日伝わる秀吉画像はいずれも彼の死後、豊国祭祀における神像として制作されたものである。それゆえに、いずれもがよく似た風貌をしめしている。われわれが秀吉をイメージするときの、やせぎすで顎が細く、やや貧相な「あの顔」の老人である（写真88）。

ところが本就寺に伝わる「秀吉公画像」の人物は、顔の輪郭はむしろふっくらしており、太いまゆの下に温厚なまなざしをたたえている。年齢も壮年であり、いずれも他の秀吉画像とは対照的である。両者のちがいは絵師の筆

写真 88．各種の秀吉画像

写真 89．本就寺の伝・秀吉公画像（部分）

の相違をこえており、像主は秀吉とはまったくの別人と思われる。

本就寺の「秀吉公画像」の像主が秀吉ではないとすれば、はたしてこの画像は何者だろうか。人物は太刀を帯びて武士であるのを示すが、その衣装は貴族の朝服の「束帯」である。いっぱんに将軍職以外の武士が束帯姿で描かれるのは、復古像を別とすれば、天正十一年の古渓宗陳著賛の織田信長像に始まり、ついで天正十八年の小早川隆景像とされる。やや遅れて、豊臣秀長像・九鬼嘉隆像などがある。

本就寺の伝「秀吉公画像」には個人を特定する画賛や家紋も見あたらず、直接の手がかりはない。一方で、人物は神殿の御簾のなかに座し、神格化された高貴な地位にあることをしめしている。制作年代を直接しめすものはないが、描画様式の特徴から、近世初頭の十六世紀末ころと推定して矛盾がない。

そこで、この図が描かれた近世初頭の小倉で高貴な身分であり、同時に本就寺とかかわり深い人物となれば、それはひとり毛利勝信のみであろう。直接的な史料はとぼしいが、周囲の状況からこの図を「毛利勝信公画像」と推定してよいのではなかろうか。

勝信の画像がどのような理由で『倉府俗話伝』のいう「秀吉公画像」に転化したかについては、現段階では不明としかいえない。あるいは豊国社の主神たる秀吉画像と、本就寺の建立者（檀那）としての毛利勝信の画像が併存していた時があり、ある時期なにかの理由で秀吉像が失われ、勝信像のみ伝存した可能性もある。ただしこれも憶測の域を出ず、究明は今後の課題である。

いずれにせよ、今日懸盤をはじめ膳椀類には散逸したものも多く、傷みも目立つ。今後は文化財として、専門家による早急な精査と保存対策が望まれる状態だ。

表3. 居城と豊国社の位置関係

国名	地名	大名	勧請場所	勧　請　位　置	勧　請　地　名
肥後	熊本	加藤清正	城外	熊本城の北東	立田山中腹（熊本市立田町）
出雲	松江	堀尾吉春	城外	松江城の東北東	島根郡市成(松江市西川津町市成)
加賀	金沢	前田利長	城外	金沢城の北東	卯辰山支峰の観音山(金沢市東御影町)
阿波	徳島	蜂須賀家政	城内	徳島城内	
近江	佐和山	石田三成	城内	佐和山城内	
津軽	弘前	津軽為信	城内	弘前城北の曲輪の東南隅	
摂津	大坂	豊臣秀頼	城内	山里曲輪内または天守台の東	

豊国社北東の原則

毛利勝信時代の小倉には豊国神社があり、太閤膳はこの社の神宝では、と推定した。では「小倉豊国社」が実在したとすれば、それはどこに鎮座していただろうか。仮説に仮説をかさねることになるが、限られた資料のなかで可能性をシュミレーションするのも無駄ではないと思われる。以下にこれを見る。

今日まで、全国には明治以前に存在が確認される豊国神社は二一例にのぼる。これら各地の豊国神社を勧請のいきさつで分類する案があり、田辺健治郎氏は①大名による勧請、②神主・社僧による勧請、③富商や町人による勧請の三分類とし（『国学院大学大学院紀要』24）、北川央氏は①大名による地領内への勧請、②寺社境内への勧請、③秀吉ゆかりの地への勧請、④秀吉の嫡子秀頼によって大坂城内への勧請の四分類案を示している（『肖像画を読む』）。これらのうち、毛利勝信と同様に大名による領地内への勧請にかぎって見れば、別表のようになる（表3）。

やや事情がことなるが、大坂城内へは慶長十八年に豊臣秀頼による勧請がある。その場所は本丸北東の山里曲輪の東（田辺説）、あるいは「天守台の東」の稲荷社がその跡ともいう（『金城見聞録』）。

このように見ると、大名による豊国社の勧請には二つの類型があるのがわかる。ひとつは城下の郊外、他のひとつは居城内への勧請である。その位置関係をみると、判明するものはいずれも城の中心から見て北東方向にあたる。したがって、鎮座地は個々の大名が恣意的に選んだものではなく、その選定には城地の北東方向とする、いわば「豊国社北東の原則」ともいうべき共通認識があったことがわかる。

その理由を考えると、古くから北東を鬼門とする信仰がある。比叡山延暦寺は平安京遷都のおりに鬼門を除くために建立され、江戸幕府が江戸城の北東に「東叡山」寛永寺を建てたのも、これにならったとされる。

これは他の城郭においてもおなじであり、鬼門除けとしてここに宗教的施設を置いた。仙台城では北東に東照宮を祀り、小田原城では本丸北東の掘中に江ノ島弁天を祀るなど、類例にはこと欠かない。豊国社の鎮座地選定においても、同様の事情が考えられよう。

ちなみに、延暦寺の守護神は日吉大社（滋賀県大津市）であり、猿はその使いと信じられていた。このため、たとえば京都御所の北東角には猿の像が祀られるなど、鬼門除けと猿との関係は深い。一方、秀吉の幼名を「日吉丸」とするのは、日吉山王の申し子という出生談によっている（『太閤素性記』）。当時から秀吉の容貌を猿にたとえたことは多く、つなげれば鬼門・猿・日吉と三題噺《ばなし》になりそうだが、これらがすべて無関係とは思えない。

蛇足になるが、肥前名護屋城ちかくの天神神社には「豊国神社」が合祀されている。付近にあった石祠を昭和三年に合祀したもので、天神神社には「天正十九年名護屋越前守再建」の棟札があるという（『名護屋城秘史』）。また、文化十二年（一八一五）の『御領分大小神社書上帳』（唐津神社蔵）には、名護屋に所在する神社として「豊国神社」がみえ、「太閤秀吉公祀ル」とある。天神社は名護屋城の北に位置し、城の鬼門とされていたというから、石祠がその近くにあったとすれば、これもまた「北東の原則」によることとなる。

また、秀吉がはじめて一城のあるじとなった近江長浜（滋賀県）には、町衆によって表向き「えびす宮」として祀りつづけられた豊国神社がある。その位置が長浜城の北東に位置するのも、偶然とは思えない。

金箔瓦と豊国社

この時代流行したものに、「金箔瓦」とよばれる一群の装飾瓦がある。その使用は織田信長にはじまり、江戸初期におよぶ。盛行したのは秀吉の時代であり、絢爛豪華ないわゆる安土桃山文化を象徴するひとつといえる。多くは城郭の主要な建築に用いられ、とりわけ豊臣系大名のステータスシンボルとして機能したとされる。使用にあたっては、豊臣家との関係の親疎による階層差とでもいうべき規制があり、鬼・鯱など役瓦のみの部分的な金箔使用と、軒丸・軒平瓦にまでおよぶ全体的な使用の場合とがあった。また豊臣氏一族以外、いわば政権周縁での使用は、天守閣など主要な建築に限られていたようだ。

金箔瓦は、城郭以外でも京の聚楽第や豊国本社に用いられ、その跡地からは多数採集されている。秀吉七回忌にあたる慶長九年の臨時祭礼を描いた『豊国祭礼図屏風』(豊国神社蔵)を見ると、八棟造りの本殿は桧皮葺だが、回廊や楼門は瓦葺である。金箔瓦はこの部分に用いられている。

大名が自己の領地に勧請した豊国社もこれにならったらしく、肥後熊本では豊国社の金箔瓦の反射で山下を流れる白川の魚が逃げ散り、漁師が難儀したという逸話がつたわる(『肥後国誌』)。伝承を裏づけるように、豊国社跡からは大正十四年に金箔を施した軒丸瓦が出土、昭和四十五年にも小破片が確認されている。金箔瓦は城郭や殿舎だけでなく、各地の豊国社にも葺かれていたことになる。

「小倉豊国社」の所在地

以上のことがらをふまえ、これを小倉にそくして考える。小倉城は天正十五年に入城した毛利勝信が以前の高橋鑑実の居城を拡張し、慶長七年には細川氏がこれを大規模に改修、のち寛永九年に細川氏にかわって小笠原氏が入封、幕末にいたった。これらを区別するため、以下は「毛利氏(細川氏)小倉城」などと表記する。

さて、さきに豊国社が置かれたのが城郭やその本丸の北東方向にあることを見た。紫川河口に面した小倉の場合、当時は城の東は紫川河口の深い入江、北はそれにつづく海であった。東岸の城下町の形成は細川氏の入部以降であるから、毛利氏時代の豊国社の立地は城内に限られる。

今日、城内には市庁舎をはじめ公共建築が立ちならび、これに先立つ発掘調査が何度か実施されてきた。なかでも平成二〜三年度の発掘調査では、毛利勝信時代とされ、調査者のいう「三期小倉城」の石垣の裏込石にまじって、金箔鬼瓦の破片が四点出土した(写真90)。個体数は不明だが、いずれも同一意匠のものである。この瓦が出土した調査区一区（幕末の下屋敷跡）は、細川氏小倉城の本丸東側一帯にあたる。地形的に見て、毛利氏小倉城の中心部も細川氏時代の本丸付近と思われるから、金箔鬼瓦の出土地点は「豊国社北東の原則」にあてはまる。またこの場所は創建当時の本就寺、のちの福原氏屋敷の南に隣接する（図30）。

以上のような状況証拠、すなわち、①金箔瓦が出土すること　②その地点が当時の城の中心からみて北東であること　③主要な建物が立つ位置ではない周縁部であること　④創建当時の本就寺に隣接することをかさね合わせると、「小倉豊国神社」がこの一角にあった可能性はきわめて高い。

今後も発掘調査によって金箔瓦が出土し、それは毛利氏小倉城の「城郭建築にともなう」瓦と判断されることが多いかも知れない。しかし出土場所によっては、そのなかに豊国社の瓦が含まれる可能性を指摘しておきたい。

また金箔瓦といえば、平成元年からおこなわれた小倉城下京町の発掘調査で、永照寺敷地からも金箔を押した鬼瓦が出土している。永照寺は明応四年（一四九五）の創建と伝え、本願寺派では九州で二番目に古い寺院である。は

写真 90．発掘された毛利勝信の小倉城（『小倉城跡』２）

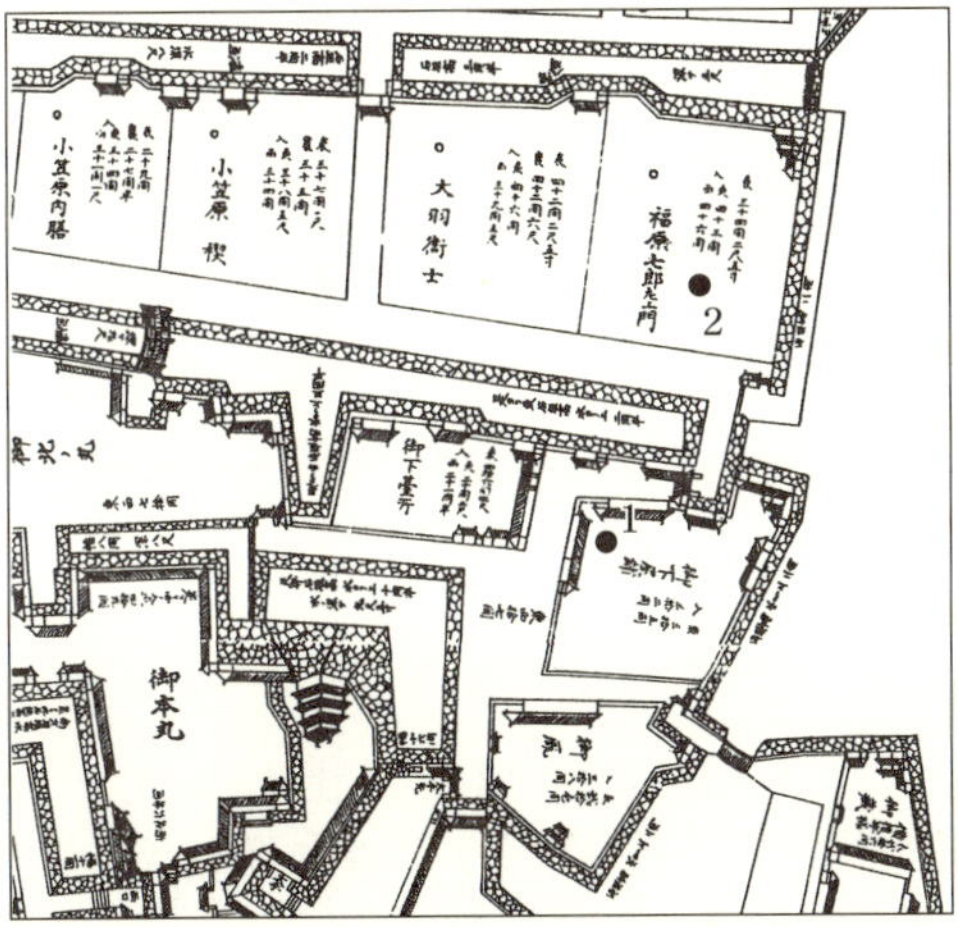

図 30．金箔鬼瓦出土地点(1)と創建時の本就寺(2)

じめ紫川西岸の室町にあり、慶長十三年の細川忠興による城下町拡大により東岸の京町、現在のJR小倉駅前に移った。このとき瓦類も室町から運ばれ、再利用されたらしい。

調査を担当した谷口俊治氏は、慶長三年に毛利勝信が永照寺の殿堂を建立したという『平井文洋漫筆』の記事をひいて、同寺と勝信との関係を示唆するが（『小倉城跡2』）、その一方で、出土した豪華な金箔鬼瓦は当初から寺院に葺かれたとは考えにくいともいう。豊国社との関連において、その来歴に興味がもたれる遺物である。

今後の発掘調査の積みかさねによって、ミッシング・リング（欠けた環）ならぬ「欠けた瓦」の一片一片が接合され、従来研究が立ち遅れていた毛利氏時代の小倉の様相が明らかになることを期待したい。

《コラム・**岡山城にも豊国神社か**》

金箔瓦にそくして考えれば、備前岡山城内にも豊国社が勧請されていた可能性がある。城主宇喜多秀家は幼少で秀吉に養われ、秀吉の養女で前田利家の娘豪姫と結婚、のち豊臣家五大老の一人となった武将である。関ケ原合戦では西軍の副総帥として参戦するなど、豊臣家とは格別に密接な関係にあった。その居城岡山城は天正十八年に大改修されたが、このとき秀吉の助言があったという。事実、本丸本段の不等辺多角形の平面プランは、豊臣氏の大坂城本丸に類似するとの指摘がある。

豊国社の位置だが、金箔瓦がそのヒントとなる。第二次大戦の空襲で焼失した岡山城天守閣には、金箔瓦が多数用いられていたが、近年の発掘調査により、天守以外でも本丸中段で一〇点あまり、二の丸の二地点で各一点の金箔瓦が出土した。しかし天守以外では軒平瓦は一点もなく、すべて飾瓦のみである。金箔瓦が用いられる建物についても、ある種の階層差なり序列があったようだ。

金箔鬼瓦を出土した二の丸は、本丸から数百㍍はなれ、いわば城の周縁部である。出土地点は江戸時代の寛永期には有力家臣の屋敷地であったが、規模が小さかった宇喜多氏時代の岡山城で、このあたりまで重要な城櫓や殿舎がつらなっていたとは考えにくい。したがって、金箔瓦はそれ以外の建物に使用されていた可能性が高い。

とすれば、城の周縁部にありながら金箔瓦を葺く重要な建物として、豊国社は有力な候補となる。

ちなみに、西進してきた旧山陽道（西国街道）は、旭川を渡って江戸時代岡山城の「三之曲輪の内」へ入り、「三之曲輪」を北上、西に折れて山崎町口門を出ていた。すなわち、宇喜多氏時代岡山城の外縁「二の丸」に沿って通過していた。とすれば、豊国神社は街道に対して威容を示す位置にあったのかもしれない。

もっとも、二の丸は天守の北東ではなく、反対側の南西にあたる。これはどのように理解すべきだろうか。岡山城の場合、天守閣は城地の最も北東寄りに建ち、その下はただちに旭川の本流である。このような地形的制約から、豊国社は鬼門とは反対の方角、すなわち「裏鬼門」にあたる南東方向に造営されたと理解できる。

第五章　太閤道の点と線

太閤道伝説の構成

これまで九州各地の太閤道と、それにまつわる伝承をたどった。道の行きつくところを見れば、天正太閤道は、豊前小倉を起点として秋月を経由、筑後山川町から肥後の南関に入り、高瀬（玉名）から熊本・八代をへて薩摩の川内市泰平寺にいたる。文禄太閤道・北路は、小倉から宗像をへて福岡市箱崎に入るが、その間には遠賀郡芦屋経由と、鞍手郡の白山峠を通る二経路を想定した。博多より先は長垂山を越えて糸島平野に入り、唐津をへて肥前名護屋城にいたる。文禄太閤道・南路は博多から南下して佐賀平野に入り、これを横断して佐賀市の北を通過、多久市から厳木町との境、笹原峠を越えて唐津経由で名護屋城にいたる。

この間の豊臣秀吉にまつわる伝承は、おおまかに三つにわけられる。第一は秀吉の伝承が場所として残るもの、第二に秀吉に由来するという品物、第三が秀吉が行った行為にかんするものである。今これらを分類すれば、①太閤遺跡　②太閤拝領物　③太閤仕置の三つに大別できる。

①は太閤道をはじめとして、太閤水・太閤茶屋跡・太閤（関白）陣跡などがある。鞍手町の太閤溝や、各地の太

閤石・関白塚もここにふくむ。②は秀吉に由来する品々であり、多くは秀吉からの拝領と伝える。それらの品には実物が今日まで伝わるものと、記録にはあるが伝存しないものとがある。前者には嘉穂町の「華文刺繍陣羽織」や小倉本就寺の「太閤膳」、後者には秋月坂口家の「金拵の御脇指」や博多豊国神社の「秀吉公画像」などがある。また、現物が伝存するが、明らかに年代の下るものもあるが、便宜上これに含める。③は秀吉のおこなった仕置（政治的措置）であるが、ここでは狭義に限定して、地域や個人に与えた特権をさすこととする。大隈の町衆にあたえた諸役免除や、羽犬塚の鋳物師平井家の特権などがこれにあたる。

以上のうち、根幹をなすのはいうまでもなく「線」としての太閤道である。「点」である太閤水・茶屋など他の太閤遺跡はその結節であり、拝領物や仕置は周縁に位置づけられる。「太閤道伝説」とは、これらの総体といえる。

兵站としての太閤道

各地の太閤道伝承地を表に掲げた（表4）。九州以外では充分な探索ができていないので、実際はこれに数倍すると思われる（ただし、大阪府高槻市若山の「太閤道」は、観光用に電鉄会社が広めたらしいから、注意が必要だ）。なぜこれほど多くの伝承が残るのだろうか。のちの長崎街道や唐津街道が二〇〇年以上にわたり利用されたのに対し、秀吉の軍路は長くて文禄・慶長の一〇年たらずである。天正太閤道については、わずか一、二回の供用にすぎない。それが四〇〇年をへても伝承がのこるのには、それなりの理由がなければならない。これに明快な答を示すのは筆者の力量にあまるが、調査を通じて得た二、三のことがらを示して後考を待ちたいと思う。

第一にあげられるのは、秀吉が軍事行動のおり、大がかりな道路整備をしたことである。出陣に先立ち、秀吉の命をうけた在地の領主・大名によって、かつてなかった幅広の大道が完成すると、華麗な装備で知られた秀吉軍が威風堂々と進軍してきた。彼らが駐留するのも、これまた真新しい城造りの宿舎である。秀吉の行軍は見る人に強烈な印象をあたえ、この記憶がのちのちまで語りつがれたのである。

見てきたように書いたが、今日のこる史料をつなぎあわせると、そのあたりの事情が浮かびあがってくる。以下にその例を見てゆこう。

天正十三年（一五八五）八月、秀吉は越中の佐々成政の討伐に出陣した。これに先立つ五月二十八日には、その道筋にあたる敦賀の城主蜂屋頼隆に朱印状を下している。内容は領国内の道と橋を整備すること、とりわけ道幅を広げるよう命じたものである（『秀吉朱印状』秋田県公文書館所蔵）。翌十四年には九州下向にむけて、四月十日付の朱印状で毛利氏に山陽道の普請とその間の宿舎設営を命じ、同時に秀吉の宿舎を防御施設をそなえた「城構え」とするよう指示している（『毛利家文書』）。下って天正十八年七月、北条氏を攻めた折には、小田原落城を目前にした三

表4. 各地の太閤道伝承地

名称	国別	所在地
太閤溝	筑前	福岡県鞍手郡鞍手町長谷及び西の原
太閤道	筑前	福岡県鞍手郡宮田町四郎丸
太閤坂	筑前	福岡県嘉穂郡嘉穂町大隈
太閤道	筑前	福岡県糸島郡二丈町松国
太閤水	筑前	福岡県糸島郡二丈町深江字小浜
太閤水	筑前	福岡県宗像郡福間町八並字山の口
太閤水	筑前	福岡県宗像市三郎丸
太閤水	筑前	福岡県宗像市徳重柳井澤
太閤水	筑前	福岡県糟屋郡新宮町三代
太閤道	筑前	福岡県福岡市城南区七隈～早良区付近
太閤水	筑前	福岡県福岡市西区青木
太閤塚	筑前	福岡県福岡市早良区原交差点付近
太閤水	筑前	福岡県北九州市若松区小敷字太閤水
関白塚	筑前	福岡県西区周船寺
太閤済	筑後	福岡県三井郡北野町大城字船端
太閤道	筑後	福岡県三井郡北野町大城字太閤堂
太閤道	筑後	福岡県山門郡山川町原町
太閤道	筑後	福岡県八女郡広川町一条藤田
太閤道	豊前	福岡県北九州市小倉北区蒲生付近
名護屋渡	肥前	佐賀県佐賀郡大和町東山田
太閤井戸	肥前	佐賀県小城郡小城町三里
腹巻坂	肥前	佐賀県多久市北多久町山犬原
太閤道	肥前	佐賀県唐津市佐志・上場台地
太閤道	肥前	佐賀県唐津市西唐津中山峠付近
太閤道	肥前	佐賀県唐津市馬部・上場台地
太閤水	肥前	佐賀県東松浦郡厳木町篠原
太閤道	肥前	佐賀県東松浦郡鎮西町名護屋字平野町
三十挺坂	肥後	熊本県芦北郡芦北町古石
太閤越え	肥後	熊本県芦北郡日奈久町字多々良～下塩屋
太閤御前水	肥後	熊本県玉名郡南関町正法寺跡
太閤御前水	肥後	熊本県玉名市石貫広福寺の門前
吉祥瀬	肥後	熊本県八代植柳
太閤陣	薩摩	鹿児島県薩摩郡鶴田町字鳶巣
関白道	薩摩	鹿児島県大口市羽月～平出水～上場越
関白陣	薩摩	鹿児島県大口市曾木
関白陣	薩摩	鹿児島県大口市曾木字天堂ヶ尾
関白陣	薩摩	鹿児島県大口市尾ノ上（長野）
太閤道	相模	神奈川県小田原市早川
太閤道	磐城	福島県岩瀬郡長沼町勢至堂（勢至堂峠旧道）
太閤山	越中	富山県射水郡小杉町
太閤ヶ平	伯耆	鳥取県鳥取市
太閤屋敷	備前	岡山県備前市伊部町
太閤門	備前	岡山県備前市浦伊部

日付で奥州・会津下向のための指示を下している。この朱印状の内容はより具体的で、馬廻衆から垣見弥五郎など五人を「道作の奉行として」派遣し、①小田原から会津黒川まで、幅三間の道を作ること　②必要な場所には橋を架けること　③御座所の整備をすることなどを命じている（『伊達文書』仙台市博物館蔵）。その後、朝鮮出兵に先立つ天正十九年八月、毛利輝元にあてた朱印状で、毛利氏領内の道路の整備と宿舎の普請を申しつけている。（『毛利家文書』）

一方、畿内では天正二十年八月、洛中洛外の民政を担当する前田玄以は定書を発給し、京都西郊の向日明神の門前に新しく町を建てることを許可している。向日町（京都府向日市）は西国街道沿いの宿駅的な町だが、『寺戸村近衛家領指出帳』には慶長六年以前に田畑を削って街道を拡張した記事があり、街道を「から道」とかく。「から道」はすなわち唐道である。これは文字通り「唐入り」（朝鮮出兵）のための道路と理解される（『向日市史』資料編）。ふたつの記録を重ねると、街道は朝鮮出兵における軍事道路として整備拡張され、向日町の町立てもそのための中継所と推定される（『長岡京古文化論叢2』）。

以上いくつかの例をあげた。これらはたまたま今日まで伝わったものであり、実際に発給された朱印状ははるかに多かったと思われる。秀吉の軍事行動は全国におよんでいるが、史料に見られるように、その前段に大がかりな道路の整備・造成があったことがわかる。すなわち「太閤道」の出現である。

ではなぜ大規模な道つくりが必要だったか。指摘されるのは、第一に秀吉軍が従来の戦国大名とはことなり、兵站すなわち軍事物資の補給システムを重視する軍隊だったことによる。それまでの軍役とは、鎧兜から刀剣はもとより、日常の食糧まで自弁であったが、秀吉の軍隊はいずれもこれを給付する画期的なものであった。従軍する兵卒に「馬の飼料まで（中略）御扶持方渡し下され、かたじけなき題目なり」（『太閤さま軍記のうち』）との記事も、このあたりの事情を記したものであろう。このことが秀吉軍の強さを支えていたのだが、一方では、そのための兵站の確保が重要となる。島津征伐の前年、さきの毛利家あて朱印状で赤間ヶ関に蔵を建てることを命じたのもこのあらわれである。

もっとも、当初はそれも充分ではなかったようで、薩摩では補給が困難となり、「秀吉の大軍粮乏しく卒飢え、水土に習わずして悉く疾病を生ず。ここに於て京師に帰らんとす」(『西藩野史』)という状況となった。これを薩摩側の主張にすぎないとして否定的な見解もあるが(『近世日本国民史・豊臣氏時代乙篇』)、ルイス・フロイスも「降り続く雨のために全軍は幾日もそこに膠着状態に陥り、兵士の中には病人が続出し、(中略)餓死者が連日後を断たぬ有様であった」ので「莫大な兵員の損失と食糧不足から、薩摩国内に深入りすることを憂慮」したという。フロイスは秀吉にあまり好意的でなかったことを割り引かねばならず、折からの悪天候で海上からの補給に支障をきたしたこともあるが、畿内・山陽道にくらべ南九州という僻地の交通事情が格段に未整備だったことも原因と思われる。

これを教訓にしてか、二年後の小田原征伐では、兵糧奉行長束正家らに命じて米二〇万石を駿河国江尻・清水に備蓄した。さらに黄金一万枚をもって伊勢・尾張・三河・駿河で米を買い求め、「小田原近辺船着へ届け」させた。試算では、米は一〇万人を一年間養うことができ、金を米に換算すると三〇万石以上にあたるというから(『秀吉の経済感覚』)、大軍の長期の在陣にも支障はなかったと思われる。またこれとは別に、馬二万匹分の飼料までを用意している。

これと関連して、「太閤道」がたんに軍用道路ではなく、秀吉が天下統一後をみすえた道路網整備の性格を持っていた点が推定される。「南関の太閤道」でふれたように、秀吉はここで従来の谷あいの古道を廃し、あらたに峠越えの道を開いている。このことは、秀吉が自身の行軍路を一過性の道とは考えず、天下統一後のインフラを整備するという側面もあったと推定される。その先例は、天正十年に武田家を滅ぼした信長が、甲斐からの帰路を整備したことにある。この点を新城常三氏は「信長の関係した道路・橋梁の築造にはかかる民衆の公益と、戦争よりもむしろ新時代の平和的建設事業としての意図が濃厚であった」と指摘する。秀吉は生前の信長の諸政策を引き継いだが、道作りにおいてもまた信長の忠実な後継者であった。

ステージとしての太閤道

第二に、視点をかえて次のような見方もできよう。山室京子氏は天正十三年の紀州攻めで堺の町を行進する「武器および馬具は甚だ美々しく、道具は黄金の飾りをほどこした」（『イエズス会日本年報』）華麗な秀吉軍を評して「これはもはや武力討伐のための軍隊ではない。沿道の人々に秀吉という存在の巨大さを実感させるために、目一杯飾り立てて行進していく大宣伝部隊である」と見なし、「威儀を飾った軍団を率いてパレードしてみせ、秀吉という存在を沿道の人々の脳裏に焼き付けることこそ」が第一の目的とする（『黄金太閤』）。

この見解によれば、新しく整備された大道はまさにパレードの演出効果を最大限に高める格好のステージだった、ということになろう。そういえば、文禄の役の最中、母の病でいったん大坂にもどった秀吉が再度名護屋城入りした折には、一カ月をかけてゆっくりと下向している。とりわけ毛利氏の領国内の宿泊地は、備後三原以外、前回とはすべてことなる。山室氏によれば、これも各地に自己の印象を種蒔きするための、秀吉の宣伝活動の一環という。佐賀に迂回して名護屋城に入った文禄太閤道南路も、おなじ理由が考えられよう。

兵站と示威、このふたつは、ことの実態の両側面といえようが、いずれにせよ、圧倒的な軍事力とそれをささえる潤沢な経済力が秀吉軍の特質であった。

このとき作られた軍用道路は、後世あるところでは放棄されてもとの里道・山道にもどり、別のところでは維持整備され、街道として近世におよんだ。しかし秀吉軍通過の強烈な印象は、それが短期間の供用であったにもかかわらず、ながく地域に記憶された。これが豊臣氏滅亡後に流布した太閤人気とあいまって後世まで語りつがれ、今日にいたったのである。

一方、これまでと矛盾するようだが、上記以外の「太閤道」の伝承もある。たとえば北薩摩の地のように、あらたな侵攻地には既存の道しかなく、道づくりの時間もなかったはずだ。にもかかわらず、これらの地にも秀吉の通過地をしめす太閤道（関白道）の名がのこる。おそらくは後世『太閤記』などによる秀吉像が流布したのちに、いわば「記念碑的」につけられた名ではと思われる。同時代史としてではなく、近世史の枠組のなかでとらえられるべきテーマといえよう。

太閤道研究の意義

各地の太閤道を見てゆく課程で、秀吉の行軍路には、道路以外にもさまざまな伝承・伝説があることを知った。信憑性の程度はあるが、それぞれに興味ふかい事例といえる。太閤道とその伝承が、歴史研究にどのように寄与できるだろうか。

まず指摘されるのは、近世以前、とりわけ中世の交通路研究の手がかりとなることだ。近世の街道は江戸時代を通じて整備され、現代にひきつがれたところも多い。また著名な伊能忠敬の測量日記をはじめ、紀行文その他の文献資料も豊富である。近年の街道ブームもあって、各地でこれを復元する研究や運動が活発になった。一方、古代の官道についても、律令期の文献と発掘された駅家跡や道路遺構の比較検討、さらには航空写真などを援用した研究が一定の成果をあげている。

これに対し、ふたつの時代にはさまれた中世については、新城常三氏の先駆的な研究もあるが、史料的な制約もあって十分に継承されたとはいえない。その意味で、近世初頭の短期間につくられた「太閤道」は両者の研究の間隙を埋める可能性がある。

もとより、秀吉が通った道は一義的には軍事行動の道であり、平時の街道と同一視はできない。しかしこれまでに見てきた各地の例を通して、そこに旧道の踏襲と新規の作り道とが混在することに気づく。旧道は古代官道や条里の坪境に沿う場合がしばしばであり、中世以前に由来することがわかる。秀吉の軍事行動が、統一後のインフラ整備を念頭に置いていたことはさきにもふれた。時代の端境期に位置する太閤道のありかたは、古代の道路が「生きて」供用されていた年代の下限や、その改廃を考えるのに有意である。

第二に、太閤道伝説がのこる理由、言いかえればこれを伝えた民衆の側の歴史認識を知る手がかりに富むことである。いかに大がかりな道路であろうとも、秀吉（とその軍勢）がこれを通ったのはわずか一、二回にすぎない。一過性の事件の伝承を、四〇〇年にわたって伝えた人々の思いとはいかなるものだったか。地域の歴史を伝える人々の心象についても、興味がもたれるところだ。

後世の創作である『太閤記』とはことなり、史実としての秀吉は、とりわけ晩年において畏怖すべき専制君主であった。これが秀吉を直接経験しない江戸時代になって太閤人気が高まったのは、形をかえた幕藩体制への批判であったといえる。秀吉にちなむ伝承の多くがこの時期に整備あるいは創出されたと思われるから、人々が太閤伝説に託したさまざまな思いを掘り起すことは、すなわち民衆史の発掘となろう。

これと関連して、諸役免除や漁業権の由来など、秀吉による特権付与についても興味がもたれる。今日の感覚では、滅亡した政権による特権など文字どおり空証文になりそうだが、これが近代まで効力を維持してきたことは事実である。人々と時の為政者との権利関係はどのようなものだったろうか。法政史からのアプローチが求められるテーマだ。

第三は、秀吉の経済感覚への理解、ひいては豊臣政権の経済政策の解明に資することである。秀吉が行軍先で豪商宅を訪れた・泊まったとの伝承は数多い（表5）。これが後世の創作と限らないことは、肥後八代の池尻河内守の事例からも推測できる。「芦北郡の太閤道」でもふれたように、大規模な長期戦では「有徳人《うとくにん》」とよばれた富裕商人の経済活動に依存する部分が大きかった。したがって重商主義的政策をとる豊臣政権では、有力商人＝政商の育成とその組織化が不可欠であったようだ。行く先々で有力商人に接触したとの伝承には、一過性ではなく彼らを政権に取り込もうとする秀吉の姿勢を見てとれる。「博多の太閤道」で見た、初期豪商につながる西村増右衛門らの来歴も、このことと重なる。太閤道は各地の「ミニ宗湛」の居住地を通行する側面もあわせ持っている。

表5. 秀吉の豪商宅訪問

国名	場所	名称	拝領物など
筑前	博多	神屋宗湛	（多数）
筑前	秋月	坂口彦右衛門	宅地諸役免除
筑後	羽犬塚	平井雅楽	鋳物師司の判物
肥後	山鹿	江上長右衛門	
肥後	八代	池尻河内	
肥後	佐敷	高橋安兵衛	帷子
駿河	宇津ノ谷	石川忠左衛門	紙子胴服
備前	忌部	大饗五郎左衛門	陣取り停止の制札

そのほか、今日「太閤水」とよばれる湧水・井戸が、前代から他の名称で神聖視されいてた事例もあり、興味は「聖水信仰」にかかわる古代史・民俗学的な分野にもひろがる。さらに、拝領物の陣羽織の素材が遠くインドからの

舶来品であることを思えば、当時の南蛮貿易にもかかわりがおよぶ。派生するさまざまな問題は、学問の各分野につながり、太閤道研究は学際的な研究が必要になると思われる。

かつて明治の歴史家久米邦武は、いわゆる軍記物などの史料価値を疑い、「太平記は史学に益なし」と喝破した。これに対し、近年山室京子氏は、むしろ一次史料が語らない世界を伝えるものがあるとして「太閤記は史学に益あり」とのアンサーソングを送った（『中世をひろげる』）。いま太閤道をたどろうとするとき、そのひそみにならってあえて言おう、「太閤道伝説もまた史学に益あり」と。

あとがき

一九九八年秋、唐津街道を踏査中に、ふと街道成立以前の道は何かと考えた。これがきっかけで太閤道伝説に足を踏み入れ、以来、各地を彷徨してきた。しかし、行くほどに道は多岐にわかれ、ゆくてはいまだ遼遠に思える。今回その一里塚として本書を上梓できたが、力量不足のため、問題の提起にとどまった。今後さらに調査が必要な地域も多く、この先もしばし歴史の森のなかを踏みまどってゆきたい。そしてこれをきっかけに、各地の研究者が太閤道に興味をもち、それぞれが道をたどり始めることがあれば、本書はその目的のなかばを達したことになる。

筆者は本来考古学畑の人間で、学生時代は遺跡の発掘や踏査が多かった。そこで学んだことは、何よりも歴史の現場に足をはこぶという「現地主義」であった。若気の至りで机上の空論を弁じていると、「で、君は実際にその遺跡を踏んだのか」「その遺物を直接に見たのかね」とたしなめられたものだ。「考古学」を英語ではアーケオロジー(archaeology)というが、文字どおり「歩けオロジー」。歴史の現場を歩くことが、学問の入口であった。

時移り、近世初頭の歴史の道を追う時、まず現地を踏んで考察する考古学の手法は、ここでも大いに効力を発揮した。太閤道という秀吉の遺跡を「歩けオロジー」したのが本書である。

調査にあたっては、じつに大勢の方々のご協力とご教示をいただいた。一部は本文中に掲げたが、その数はあまりに多く、すべてのご芳名をあげることはできなかった非礼をお許し頂きたい。

門外漢のぶしつけな質問に懇切に応えて頂いた諸先生・先学、永年の地道な研究を披瀝頂いた地域の研究者の方々、多忙な中を同行・教示頂いた自治体の文化財担当諸氏、貴重な史料を拝見させて頂いた所蔵者の方々、そして共に旧街道を歩いた仲間たちに、あらためて深甚の感謝を申しあげます。

また、本書の刊行をお誘い頂いた弦書房の小野静男氏には、とりわけお世話になった。当初『西日本文化』誌に福岡県内を対象に連載していたものを、「九州全体に広げてみないか」と提案頂いたのがきっかけとなった。刊行にあたっては、県内についても大幅に書き加えた反面、紙幅の制約で地域の詳細については割愛せざるを得ないところもあった。

提案をうけて、すぐにでも書き上げるつもりだったが、手がけてみると九州は広く、テーマは深かった。以後のびにのびて今日に到るまで、あたたかく見守り、適切な助言を頂いたことに感謝申しあげます。

また、私事になるが、永年にわたり薫陶をうけた叔父澄川瑞雲・秀子夫妻に本書を捧げ、その健康を祈念したいと思う。

二〇〇五年十月一日

牛嶋英俊

〔主要参考文献〕

〈原典資料関係〉

『九州御動座記』（新城常三校訂『九州史料叢書四一』九州史料刊行会）一九六七
『豊臣秀吉九州下向記』（新城常三校訂『九州史料叢書四一』九州史料刊行会）一九六七
松田毅一・川崎桃太訳『フロイス日本史1　豊臣秀吉篇Ⅰ』中央公論社　一九七七
神屋宗湛『宗湛日記』（永島福太郎校註『宗湛茶湯日記』西日本文化協会）一九八四
貝原信篤『筑前国続風土記』（名著出版）一九七三
青柳種信『筑前国続風土記拾遺』（福岡古文書を読む会校訂　文献出版）一九九三
加藤一純・鷹取周成『筑前国続風土記附録』（川添昭二・福岡古文書を読む会校訂　文献出版）一九七七
貝原信篤ほか『黒田家譜』（川添昭二・福岡古文書を読む会校訂　文献出版）一九八三
奥村玉蘭『筑前名所図会』（檜垣元吉ほか監修　西日本新聞社）一九七三
城戸清種『豊前覚書』（川添昭二・福岡古文書を読む会校訂　文献出版）一九八〇
森本一瑞『肥後国誌』（後藤是山編　青潮社）一九七一
山本正誼撰『新刊島津国史』鹿児島県地方史学会　一九七二
五代秀尭ほか編『三国名勝図会』（青潮社）一九八二
伊地知季安編『薩藩旧記雑録』（『鹿児島県史料』鹿児島県維新史料編纂所）一九八一
『上井覚兼日記』（『大日本古記録』上・中・下　東京大学史料編纂所）一九五四〜五七
『直茂公譜考補』（『佐賀県近世史料』第一編第一巻）佐賀県立図書館　一九九三
『勝茂公譜考補』（『佐賀県近世史料』第一編第二巻）佐賀県立図書館　一九九四

〈報告書・研究書関係〉

福岡県教育委員会「長崎街道」『福岡県文化財調査報告書第一八四集』福岡県教育委員会　二〇〇三
福岡県教育委員会「秋月街道」『福岡県文化財調査報告書第一九五集』福岡県教育委員会　二〇〇四
熊本県教育庁文化課「薩摩街道」『熊本県文化財調査報告書第六〇集』熊本県文化財保護協会　一九八三
鹿児島県教育委員会「出水筋」『歴史の道調査報告書第一集』鹿児島県教育委員会　一九九三
北川　央「豊臣秀吉像と豊国社」『肖像画を読む』角川書店　一九九八

原口泱泰『名護屋城の謎・豊臣秀吉と神屋宗湛』光陽出版社　一九九九
藤木久志『豊臣平和令と戦国社会』東京大学出版会　一九八五
三城祥象『肥後・筑後の舊道史』石風社　一九九〇

本書に掲載した地図は、国土地理院長の承認を得て、同院発行の2万5千分の1地形図、5万分の1地形図を複製したものである。

（承認番号　平17九複、第237号）

〈著者略歴〉

牛嶋英俊（うしじま・えいしゅん）
昭和二一年（一九四六）、福岡県直方市生れ。同志社大学文学部卒（考古学専攻）。自営業をへて、埋蔵文化財調査・町誌編纂室勤務など、地域史を研究。市立直方歳時館館長。福岡県文化財保護指導委員。

〔主な著書・著作〕
『直方市史』（共著）
『若宮町誌』（共著）
「近世身代り考」『近畿民俗』
『筑豊を歩く』（共著　海鳥社）
「墓に木太刀を供える話」『西日本文化』
『筑前六宿・長崎街道』（共著　のぶ工房）
『六宿街道・長藪騒動始末』（自分史図書館）

太《たい》閤《こう》道《みち》伝《でん》説《せつ》を歩《ある》く

二〇〇六年三月一日発行

著　者　牛《うし》嶋《じま》英《えい》俊《しゅん》
発行者　三原浩良
発行所　弦　書　房
（〒810・0041）
福岡市中央区大名二-二-四三
ELK大名ビル三〇一
電　話　〇九二・七二六・九八八五
FAX　〇九二・七二六・九八八六

印刷　アロー印刷株式会社
製本　篠原製本株式会社

ISBN4-902116-50-2　C0021